특별사법경찰의 업무 길잡이

특별사법경찰의
업무 길잡이

ⓒ 이태근, 2025

개정판 1쇄 발행 2025년 4월 20일

지은이   이태근
펴낸이   이기봉
편집   좋은땅 편집팀
펴낸곳   도서출판 좋은땅
주소   서울특별시 마포구 양화로12길 26 지월드빌딩 (서교동 395-7)
전화   02)374-8616~7
팩스   02)374-8614
이메일   gworldbook@naver.com
홈페이지 www.g-world.co.kr

ISBN   979-11-388-4198-6 (03360)

- 가격은 뒤표지에 있습니다.
- 이 책은 저작권법에 의하여 보호를 받는 저작물이므로 무단 전재와 복제를 금합니다.
- 파본은 구입하신 서점에서 교환해 드립니다.

특별사법경찰의 업무 길잡이

이태근 지음

『국민과 공무원에게 필요한 민원관련 법률원칙』 개정판

"법과 제도는 운영하는 인간들이 쓰레기면 그 법과 제도는 쓰레기가 된다." - 변호사 박훈

공무원은 인·허가 또는 처벌 등 처분 시, 대부분 처분과 관련한 하나의 규제법률만 적용·검토한다. 이 경우 공무원은 국민의 권익을 침해하고 직권을 남용하여 국민을 억울하게 할 수 있다. 이러한 것을 방지하고자 **헌법, 행정기본법, 형법** 등에는 국민의 권익을 보호하는 내용의 규정이 무척 많이 들어 있다. 따라서 신임 특별사법경찰들이 올바른 처분을 할 수 있도록 이 책에 관련 내용을 법조항과 숙지하기 쉽도록 법률원칙을 수록하였다. 필히 숙지하여 처분전 **법률 비례의 원칙, 법률유보의 원칙, 조각사유, 사회상규, 고의, 착오** 등을 함께 검토하여 처분으로 인해 발생되는 억울한 국민이 없으면 좋겠다.

"남에게 피해를 주는 사람은 되지 마라. 남들 억울하게 하지 마라." - 박정훈 대령 어머니

해병대 군사법경찰관 박정훈 대령에게 그의 어머니가 늘 당부한 말씀.

임은정 검사님 같은 사람만 사는 세상이 있다면
그곳에서 영원히 살고 싶다!

좋은땅

머리말

　필자의 인생을 연극의 막과 장으로 본다면 아마 4막으로 나눌 수 있을 것 같다. 나누어 보면 제1막은 배움기, 제2막은 직장 생활기, 제3막은 직장 퇴직 후 자유 사회 생활기, 제4막은 인생 정리기로 나누어 보면 필자는 지금 제3막과 제4막의 중첩기에 서 있다.
　돌이켜 보면 많은 세월을 달려온 것 같다. 그러나 그 세월은 순간으로서 뭔가 허무하다. 과거를 펼쳐 놓고 쓰레기 분리하듯 하나하나 건져내 보면 참 많은 사건들이 있겠지만 결과적으로 지금의 시점에서 지나온 시간들을 보면 그 시간들이 압축되어 순간의 삶을 산 것 같다. 그리고 필자의 내일, 모레, 글피, 한 달, 두 달, 내년, 후년의 시간들은 우주의 별들이 블랙홀에 접근할수록 점점 더 빨리 빨려들어가듯 빨라지고 있다.
　필자는 얼마 안 있으면 블랙홀의 사건의 지평선에 도달할 것이기에 그전에 뼈저리게 경험했던 것들을 남들에게는 발생되지 않도록 하기 위하여 <u>특별사법경찰 신분을 가진 사람들이 꼭 읽어 보고 실천할 것을 간절히 바라며 한 권의 책을 만들어 봤다.</u>

　사람은 자신의 의지 없이 태어나 자연과 인간이라는 많은 무리 속에서 살아간다. 자신이 남에게 도움을 주기도 하고 남으로부터 도움을 받기도 하고 반대로 자신이 남에게 피해를 주기도 하고 남으로부터 피해를 받기도 한다. 이러한 속에서 공공의 질서를 위하여 사람은 의도치 않게 공권력으로부터 다스려지기도 한다. 공권력은 국민에게 도움도 주고 구속도 한다.

공권력은 국민이 선출된 공무원에게 국민의 이익을 위하여 일정기간 위임한 것이다. 그러므로 **공권력은 법과 원칙에 따라 공정하고 상식적**으로 운용되어야 한다. 그러나 공권력을 위임받은 사람은 모두는 아니지만 일부 공무원들이 공권력을 남용하거나 사용하지 않아 국민들의 권리를 침해하고 또는 국민의 권리를 보호하지 않음으로써 국민에게 피해를 주고 있다. 여기서 더 큰 문제는 국민이 공무원의 잘못된 법 집행을 옳은 것으로 알고 인정함으로써 잘못된 공권력에 그대로 피해를 보고 있다는 것이다.

국민이 공무원의 처분을 신뢰하고 받아들여 손해를 보는 경우가 있다면 공무원은 자신들을 신뢰하는 국민에게 억울한 처분을 하지 않기 위하여 스스로 더 공부를 하여야 한다는 것은 누구나 아는 것이다. 그러함에도 불구하고 지금도 공권력을 위임받은 많은 사람들이 뻔뻔스럽고 당당하게 권력을 남용하고 자기들 보호 및 이익을 위하여 사용하고 있는 것을 볼 수 있다.

필자가 인생 3막과 4막의 중첩기에서 **이 글을 쓰는 이유는** 공무원들은 국민 권익 보호를 위한 관련 법들을 교육받지 아니하고 직무에 임함으로써 단지 자기 업무 관련 법만 공부하게 된다. 그리고 그중에서 특별사법경찰 요원으로 발탁된 공무원은 범죄 관련 수사 조사 업무를 하게 된다. 필자가 퇴직하고 임산업을 시작하며 인허가 등을 위하여 기초자치단체 공무원과 접하면서 담당 공무원들이 또 특별사법경찰들이 국민의 권익을 너무 침해하고 있는 것을 경험했다. 단지 인허가 또는 처벌 관련한 그 법률 하나만 알고 국민의 권익을 보호하는 법률은 알고 있지 않았다. 인허가 또는 처벌 관련 법률은 한두 개이지만 권익을 보호하는 법률은 헌법을 위시하여 행정기본법 등 아주 많다. 그러다 보니 공무원의 직권남용 또는 직무유기로 인해 국민이 피해를 봐도 국민 역시 법을 모르니 그저 그 처분에 따른다.

필자는 후배 공무원인 특별사법경찰들 몇 명에게 특사경 임무를 받은 후 국민의 권익 보호를 위한 법에 대해 교육을 받는지 물어 보았다. 그들은 모두 별도로 교육을 받지 않는다고 했다.

이런 경우, 문제는 단편적인 법률지식을 가지고 있는 특별사법경찰이 작성한 수사 조서가 그대로 검찰로 이첩되면 검사가 특사경의 전문성 능력을 믿고 깊이 검토 없이 기소해 버리는 경향이 있다는 것이다. 그러면 피의자가 된 사람은 죄가 없음에도 무죄를 받기 위하여 많은 시간과 돈을 지출해야 된다. 필자가 경험해 보고 너무 황당했다.

따라서 필자는 힘들지만 공무원이 억울한 국민을 만드는 것을 막아야 한다는 사명감을 가지고 필자의 인생이 사건의 지평선에 도달하기 전에 쓰는 것이다.

특사경에게 도움이 될 만한 법 관련 명언들을 몇 가지 적어 보면,

- 법은 권리 위에 잠자는 자는 보호하지 않는다. **(루돌프 폰 예링)**
- 법은 거미줄 같아서 작은 파리는 잡지만 말벌 같은 큰 놈은 빠져나간다. **(조너선 스위프트)**
- 법으로 억울함을 풀어야 하는데 오히려 법으로 억울함을 당하는 경우가 생긴다면 그것 또한 법치주의가 아니다. (이낙연)
- 무전유죄, 유전무죄. (지강헌)
- 아무리 성실하게 일해도 돈 없는 사람은 죄인이다. (모리타 데츠오)
- 법은 국민의 상식이어야 하고 의심스러운 때는 피고인에게 이익이 되도록 판결한다. (영화 '배심원들')
- **법과 제도는 운영하는 인간들이 쓰레기면 그 법과 제도는 쓰레기가 된다. (변호사 박훈)**

- 이 법복은 주권자인 국민이 사법부에 위임한 임무를 상징한다는 것을 명심하세요. **(드라마 '미스 함무라비'에서 한세상 부장판사가 박차오름 판사에게 처음 법복을 입혀 주면서 한 말)**
- 기소를 당하면 대법원에서 무죄를 받았다고 하더라도 인생은 절단 난다. 검찰의 기소라는 것은 굉장히 무서운 것이다. **(대통령 후보 윤석열)**
- 제도는 사람을 존중하기 위한 제도여야 한다. 인간의 존엄과 가치를 지켜주고 인간다운 삶을 갖도록 하는 것이 궁극적인 문제다. **(바보 노무현 대통령)**
- 민주주의에서는 국민이 주권자다. 국민이 진정한 주인으로 대접받는 정치와 행정이 되어야 한다. **(바보 노무현 대통령)**

　법 집행에 관한 몇 개의 명언들을 적어 보았다. 이 명언들을 보면 법은 법을 도구로 사용하는 인간이나 또 법이라는 도구에 당하는 인간에 따라 항상 변화하는 것을 느낄 수 있다. 이러한 상황에서의 피해는 오로지 국민 몫이다. 법이라는 화살이 똑바로 나가지 못하고 휘거나 꺾이거나 빗나가는 것은 인간이 가진 돈과 권력 때문인 것을 알 수 있다.

　특별사법경찰들이 머리말을 읽고 국민의 권익을 위하여 이 책에 수록된 법 관련 내용을 숙지하여 정말 '정의'라는 말을 다시금 새기고 임무에 임했으면 좋겠다.

목차

머리말 ... 4

제1장 특별사법경찰을 위하여 책을 쓰는 이유

1. 부족한 법지식으로 국민을 재단하면 억울한 국민 양산 ... 14
2. 특별사법경찰리의 결재 관리자는 폭넓은 법지식 필요 ... 29

제2장 특별사법경찰의 신분과 의무

1. 공무원 ... 34
2. 특별사법경찰 ... 46

제3장 특별사법경찰이 알아야 할 법률 요약 등

1. 헌법 중 국민 권리와 의무 중요 조문 발췌 요약★★★★★ ... 61
2. 민원처리에 관한 법률 중 중요조문 발췌 요약 ... 71
3. 행정기본법 중 중요조문 발췌 요약★★★★ ... 73
4. 행정절차법 중 중요조문 발췌 요약 ... 87
5. 행정규제기본법 중 중요조문 발췌 요약 ... 90

6.	질서위반행위규제법 중 중요조문 발췌 요약	94
7.	형법 중 형의 감면 등에 대한 중요조문 발췌 요약★★★★	97
8.	형사소송법 중 중요조문 발췌 요약★★★	106
9.	형사보상 및 명예회복에 관한 법률 중 중요조문 발췌 요약	127
10.	범죄의 성립조건 및 처벌조건★★★★	131

제4장 행정법 일반

1.	기본적인 행정법 일반★★★	142
2.	행정처분의 구제	163

제5장 법 위에 군림하는 법률원칙들★★★★★

1.	행정의 법률 적합성의 원칙★★★	178
2.	법적용의 원칙★★★	182
3.	행정법의 일반원칙★★★	186
4.	형사 및 형사소송 관련 법률원칙★★★	204
5.	범죄를 무죄로 만드는 조각(阻却)사유★★★★	228
6.	형사사건에서 무죄를 만드는 것들★★★★	239

제6장   보호되어야 할 국민의 권리

1. 기본권 258
2. 인권 270

부록 275
특별사법경찰관리에 대한 검사의 수사 지휘 및 특별사법경찰관리의
수사준칙에 관한 규칙(형사소송법 제245조의10제4항의 법무부령)

제1장

특별사법경찰을 위하여 책을 쓰는 이유

1.
부족한 법지식으로 국민을 재단하면 억울한 국민 양산

먼저, 특사경이 왜 공부를 하여야 하는지를 머리말에 조금 언급했지만 조금 더 언급하고자 한다.

특별사법경찰은 특별사법경찰관과 특별사법경찰리로 나눈다. 행정공무원의 직급을 구분하여 나눈 것을 보면 특별사법경찰관은 행정공무원 7급 이상으로 구분하고 특별사법경찰리는 행정공무원 8급, 9급으로 구성하고 있다. 필자가 보았을 때 행정공무원 8급, 9급은 공직 근무 경력이 1년에서 5년 정도 될 것이다. 이는 경력이 너무 적다고 생각한다. 최소한도 10년의 경력은 가져야 업무를 두루두루 경험하여 법에 대하여 좀 폭넓은 감각과 지식을 가질 수 있다고 생각한다. 인권법안이 무엇이 있고, 행정 관련 법률이 무엇이 있는지 알게 될 것이고, 또 법을 해석하는 능력도 생길 것이다. 필자의 경험으로 볼 때 5년 정도 경력이면 단순히 업무와 관련된 한두 개의 개별 법률만 알고 있을 것이다. 그리고 업무도 2년마다 바뀐다고 볼 때 서

너 개의 법률을 다루어 봤을 것이다.

그렇다고 공무원 조직의 성격상 관리자가 열심히 공부하거나 폭넓은 지식이 있어서 직원들이 검토 작성한 결재 문서를 꼼꼼히 따져 잘못된 것을 지적하여 가르쳐 주는 일은 없을 것이다.

대부분의 공무원은 경찰리나 경찰관 모두 국민의 권리와 인권 보호를 위한 법을 모르므로 다음과 같은 사례가 발생한다. 이러한 사례가 발생하면 공무원은 아무 처벌을 받지 않고 그저 업무시간에 일을 하면 되지만 피해를 본 국민은 돈과 시간, 스트레스 등 많은 손해를 보게 된다.

쉽게 말해 초보 특별사법경찰리는 자신감이 충만할 것이다. 처벌을 위해 처벌을 위한 환경법이나 산지법 또는 위생법 달랑 하나 들고 쉽게 접근할 것이다. **아직 국민의 권리와 이익을 위한 법률들을 못 봤기에 걱정이 없을 것이다. 아직 법이 하나가 아닌 여러 개의 법률이 거미줄처럼 서로 연결되어 있는 것을 모를 것이다. 공격의 법이 있으면 방어의 법이 있고 즉, 처벌을 위한 법이 있으면 그 처벌을 규제하거나 감시하는 법이 있음을 모르고 있을 것이다. 처벌을 위해서는 그 하나의 법 외에 같이 적용 검토하여야 할 법들이 많다.** 이러한 법들을 모르고 단위의 특정 법률 하나만 적용하여 처분한다는 것은 매우 위험한 일이다. 다 그런 것은 아니지만 많은 처분들이 단위 법률 하나만 검토하여 처분함으로서 많은 국민들이 자신도 모르게 억울한 일을 당하고 있다.

따라서 필자는 처분 시 검토하여야 할 여러 법들을 기록해 놓았다.

걱정이 되어 아래 예를 들어 본다.

의사들은 의사자격증을 따고 하얀 가운을 입고 의사로서 병원에 정식 출근하면 모든 것을 다 아는 것 같은 자신감이 생기고 얼른 환자를 직접 수술도 해 보고 싶은 생각이 들 것이라고 생각해 본다. 초짜 의사가 실력은 부족해도 모든 것을 다 아는 양 당당한 자신감을 가지고 수술을 하여 잘라내지 말아야 할 것을 잘라 낸다든지 잘라내야 할 것을 그냥 내버려둔다면 또 내과 의사가 자기가 알고 있는 범위 외의 질병 환자를 접하며 모른다고 하기에는 쪽팔려서 유사질환의 약을 처방하여 환자가 낫지 않았다면 환자는 돈은 돈대로 주고 병은 고치지 못하고 더 많은 고통을 받게 될 것이다. 실제 사례로, 의사가 꼼꼼하게 준비하지 않아 잘라 낼 다리와 자르지 말아야 할 다리를 바꾸어 잘라 더 불구로 만든 사례도 있다. 자신감 많고 실력 없는 의사로 인해 한 개인은 극히 불행해질 수 있다. 그러므로 의사는 수술을 하기 전에 꼼꼼하게 챙기고 수술 중 실력이 부족하여 잘못하는 일이 없도록 늘 공부를 하고 실력을 쌓고 자만심을 버리고 책임감을 가지고 환자를 대하려고 노력하여야 할 것이다.

특별사법경찰 역시도 의사와 같은 존재다. 의사가 암덩어리를 찾아 제거 또는 치료하여 암덩어리를 없애고 사람의 신체를 깨끗이 하여 생명을 살리듯이 특별사법경찰도 사회구성원의 비리를 찾아 벌을 줌으로서 사회를 맑고 건전하게 하는 것이다.

예에서, 암을 떼어 내는 것은 사람을 살리기 위한 것이다. 사회구성원 중 범죄자에게 벌을 주는 것은 죄를 단죄하여 사람들에게 이롭게 하려는 것이다. 암을 떼어 내는 것을 중요시하다가 사람의 생명에 지장을 준다든지, 죄진 사람을 벌하려다가 무죄인 사람을 벌한다면 이러한 수술이나 처벌은 안 하는 것이 낫다. 이러한 것은 의사나 수사관의 지식 부족 또는 준비 부족으로 발생할 수 있을 것이다. 그러므로 그러한 결과에 대하여는 그 의사나 수사관은 책임을 져야 할 것이다.

따라서 반복되는 이야기지만 의사가 암 하나를 제거하기 위해 다양한 분야의 의학을 공부하고 경험하여 적용하듯이 특별사법경찰도 처벌규정이 있는 단위법률의 하나만 달랑 알고 피의자를 대하지 말고 피의자가 억울하게 당하는 일이 없도록 혐의 내용을 조각할 수 있는 사유가 있는지, 법률비례의 원칙에 해당되는지, 형법상 처벌을 면제하는 고의성이 없는 것인지, 그리고 본인이 법률 유보의 원칙을 위반하여 직권남용을 하는 것이 없는지, 헌법 및 형법 등의 각종 원칙에 부합하는지를 따져 범죄 여부를 판단하여야 할 것이다. 여러 법률 지식도 없이 특별사법경찰이 책임감보다 그저 우쭐함을 가지고 쉽게 사람을 범죄자로 만든다면 많은 국민이 억울한 지경에 빠져 그 범죄혐의를 벗기 위하여 스트레스, 시간 돈 등으로 고통을 받을 것이다.

필자 역시 옛날 선박의 기관사로서 실무에서 자만심과 후회를 반복했다. 선박을 몇 년 승선하고 나니 기관사로서 어떠한 고장도 충분히 고칠 수 있겠다고 생각했다. 그러나 배를 갈아탈 때마다 기관과 기계 장치들이 원리는 같지만 구조와 성능이 달랐다. 그러다 보니 배를 갈아탈 때면 인수인계를 받으며 선임자에게 많은 것을 묻고 또 묻곤 하였다. 선임자가 떠나고 나면 혼자 기관에 대하여 공부를 많이 하여야 했다. 100%의 완벽한 지식은 없다. 늘 다른 상황이 발생한다. 그래서 모든 분야는 끝없이 연구하고 공부해야 한다.

인간은 동물 중 가장 머리가 좋으므로 생활, 범죄, 생각들이 하도 다양하여 인간에 대하여는 아무리 공부해도 끝이 없다. 인간이 태어나고 죽듯이 법도 계속 제정·개정되고 시효가 지났거나 불필요한 법률은 폐지된다.
모든 특사경들이 범죄혐의가 없는 사람에게 범죄 혐의를 씌워 억울한 국민을 만드는 일이 없이 폭넓은 법률지식을 가지고 국민의 권익을 침해하는 일이 없도록 진짜 범죄만 가려내는 족집게가 되어 이 사회를 더 맑은 세상으로 만들어 주었으면 하는 기대를 가져 본다.
그럼, 특별사법경찰의 잘못으로 국민이 고통을 받는 실사례를 들어 보겠다.

1) 사례 1

A 씨는 퇴직 후 큰 꿈을 가지고 산나물 재배를 위하여 많은 돈을 들여 임야를 매입하고 산림조합에 벌목을 의뢰하며 작업로를 개설해 줄 것을 조건으로 계약하였다. 산림조합은 벌목과 동시에 작업로를 개설하였다.

A 씨는 임산물 재배를 위한 산지일시사용신고 후 임산물 재배를 하였다. 3년 후 행정청으로부터 작업로를 불법 개설하였다 하여 형사벌과 함께 행정벌로서 산지관리법 제44조(불법산지전용지의 복구 등) 제1항제4호에 의거 산림기술자가 작성한 산림복구계획서를 작성하여 제출하고 복구를 하도록 명령을 받았다.

A 씨는 너무 황당하였다. 행정청은 복구 이행자는 개설 행위자인 산림조합이 아니라 산림소유자가 하여야 한다고 하였다. 하여튼 A 씨는 산림기술자에게 복구비용 등을 물어보았다. 복구하려면 1억 5천만 원 정도는 든다고 하였다.

돈도 돈이지만 제대로 법에 의거 신고하고 임산물을 재배하고 있는데 과거 다른 사람의 불법행위로 인하여 모든 것을 복구하고 다시 산지일시사용변경신고를 하고 처음처럼 절차를 밟아 임산물 재배를 하라니 기가 막힐 일이었다.

3년 동안 투자하고 열심히 가꾸어 왔고 앞으로도 지속적으로 사업을 할 것인데도 불구하고 지금까지 이루어 놓은 것을 복구한 후에 다시 사업을 시작하라고 하니 이해가 안 되었다. 이 조치는 사업을 하지 말라는 것이나 다름이 없었다.

A 씨는 법을 검토하였다.

산지관리법 제20조(산지전용허가의 취소 등) 제1항은 산지관리법 제15조의2제4항에 의거 산지일시사용신고를 한 자가 변경신고 없이 사업규모를 변경하는 경우에는 허가를 취소하거나 사업의 중지, 시설물의 철거, **산지로의 복구**, 그 밖에 필요한 조치를 명할 수 있다고 규정하고 있다.

법에 "조치를 명하여야 한다"로 되어 있지 않고 "명할 수 있다"라고 규정하고 있어 이것은 처분권자의 기속행위가 아니라 재량행위로서 현실을 고려하여 파악하여 얼마든지 쉽게 풀 수 있는 것이다.

이것은 헌법 제37조의 과잉금지의 원칙 즉 비례의 원칙을 가지고 풀면 해답이 나오는 것이다.

① **적합성의 원칙**에 따라 처벌이 적합한가를 따져 보면, 이것은 과잉금지의 원칙에 위반된다고 판단했다. 과잉금지의 원칙 중 필요성의 원칙과 상당성의 원칙에 위반되므로 적합성의 원칙을 위반한 것이다.

② **필요성의 원칙** 즉 최소피해의 원칙을 따져 봤다. 행정벌은 재량행위이므로 벌을 줄 여러 가지 방법 중 가장 적은 피해를 주는 벌을 선택하여야 한다.

A씨는 벌금형을 받았으므로 행정벌은 기존의 일시사용신고를 변경신고하는 것으로 해도 무방한데도 불구하고 사업을 망하게 하는 복구명령은 위헌에 해당된다고 생각했다.

③ **상당성의 원칙**에 위배되지 않는지 검토했다. 상당성의 원칙은 이루려는 공익과 침익당하는 피해를 비교·형량하여 공익이 더 클 경우에만 집행할 수 있도록 하고 있다. 즉, 침익당하는 피해가 크면 위헌에 해당되는 것으로 집행하면 아니 된다.

A 씨에게 벌금을 부과하고 복구조치하여 얻을 수 있는 공익은 법질서 유지와 벌금 몇백만 원일 것이다. 반면 A씨가 침해당하는 손해는 수억이 되는 것이다. 임산업을 해 보지도 못하고 아주 망하는 것이다. 경제적 손실은 물론 정신적 피해가 엄청난 것이다. A 씨는 상당성의 원칙에 위반된다고 생각했다.

A 씨는 검토결과를 가지고 이의신청했지만 특별사법경찰리인 공무원은 계속 밀어붙이며 복구계획서를 내지 않으면 가중 처벌한다며 압박했다. A 씨는 몇백만 원을 들여 산림기술자에게 복구계획서를 의뢰하고 행정청에는 계속 이의제기했다. 이의제기할 때마다 담당자는 **"계장이 조치하라고 합니다"**, **"옛날부터 그렇게 조치해 왔습**

니다"라는 말과 함께 계속 압박했다. A 씨는 복구계획서를 제출하고 복구 후 민법에 의거 손해배상청구 및 형법 제123조의 직권남용죄로 형사고발하려고 마음먹었다.

복구계획서 제출 날짜가 되어 산림기술자가 제출하러 행정청에 갔다. A 씨는 산림기술자로부터 복구계획서 제출 후 연락이 올 때를 기다렸다. 오후 늦게 산림기술자로부터 전화가 왔다. "담당과장이 복구계획서를 받지 말라고 했다며 제출하지 말라고 합니다"라고 산림기술자는 말했다.

A 씨가 법리 논쟁을 하여 행정벌로서 복구계획서 승인, 복구 등 조치명령은 취소되었고 기존의 일시사용신고를 변경신고하는 것으로 마무리되었다.

행정청의 복구계획서 제출 강요와 취소로 그동안 복구계획서 작성 등 비용이 거의 천만 원 가까이 들었다. 손해배상청구 소송을 하고 싶었지만 을인 A 씨는 갑인 행정청에 쉽게 소송을 청구할 수가 없었다.

여기서 특별사법경찰이나 계장, 과장 등 결재권자가 '법률비례의 원칙'만 확실히 알았다면 이러한 일은 발생하지 않았을 것이다.

행정청의 특별사법경찰의 무능과 오만, 독선으로 A 씨는 많은 피해를 보게 되었다.

2) 사례 2

B 씨는 자경 산지 내 경영관리사를 건축하고 동 산지 내 기존 농로를 통하여 진출입을 하였다. 그 길은 비가 올 경우 또 겨울과 봄에 얼었다 녹았다 하여 질어서 그 길 위에 잡석을 깔았다. 이것을 인접지 경작자가 신고를 하여 특사경이 조서를 꾸미고 검찰로 송치했다. 검사는 산지관리법 등을 깊이 검토하지 않고 특별사법경찰리의 조서를 신뢰하고 기소했다.

B 씨는 필자에게 애로사항을 말하고 필자는 B 씨에게 법원에 가서 공소장을 떼어 오도록 했다.

■ 공소장 요지

가. 죄 명: 산지관리법 위반
나. 적용법조: 산지관리법 제53조 제1호, 제14조 제1항 본문, 형사소송법 제334조 제1항
다. 의견: 벌금 000,000원
라. 공소사실
피고인은 0000년 0월 산 00-0에 산림경영관리사 설치를 위해 산지 일시사용신고를 한 후 가설건축물을 설치하여 사용하던 중, 0000년 0월 0일 경 차량통행이 어렵다는 이유로 관할관청의 허가를 받지 않고 준보전산지인 위 지번 **임야농로 75㎡에** 포크레인을 이용하여 **잡석포장**을 함으로서 **산지전용**을 하였다.

필자가 공소장을 보니 기소할 사항이 아니었다. 필자는 법원에 제출토록 변론 요지서를 적어 주었다.

(1) 변론 요지서 내용

㉮ 사건경위
- 옆집의 이해관계인이 신고한 건으로
- 동 진입로는 과거부터 농로로 사용되어 온 것으로 비가 올 때나 동절기 시 땅이 질어서 차량이 다닐 수 없어 잡석을 깔았음
- 행정청 직원이 와서 지적하여 10일 후 잡석 제거로 원상복구했음

㉯ 무죄 주장 이유
- 잡석 깔은 것을 포장이라고 볼 수 없음
- 잡석을 깔은 것은 산지전용이 아니라 산지일시사용으로 산지전용을 한 사실이 없으므로 산지불법 전용으로 기소한 것은 법률비례의 원칙중 적합성의 원칙 위반
- 기존 농로가 질어서 잡석을 깔은 것은 관습법이나 조리에 위반되지 않으므로 사회상규상 위법하였다고 볼 수 없으며
- 질퍽거리는 길에 잡석을 까는 것은 비난 가능성이 없는 것으로 책임 조각사유에 해당
- 형법 제13조의 고의에 해당되지 않으므로 처벌하지 말아야 함

- 이상의 이유로 무죄판단

ⓓ 정상관계(형법 제51조)
- 만약 피고인이 유죄로 인정된다면
- 피고인이 고령이라는 점
- 이웃이 순간 감정으로 신고했다는 점
- 잡석을 바로 제거했다는 점
- 고의가 없었다는 점을 참작하여 선처 바람

(2) 재판 결과

재판은 1년 반 동안 끌었으며 산지전용은 무죄가 되었다. 그동안 피고인은 많은 고통을 받았으며 "그냥 벌금을 내고 말걸"이라는 말을 남겼다.

(3) 반성
- 이 건은 특별사법경찰리가 산지전용과 산지일시사용신고도 판단을 못 하고 또 법률비례의 원칙이나 관습법 조리 등도 모르므로 검토가 불가능하였음.
- 경찰리가 능력이 부족하면 결재권자인 계장이나 과장이 제대로 지적해 주었더라면 다시 검토되어 검찰로 이첩을 안 했을 것이며,

- 검사 또한 자치단체에서 이첩된 것을 전문직 공무원이라고 해서 신뢰하고 깊이 검토하지 않고 기소를 한 것 등이 문제였음.
- 이 피고인만 고스란히 손해를 보고 억울한 국민이 되었음.

⇒ 가장 중요한 것은 경찰리와 계장이 정말 광범위한 법적 지식이 있어야 한다는 것임.

이상의 사례에 대하여 머리말에 적은 명언을 한 번 더 첨언을 한다면,

"기소를 당하면 대법원에서 무죄를 받았다고 하더라도 인생은 절단 난다. 검찰의 기소라는 것은 굉장히 무서운 것이다."(대통령 후보 윤석열)

그러므로 특별사법경찰은 조서 작성과 범죄혐의 검토 시 짧은 법적 지식을 가지고 기분에 따라 하면 절대 안 되는 것이다. 특별사법경찰의 경솔함은 한 인간의 가정과 인생을 망칠 수 있다.

다음은 **행정심판 현황을 보겠다.**

2016~2018년 3년 동안의 행정심판 결과를 보면, 매년 행정기관의 잘못된 처분이나 처벌이 많은 것을 알 수 있다. 행정심판 77,008건 중 11,299건(15%)이 인용되었고, 85%인 65,709건이 기각 또는 각하되었다. 쉽게 말하면 15%만이 인용되어 행정기관의 처분에 불만을

가진 국민 중 15%만이 이겼다고 볼 수 있다. 행정심판으로 불만이 충족된 15%의 국민도 행정심판 준비를 위하여 또 과정에서 많은 피로를 느꼈을 것이다. 스스로 공부를 하든 아니면 변호사를 사든 쉽지 않았을 것이다. 아마 스스로 법을 공부하여 놓았더라면 수월했을 수도 있다.

행정심판을 청구한 사람 중 인용되지 않은 85%의 국민은 벌을 받았든지 아니면 행정소송으로 이어졌을 것이다. 이 외에도 벌을 받은 사람 중에는 자기가 벌을 받지 않아도 되는데 공무원의 처벌이 맞는 것으로 생각하고 그냥 처벌을 받은 사람도 아주 많았을 것이다. 이것 역시 거꾸로 생각하면 공무원이 법을 모르기에 처벌을 위한 단위 법률만 적용하여 잘못 처벌한 것이 많다는 것이 된다.

이러한 문제는 공무원이나 국민이 법을 안다면 발생되지 않을 수도 있는 것들이다. 특히 특별사법경찰이 억울한 국민을 만들지 않으려고 폭넓은 법률 지식을 쌓기 위하여 적극 노력한다면 진정한 공무원으로서 많은 국민에게 벌이 아닌 행복을 줄 수 있을 것이다.

■ 행정심판 현황

구분 연도	계	(일부)인용	기각	각하
'16.	26,080	3,901	19,315	2,864
'17.	25,775	3,584	19,105	3,086
'18.	25,153	3,814	18,928	2,411
계	77,008	11,299(15%)	57,348	8,361

※ 기각: 신청인의 불복을 받아들이지 않고 처분청의 처분이 정당하다고 인정하여 신청의 대상이 된 처분을 유지시키는 결정
※ 각하: 소송조건을 구비하지 않거나 소송상 신청이 부적법하여 배척하는 것

(2019. 9., 국민권익위원회 자료)

2.
특별사법경찰리의 결재 관리자는 폭넓은 법지식 필요

공무원의 업무처리를 중심으로 조직의 상하를 구분하면 계장 이상은 관리자로, 그 이하는 실무직원으로 구분할 수 있다. 공무원은 시험과목에 행정법 관련 내용이 있지만 깊이 있게 다루지 않는 것 같다. 그리고 신규공무원 교육 시에도 행정법 등에 대하여 교육을 받지 않는 것으로 알고 있다.

공무원이 실무에 들어가면 읍면동 사무소에서 서류를 떼어 주는 단순업무, 일반 총무업무, 자치행정업무 등을 한다. 그러므로 대민관련 법을 크게 필요로 하지 않으므로 미소를 가지며 친절하게 민원인을 응대하면 되지만, 건설, 환경, 식품, 보건 등 인허가 및 처벌 등을 다루는 업무에 들어가면 정말 여러 법을 깊이 있게 알아야 한다. 헌법, 민원 관련 법률, 행정법, 특별사법경찰은 형법까지도 깊이 있게 알아야 한다. 그러나 필자의 경험으로 봐서 개인적으로 상기 법률 등을 열심히 공부하는 사람을 보지 못한 것 같다. 특히 전문직은 이러한 상태로 전문부서에서 죽 성장하여 관리자까지 된다. 그러므로 제한된 특정의 법만을 알게 된다.

그리고 전문적인 제한된 분야에서 계속 성장한 관리자는 실무자가 검토한 내용을 듣고 배우며 결재를 하곤 한다. 대부분의 9급, 8급, 7급 실무자나 특별사법경찰리는 폭넓은 법률지식이 부족하므로 관리자는 결재 시에 잘못된 것을 또는 검토되지 않은 부분을 지적하여 시정되도록 하여야 하나 필자의 공직 경험으로 결재라인의 공무원이 국민 권익에 대한 법률을 숙지하고 바로잡아 주는 것을 거의 본 적이 없다. 그리고 나중에 문제 생기면 책임을 직원에게 떠민다. 결재권자인 관리 공무원이 공부를 하여 실무자의 잘못된 행정행위를 바로잡아 주어야 하나 그렇지 못하여 종종 국민이 많은 피해를 보게 된다. 필자도 퇴직 후 임산업을 하며 피해를 봤고 또 동료들의 일을 도와주면서 이러한 일들이 많음을 알았다.

대부분 관리자들이 진급하여 권리만 가지려고 하지 실무직원보다 실력을 더 쌓기 위한 노력을 하지 않는다. 그러므로 이 책을 읽은 특별사법경찰과 결재권자는 실력을 갖추어 국민에게 피해를 주는 일이 없도록 해 줄 것을 당부해 본다. 그리고 시간이 지나면 공무행정은 신뢰를 받을 것이다. 현재 관리자나 실무자가 이 책을 다 숙지하면 국민의 인권을 침해하는 일이 거의 없어질 것이다.

예로서, 공무원 교육을 시키는 공무원연수원의 장(부이사관)과 국민 권익을 위한 관련 법률을 가르칠 필요성에 대하여 이야기를 나눈

적이 있었다. 필자는 원장에게 공무원들에게 국민권리보호를 위한 법률 교육을 실시하여야 한다고 했다. 부이사관은 공무원은 담당업무 관련 법만 알고 실천하면 되지 국민 권익을 위한 법률교육을 실시할 필요가 없다고 하였다. 공무원들의 잘못된 처분으로 발생되는 피고인의 권익 침해는 기소된 후 법원의 재판과정에서 따질 사항이라고 했다. 필자는 그 대답을 듣고 굉장히 의아했다. 필자는 부이사관의 이야기를 듣고 기가 차서 더 이상 대화하지 않았다. 관리자의 높은 위치에 있는 사람이 저런 상태이므로 그 아래 직원들의 법 관련 인식과 지식은 발전할 수가 없는 것이라 생각했다. 그러한 공무원들에게 우리의 삶의 행정을 맡긴다는 것은 참으로 안타까운 일이라고 생각했다.

관리자의 능력이 실무자보다도 못하니 실무공무원들의 실력이 늘수가 없고 많은 국민이 많은 피해를 보는 것이다. 앞의 사례에서도 이야기했다. 또 윤석열 대통령 후보 시절의 말도 적어 놓았다. 국민은 한번 기소가 되면 무죄가 되어도 엄청 많은 피해를 보게 된다.

옛날 필자가 공무원 초보일 때 계장을 사인하는 기계라고 생각했던 적이 있다. 정말 계장은 대부분 하루 종일 문서 결재만 하다 퇴근하곤 했다. 참 지루하게 보였다. 직원들의 업무를 챙겨 주는 사람도 있긴 했지만…. 그러나 필자가 글을 쓰는 이유처럼 계장이나 과장이나 국민권익을 위한 법률을 아는 사람은 없었던 것 같다. 헌법 제39조까지만이라도 알면 인권 관련 문제가 많이 해소된다.

필자는 이상의 경험을 하면서 계장은 어느 조직이든지 조직의 허리로서 가장 중요한 위치라고 생각한다. 따라서 계장은 조직 내 누구보다도 가장 많은 지식을 가지고 있어야 한다. 실무를 담당하는 공무원들보다 결재를 하는 계장이 더 많은 지식을 가지고 결재를 하며 거를 것은 거르고 보탤 것은 보태 주어야 한다. 계장 선에서 행정행위는 바로잡혀야 한다. 그리고 기안자 및 검토 공무원에게 잘못된 부분을 지적하여 줌으로써 자기는 물론 후배 공무원들이 더불어 지식을 쌓고 올바른 행정업무를 배워 국민의 봉사자로서 국민의 바람에 보답할 수 있을 것이라 생각한다. 관리자들 모두 공부를 하여야 하지만 공무원 구조상 허리인 계장이 정말 공부하길 바라 본다. 한번 공부해 놓으면 과장, 국장으로 진급하며 더 공부할 필요가 없다. 또 훗날 후배 공무원들은 실무자 때부터 익힘으로써 공무원 조직의 구성원이 공무행정을 올바로 하게 될 것이다. 이런 풍토가 이루어졌으면 좋겠다.

제 2 장

특별사법경찰의 신분과 의무

1.
공무원

공무원들은 공무원에 입문하면서 일반인과 달리 의무와 책임을 지니게 된다. 단순하게는 국가 또는 지방자치 정부의 일원일 뿐만 아니라 국민에게는 봉사자로서 책임을 가지고 중요한 역할을 수행하여야 하는 신분이다. 그러므로 공무원은 이중적인 신분을 가지고 공직자로서 공적 책임과 개인으로서의 권리 사이에 있어서 균형을 가져야 한다.

먼저, 헌법에서 규정한 국민의 신분 및 국민과 공무원의 관계를 보면 다음과 같다.

1) 헌법 중 공무원 관련 내용

> 제1조 ① 대한민국은 **민주공화국**이다.
> ② 대한민국의 주권은 국민에게 있고, 모든 권력은 국민으로부터 나온다.
> 제7조 ① 공무원은 국민 전체에 대한 봉사자이며, 국민에 대하여 책임을 진다.

헌법 제1조는 대한민국은 국민이 주인이 되는 나라임을 명시하고 국가의 모든 권력은 국민이 공무원에게 위임함을 명시하였다.

그리고 헌법 제7조제1항은 공무원의 지위와 책임에 대해 매우 중요한 규정을 담고 있다. "공무원은 국민 전체에 대한 봉사자이며 국민에 대하여 책임을 진다"라는 것은 공무원이 단순히 국가기관의 일원이 아니라 국민의 복리를 위해 존재해야 한다는 것을 강조하는 것이라고 할 수 있다.

이 규정이 매우 중요한 것임을 감안하여 풀어 보면 여러 가지가 내포되어 있음을 알 수 있다.

첫째, 공무원의 기능은 국가의 이익만을 고려하는 것이 아니라 국민의 복지 및 권리 보호를 최우선으로 해야 한다는 것이다. 이는 민주주의의 근본 원리를 반영하며 공무원이 국민에게 책임을 지는 존재임을 분명히 하고 있다. 또한, 공무원의 활동이 국민의 권리를 침해하지 않도록 해야 한다는 의무도 내포하고 있다.

둘째, 이 조항은 공무원의 활동에 대해 국민이 제기할 수 있는 책임 요구의 근거이기도 하다. 즉, 공무원이 그 역할을 다하지 않거나 국민의 이익을 저해하는 행위를 할 경우, 국민은 공무원에게 책임을 물을 수 있는 것이다. 이러한 점에서 공무원은 투명하고 공정한 자세로 국민에게 봉사해야 하며, 그들의 활동이 항상 감시받고 평가받고 있다는 인식을 가져야 한다.

셋째, 헌법 제7조 제1항은 공무원의 정치적 중립성을 강조하는 해석도 가능하다. 이는 공무원이 특정 정치적 이익이나 세력에 편향되지 않고 모든 국민에게 공정하게 서비스를 제공해야 한다는 점을 암시하고 있다. 따라서 공무원은 자신의 정치적 신념이나 소속과 상관없이 국민을 위해 일해야 하며 이러한 의무는 그의 직무 수행에 있어서 중요한 윤리적 기준이 된다.

결국, 헌법 제7조제1항은 공무원의 역할과 책임을 명확히 하여, 공공의 이익을 위한 봉사자로서의 의무를 강조하고 있다. 이는 민주국가에서 권력과 책임의 관계를 정립하는 필수적인 요소이며, 공무원의 행동은 항상 시민의 눈에 부합해야 한다는 점에서 매우 중요한 규정이다. 이러한 맥락 속에서 이 조항은 헌법의 기본 정신과도 깊은 연관을 맺고 있다고 할 수 있다.

2) 공무원 직무상 의무 내용

○ **인권보장의무**: 국가(공무원)는 개인이 가지는 불가침의 **기본적 인권을 확인**하고 이를 **보장할 의무**를 가진다.(헌법 제10조)
○ **성실의무**: 모든 공무원은 법령을 준수하며 **직무를 성실히 수행**하여야 한다.(국가공무원법 제56조, 지방공무원법 제48조)
○ **친절공정의무**: 공무원은 국민, 주민전체의 봉사자로서 **친절하고 공정하게 집무**하여야 한다.(국가공무원법 제59조~지방공무원법 제51조)
○ **비밀엄수의무**: 공무원은 재직 중은 물론 퇴직 후에도 직무상 알게 된 **비밀을 엄수**하여야 한다.(국가공무원법 제60조~지방공무원법 제52조)
○ **청렴의무**: 공무원은 직무와 관련하여 직접 또는 간접을 불문하고 **사례·증여 또는 향응을 수수할 수 없으며**, 직무상의 관계여하를 불문하고 그 소속 상관에게 증여하거나 소속 공무원으로부터 증여를 받아서는 아니 된다.(국가공무원법 제61조~지방공무원법 제53조)
○ 공무원이 이상과 같은 의무를 위반한 때에는 **징형사유**에 해당되어 징형처분을 받게 된다.(국가공무원법 제78조 1항~지방공무원법 제69조 1항 2항)

　헌법 및 공무원법에서는 공무원이 지켜야 할 의무와 공직윤리를 부여하고 있다. 공무원은 국민의 기본적 인권을 보장할 의무를 가지고 국민에 대하여 친절하고 공정하게 직무를 성실히 수행하여야 한다. 그리고 직무상 비밀엄수는 물론 돈이나 향응을 받아선 아니 되고 철저히 자기관리에 신경을 써야 한다. 이러한 공무원들의 행동은 공무원으로서 품위를 지키는 것이고 사회적 신뢰를 유지하는 데 필수적인 것이다.

3) 공무원 헌장

> 우리는 자랑스러운 대한민국의 공무원이다.
> 우리는 헌법이 지향하는 가치를 실현하며 국가에 헌신하고 **국민에게 봉사**한다. 우리는 **국민의 안녕과 행복을 추구**하고 조국의 평화 통일과 지속 가능한 발전에 기여한다.
> 이에 굳은 각오와 다짐으로 다음을 실천한다.
> 하나. **공익을 우선**시하며 **투명하고 공정**하게 맡은 바 **책임을 다한다**.
> 하나. 창의성과 전문성을 바탕으로 업무를 **적극적으로 수행**한다.
> 하나. 우리 사회의 **다양성을 존중**하고 국민과 함께하는 **민주 행정을 구현**한다.
> 하나. **청렴을 생활화**하고 규범과 건전한 상식에 따라 행동한다.

공무원 헌장은 국민과의 약속이다. 이것을 숙지한 공무원이 얼마나 될까? 큰 구속력은 없지만 공무원 스스로 다짐한 것으로서 국민은 믿어 볼 수밖에 없다.

공무원은 자신들의 선언적 약속으로 '공무원 헌장'도 있지만 피동적 규범으로 공무원의 신분, 책임, 의무 등을 법으로 규정하고 있다. 그러나 일부 공무원들은 법으로 정한 사항들도 모르고 국민이 임시 위임한 권리로 자신의 이익을 챙기고, 자신의 불법행위를 보호하고, 국민 위에 군림하여 국민의 인권을 침해하는 일들이 있기도 하다.

반면에 대부분의 공무원들은 공무원으로서의 신분을 단순한 직업 이상으로 생각하고 공공의 이익을 위하여 헌신하고 있다고 생각하며 또한 다양한 윤리 및 법적의무를 준수하며 책임을 다하고 있다고 생각한다.

공무원은 이같이 엄격한 규정하에 부단히 국민을 위하여 노력하고 있지만 때때로 발생하는 공무원들의 탈선을 막기 위하여 형법으로서 다음과 같이 엄한 규정을 두고 있다.

4) 형법 중 공무원 관련 범죄 및 처벌 내용

제122조(직무유기) 공무원이 정당한 이유 없이 그 직무수행을 거부하거나 그 직무를 유기한 때에는 1년 이하의 징역이나 금고 또는 3년 이하의 자격정지에 처한다.

제123조(직권남용) 공무원이 직권을 남용하여 사람으로 하여금 의무 없는 일을 하게 하거나 사람의 권리행사를 방해한 때에는 5년 이하의 징역, 10년 이하의 자격정지 또는 1천만원 이하의 벌금에 처한다.

제126조(피의사실공표) 검찰, 경찰 기타 범죄수사에 관한 직무를 행하는 자 또는 이를 감독하거나 보조하는 자가 그 직무를 행함에 당하여 지득한 피의사실을 공판 청구 전에 공표한 때에는 3년 이하의 징역 또는 5년 이하의 자격정지에 처한다.

> 제225조(공문서등의 위조·변조) 행사할 목적으로 공무원 또는 공무소의 문서 또는 도화(도면, 건축설계 등)를 위조 또는 변조한 자는 10년 이하의 징역에 처한다.
> 제227조(허위공문서작성등) 공무원이 행사할 목적으로 그 직무에 관하여 문서 또는 도화를 허위로 작성하거나 변개한 때에는 7년 이하의 징역 또는 2천만원 이하의 벌금에 처한다.

이러한 법률로 불법행위 공무원들을 엄히 다스리지만 위반하는 공무원이 계속 발생하고 있다. 필자가 보았을 때 가장 법을 지켜야 하는 기관이고 그리고 이러한 불법행위를 수사하고 기소하는 검찰에서 가장 위반하고 있는 게 아닌가 생각해 본다.

5) 지방공무원 적극행정 운영규정 중 중요 내용

> 제1조(목적) 이 영은 「행정기본법」 제4조 및 「지방공무원법」 제75조의2에서 위임된 사항과 그 시행에 필요한 사항을 규정하여 지방자치단체 공무원의 적극행정을 장려하고 소극행정을 예방·근절하는 등 주민에게 봉사하는 공직문화를 조성함으로써 주민의 삶의 질 향상에 이바지함을 목적으로 한다.
> 제4조(지방자치단체장의 책무) ① 지방자치단체의 장은 소속 공무원의 소극행정을 예방·근절하고 적극행정을 활성화하기 위해 노력해야 한다.

② 지방자치단체의 장은 「행정업무의 운영 및 혁신에 관한 규정」 제10조 제2항에 따라 위임전결 사항을 정하는 경우에는 공무원의 적극적인 업무수행에 미치는 영향, 주민생활에 미치는 파급효과, 이해관계의 충돌 등 정책이나 제도의 영향력과 중요성을 고려해야 한다.

제6조(전담부서의 지정) 지방자치단체의 장은 해당 기관의 적극행정 추진에 관한 사항을 총괄·조정하는 적극행정 책임관과 전담부서를 지정해야 한다.

제7조(적극행정 추진사항 평가 등) ① 「지방공무원법」 제75조의2제1항 후단에서 "대통령령으로 정하는 인사상 우대 및 교육의 실시 등의 사항"이란 다음 각 호의 사항을 말한다.

1. 적극행정 추진 과제의 발굴 및 시행에 관한 사항
2. 적극행정 우수공무원 선발 및 우대에 관한 사항
3. 적극행정 관련 교육 및 확산에 관한 사항
4. 제5조에 따른 의견의 제시(이하 "사전컨설팅"이라 한다)와 제15조 및 제16조에 따른 적극행정 면책제도의 운영에 관한 사항
5. 소극행정 예방·근절 및 점검에 관한 사항
6. 그 밖에 적극행정 장려를 위해 필요한 사항

② 교육부장관 또는 행정안전부장관은 지방자치단체의 적극행정 추진 사항을 정기적으로 평가하고, 평가 결과에 따라 우수기관 또는 우수공무원에 대해 표창을 수여하거나 포상금을 지급할 수 있다.

③ 교육부장관 또는 행정안전부장관은 제2항에 따른 평가 결과를 바탕으로 공직사회의 적극행정 문화를 조성하기 위한 교육과 홍보 사업을 추진할 수 있다

제8조(적극행정 관련 교육) ① 지방자치단체의 장은 소속 공무원을 대상으로

적극행정 관련 교육을 연 1회 이상 실시해야 한다.

제9조(적극행정을 위한 자치법규 정비 등) ② 지방자치단체의 장은 정책을 집행하는 과정에서 자치법규를 해석할 때에는 적극적으로 공공의 이익을 실현할 수 있도록 해야 하며, 법령 또는 자치법규의 취지를 벗어나 국민의 권리를 제한하거나 새로운 의무를 부과해서는 안 된다.

제11조(적극행정위원회의 구성 및 운영) ① 「지방공무원법」 제75조의2제2항 각 호 외의 부분 본문에 따른 적극행정위원회는 위원장 1명을 포함하여 9명 이상 45명 이하의 위원으로 성별을 고려하여 구성한다. 이 경우 위원의 2분의 1 이상은 민간 위원으로 한다.

제13조(적극행정 우수공무원 선발 등) ① 지방자치단체의 장은 반기별로 위원회의 심의·의결을 거쳐 소속 공무원 중에서 적극행정 우수공무원을 선발해야 한다.

제15조(징계 요구 등 면책) ① 공무원이 적극행정을 추진한 결과에 대해 그의 행위에 고의 또는 중대한 과실이 없는 경우에는 「감사원법」 제34조의3 및 「공공감사에 관한 법률」 제23조의2에 따라 징계 요구 또는 문책 요구 등 책임을 묻지 않는다.

제16조(징계등 면제) ① 공무원이 적극행정을 추진한 결과에 대해 그의 행위에 고의 또는 중대한 과실이 없는 경우에는 징계 관계 법령에 따라 징계의결 또는 징계부가금 부과의결을 하지 않는다.

제17조(적극행정 추진 공무원에 대한 지원) ① 지방자치단체의 장은 지방자치단체를 당사자 또는 참가인으로 하는 소송에 관한 재판이 확정되어 구상권 행사 여부를 판단할 때에는 공무원이 적극행정을 추진하는 과정에서 발생한 손해인지 여부를 고려해야 한다.

제17조의2(적극행정국민신청) ① 법령이 없거나 법령이 명확하지 않다는

사유로 다음 각 호의 어느 하나에 해당하는 통지를 받은 사람은 소관 지방자치단체의 장에게 해당 업무를 적극적으로 처리해 줄 것을 신청할 수 있다.
1. 「민원 처리에 관한 법률」 제27조제1항에 따라 민원의 내용을 거부하는 통지
2. 「국민 제안 규정」 제10조제1항에 따라 국민제안이 채택되지 않았다는 통지
② 적극행정국민신청은 「부패방지 및 국민권익위원회의 설치와 운영에 관한 법률」 제12조제16호에 따른 온라인 국민참여포털을 통해서 해야 한다.
③ 국민권익위원회는 제2항에 따라 접수된 적극행정국민신청의 내용에 상당한 이유가 있다고 인정되는 경우에는 의견을 첨부하여 소관 지방자치단체의 장에게 보내야 한다.
④ 지방자치단체의 장은 소속 공무원으로 하여금 적극행정국민신청의 내용을 검토한 후 제5조 또는 제12조에 따른 의견 제시 요청 등을 활용하여 적극적으로 업무를 처리하도록 해야 한다.
⑤ 지방자치단체의 장은 제4항에 따라 소속 공무원이 업무를 처리한 경우 그 결과를 국민권익위원회에 통보해야 한다.
⑥ 제1항부터 제5항까지에서 규정한 사항 외에 적극행정국민신청의 방법·절차·처리기준, 처리결과 통보, 사후관리, 그 밖에 필요한 사항은 국민권익위원회가 정한다.

제17조의3(소극행정 신고) ① 누구든지 공무원의 소극행정을 소속 지방자치단체의 장이나 제3항에 따른 소극행정 신고센터에 신고할 수 있다.
② 지방자치단체의 장은 제1항에 따른 신고의 내용에 상당한 이유가 있다

> 고 인정 되는 경우에는 사실관계 확인을 위한 조사를 하여 신속한 업무처리를 하는 등 적절한 조치를 하고, 그 처리결과를 신고인에게 알려야 한다.
> ③ 국민권익위원회는 공무원의 소극행정 예방 및 근절을 위하여 소극행정 신고센터를 운영하고, 지방자치단체의 장에게 제1항에 따른 신고사항에 대해 적절한 조치를 하도록 권고할 수 있다.
> ④ 제3항에 따른 소극행정 신고센터의 운영과 신고사항의 처리 절차 등에 관한 세부사항은 국민권익위원회가 정한다.
>
> **제18조(소극행정 예방 및 근절)** 징계의결 등 요구권자는 소속 공무원의 소극행정이 발생한 경우 징계 관계 법령에 따라 징계의결 등을 요구하는 등 필요한 조치를 해야 한다.
>
> **제19조(소극행정 예방 지원)** ① 교육부장관, 행정안전부장관 및 지방자치단체의 장은 소극행정 예방 및 근절 등을 위한 교육과 홍보 사업을 추진할 수 있다.
> ② 국민권익위원회는 지방자치단체의 장이 소극행정의 예방 및 근절 등을 위하여 자문하거나 상담, 교육 등을 요청하는 경우에는 신속하게 필요한 지원을 해야 한다.

앞에 공무원의 직무와 헌법, 공무원법, 공무원 헌장, 형법 등을 나열하였다. 이러한 규정이 있지만 필자가 행정기관의 공무원을 마주하며 가장 힘든 것은 소극행정이고 그 연장선으로서 옳은 법을 설명해도 이해하려 들지 않고 박박 우기며 바뀌지 않는 태도였다. "옛날부터 그렇게 해 왔다", "계장이 그냥 하라고 한다" 등을 들며 자기주

장만 하는 공무원들…. 이러한 것은 엄밀히 따지면 직권남용, 직무유기에 해당한다고 할 수 있겠다. 차마 그렇게 공무원에게 필자도 공무원 출신으로서 엄하게 벌을 주고 싶지는 않다. 민원인이 법적근거를 들어 이야기를 하면 검토를 해보겠다든지, 이해했다든지 뭔가 적극적으로 행정을 하려는 모습을 보여 주었으면 좋겠다.

퇴직공무원들은 이야기하다 보면 이구동성으로 공무원들이 문제가 많다고 한다. 공직에 있을 때는 처분자 입장에서 몰랐다가 퇴직하고 처분을 당하는 사람 입장이 되니 모순이 보이는 것이다.

다행히 '공무원 적극행정 운영규정'이 제정 시행되고 있다. 참으로 다행이다. 내용을 보니 대단히 긍정적이다.

문제는 앞에 수록한 헌법, 공무원법, 공무원헌장, 형법, 그리고 적극행정 운영규정을 얼마나 많은 공무원이 알고 있을까 의문이라는 것이다. 이러한 것 아무리 있어도 수시 교육하지 않으면 모른다. 그리고 관리자들은 시간 날 때 컴퓨터 놀이나 하지 말고 이러한 것을 공부해서 직원들에게 알려 주었으면 좋겠다. 공무원이 앞에 수록한 규정들을 보면 스스로 공무원으로서 자신의 신분과 의무를 생각하지 않을까?

2.
특별사법경찰

특별사법경찰의 도입은 형법에 의한 일반 사범에 대한 수사는 일반경찰이 잘할 수 있지만 시대의 다변화로 세무, 경제, 환경, 산림, 노동, 소방 등 직업의 세분화로 다양한 분야에 대한 특별법이 있어 이러한 전문적인 분야에 종사해 보지 않은 일반 경찰로서는 신속하고 정확한 수사를 하기에는 어려운 경향이 있기 때문일 것이다.

따라서 전문분야에 대한 일반 경찰의 한계를 극복하기 위하여 행정기관에서 종사하는 전문성을 갖춘 공무원에게 사법경찰권을 주어 시행하고 있다.

특별사법경찰의 주된 임무는 법률을 준수하고, 범죄를 사법적으로 처리하는 것이다. 이는 범죄의 예방과 범죄 집행의 효율성을 높이기 위한 목적을 가지고 있으며, 이를 위해 특별사법경찰은 검사와의 협조하에 수사를 진행한다. 특별사법경찰은 일반적으로 사법경찰관에 비해 특수한 지식이나 전문성을 요구받는 분야에서 활동하기 때문에 해당 분야에 대한 깊은 이해와 경험이 중요하다.

특별사법경찰은 수사 과정에서 필요한 경우, 증거 수집 및 현장 압수수색 등의 강력한 권한을 행사할 수 있다. 그러나 이들은 수사권의 행사에 있어서 매우 제한된 환경에서 지켜야 할 의무도 가지고 있다. 예를 들어, 수사의 개시 및 진행은 항상 검사의 지휘를 받는다는 점이 있다. 이러한 점은 수사의 합법성을 보장하고, <u>피조사자 개인의 권리와 인권을 보호하기 위해 매우 중요한 것</u>이다.

따라서 특별사법경찰에 대한 법적근거, 직무, 의무, 교육, 수사 등에 관한 법률을 다음과 같이 모아 게시하니 <u>국민의 인권을 침해하는 일이 없도록</u> 필히 숙지하여 실천하기 바란다.

1) 형사소송법 중 특별사법경찰관리 제도 설치 근거

> 제245조의10(특별사법경찰관리) ① 삼림, 해사, 전매, 세무, 군수사기관, 그 밖에 특별한 사항에 관하여 **사법경찰관리의 직무를 행할 특별사법경찰관리와 그 직무의 범위는 법률로 정한다.**(사법경찰관리의 직무를 수행할 자와 그 직무 범위에 관한 법률)
> ② 특별사법경찰관은 <u>모든 수사에 관하여 검사의 지휘를 받는다.</u>
> ③ 특별사법경찰관은 범죄의 혐의가 있다고 인식하는 때에는 범인, 범죄사실과 증거에 관하여 수사를 개시·진행하여야 한다.

④ 특별사법경찰관리는 검사의 지휘가 있는 때에는 이에 따라야 한다. 검사의 지휘에 관한 구체적 사항은 법무부령으로 정한다.
⑤ 특별사법경찰관은 범죄를 수사한 때에는 지체 없이 검사에게 사건을 송치하고, 관계 서류와 증거물을 송부하여야 한다.
⑥ 특별사법경찰관리에 대하여는 제197조의2부터 제197조의4까지, 제221조의5, 제245조의5부터 제245조의8까지의 규정을 적용하지 아니한다.

2) 사법경찰관리의 직무를 수행할 자와 그 직무범위에 관한 법률

■ 제1장 총칙

제1조(목적) 이 법은 「형사소송법」 제245조의10제1항에 따라 **사법경찰관리의 직무를 수행할 자와 그 직무범위를 정함**을 목적으로 한다.
제2조~제12조(이하 생략)

※ 제3조부터 제12조까지는 각 분야별로 사법경찰의 직급 그리고 직무의 범위 및 수사관할 등 세분된 사항으로 기록을 생략했으므로 특별사법경찰로 지명을 받은 공무원은 각자 이 법률 내에서 **자기의 영역을 찾아 필히 숙지**하여 공익을 위하여 공무원으로서의 직분을 다하여 한다.

3) 특별사법경찰관리 지명절차 등에 관한 지침

제1조(목적) 이 지침은 「사법경찰관리의 직무를 수행할 자와 그 직무범위에 관한 법률」(이하 '법'이라 한다) 제5조, 제6조의2 제2항, 제7조의2, 제7조의3, 제9조에 따라 지방검찰청 검사장이 사법경찰관리를 지명함에 있어 그 지명방법 등 세부절차를 규정함을 목적으로 한다.

제2조(지명 제청 등) 법 제5조, 제6조의2 제2항, 제7조의2, 제7조의 3, 제9조에 의하여 특별사법경찰관리의 지명을 제청 또는 추천하고자 하는 소속 관서의 장은 별지 제1호 서식의 특별사법경찰관리 지명 제청(추천)서에 다음 각 호의 서류를 첨부하여 관할 지방검찰청 검사장 또는 지청장에게 제출하여야 한다.

1. 공무원 전자인사관리시스템에서 출력하여 소속 관서 인사담당관이 기명날인한 인사기록카드
2. 공무원 노동조합 가입 현황
3. 사진 1장(5cm×3.5cm)

제3조(지명기간) 특별사법경찰관리의 지명 유효기간은 사법경찰관리로 지명받아 그 직무를 수행하는 기간으로 한다.

제5조의2(심의기준) ① 다음 각 호의 1에 해당하는 자는 지명 부적격자로 본다.

1. 벌금 200만원 이상의 형을 선고받고 확정되어 5년을 경과하지 아니한 자. 다만, 과실범의 경우는 제외한다.
2. 직무 관련 범죄로 기소유예 이상의 처분을 받은 자.
3. 「국가공무원법」 제78조 제1항 각 호의 1 또는 「지방공무원법」 제69조 제1항 각 호의 1에 해당하는 자.

> 제69조 제1항 각 호의 1에 해당하는 자
> 1. 지방공무원법에 따른 명령이나 지방자치단체의 조례 또는 규칙을 위반하였을 때
> 2. 직무상의 의무를 위반하거나 직무를 태만히 하였을 때
> 3. 공무원의 품위를 손상하는 행위를 하였을 때

4. 공무원 노동조합에 가입한 자로서 특별사법경찰관리로 지명될 경우 수사업무에 주로 종사하게 될 자

② 다음 각 호에 해당하는 자는 지명 부적격자로 인정할 수 있다.
1. 벌금 200만원 미만의 형을 선고받고 확정되거나 기소유예 처분을 받은 자. 다만, 과실범의 경우는 제외한다.
2. 징계처분을 받아 3년을 경과하지 아니한 자
3. 기타 특별사법경찰관리 직무취급에 부적합하다고 판단되는 자

제6조(검사장의 지명) ① 지방검찰청 검사장은 심의서를 제출받은 후 특별사법경찰관리를 지명하고, 지명을 제청 또는 추천한 관서장에게 그 결과를 통보하여야 한다.

제8조(지명철회) ① 관서장은 소속 특별사법경찰관리가 제5조의2 제1항 각 호의 1에 해당하거나 퇴직한 때 또는 보직이 변경되어 특별사법경찰관리의 직무를 행할 필요가 없는 때에는 지체 없이 별지 제8호 서식의 특별사법경찰관리 지명철회 신청서에 제6조 제3항의 규정에 의한 지명서를 첨부하여 당해 지방검찰청 검사장에게 제출하여야 한다.

제8조의2(지명 관리실태 등의 점검) ① 소속기관장은 매년 12월 31일까지 지명받은 특별사법경찰관리의 퇴직 전보 등 변동사항을 관할 지방검찰청 검사장 또는 지청장에게 제출하여야 한다.

② 관할 지방검찰청 검사장 또는 지청장은 매년 1월 15일까지 소관 특별사법경찰 관리에 대한 지명철회 제청 이행 여부, 지명서 반환 이행 여부, 업무처리 실적 등을 점검하여야 하고, 별지 제9호 서식의 점검결과서를 작성하여야 한다.
③ 관할 지방검찰청 검사장은 지명철회 대상자 및 지명서를 반환하지 않은 자에 대하여 필요한 조치를 취하여야 하고, 기관별 특별사법경찰관리의 사건처리 실적 등을 고려하여 지명 인원을 적정하게 조정할 수 있다.

제9조(교육) ① 지방검찰청 검사장 또는 지청장은 소속 검사 또는 5급 이상 직원으로 하여금 매년 1회 이상 특별사법경찰관리에 대한 직무교육을 실시하게 하여야 한다.(★★)
② 제1항의 규정에 의한 특별사법경찰관리에 대한 교육은 일반 사법경찰관리에 대한 교육과 분리하여 실시하여야 한다.
③ 지방검찰청 검사장 또는 지청장은 소속 검사로 하여금 제1항의 규정에 의한 정기교육 외에 해당관서의 수사업무를 감찰할 때 수시로 필요한 교육을 실시하게 할 수 있다.

4) **특별사법경찰관리에 대한 검사의 수사 지휘 및 특별사법경찰관리의 수사준칙에 관한 규칙**★★★★★

■ 제1장 총칙

제1조(목적) 이 규칙은 「형사소송법」 제245조의10제4항에 따른 검사의 수사지휘에 관한 구체적인 사항과 「사법경찰관리의 직무를 행할 자와 그 직무범위에 관한 법률」에 따라 사법경찰관리의 직무를 행하는 자의 범죄수사에 관한 집무상의 준칙을 규정함으로써 수사과정에서 국민의 인권을 보호하고, 수사절차의 투명성과 수사의 효율성을 보장함을 목적으로 한다.

제2조(특별사법경찰관리의 <u>직무</u>) ① 「사법경찰관리의 직무를 행할 자와 그 직무범위에 관한 법률」에 따라 사법경찰관의 직무를 행하는 자는 사법경찰직무법에 따른 직무의 범위에서 <u>범인과 범죄사실을 수사</u>하고 그에 관한 <u>증거를 수집하는 것</u>을 그 직무로 한다.

② 법에 따라 사법경찰리의 직무를 행하는 자는 <u>특별사법경찰관의 수사를 보조</u>하는 것을 그 직무로 한다.

③ 특별사법경찰관 및 특별사법경찰리는 범죄를 수사하거나 그 수사를 보조하는 경우에는 <u>검사의 지휘를 받아</u>야 한다.

제3조(수사의 기본원칙) ① 특별사법경찰관리는 모든 수사과정에서 <u>헌법과 법률</u>에 따라 보장되는 <u>피의자와 그 밖의 피해자·참고인 등의 권리를 보호</u>하고, <u>적법한 절차</u>에 따라야 한다.

② 특별사법경찰관리는 <u>예단(豫斷)</u>이나 <u>편견</u> 없이 신속하게 수사해야 하고, 주어진 <u>권한을 자의적으로 행사</u>하거나 남용해서는 안 된다.

③ 특별사법경찰관리는 다른 사건의 수사를 통해 **확보된 증거 또는 자료를 내세워 관련이 없는 사건에 대한 자백이나 진술을 강요해서는 안 된다.**

제4조(불이익 금지 및 기밀엄수) 특별사법경찰관리는 피의자나 사건관계인이 인권침해 신고나 그 밖에 인권 구제를 위한 신고, 진정, 고소, 고발 등의 행위를 했다는 이유로 부당한 대우를 하거나 불이익을 주어서는 안 된다.(보복수사행위 금지)

제5조(수사사건의 공개금지 등) ① 특별사법경찰관리는 범죄를 수사할 때에는 기밀을 엄수해야 하며, 수사의 모든 과정에서 피의자와 사건관계인의 **사생활의 비밀을 보호**하고 그들의 **명예나 신용이 훼손되지 않도록 노력**해야 한다.

② 특별사법경찰관리는 **수사 관련 사항**, 피의자와 사건관계인의 **개인정보**, 그 밖에 **직무상 알게 된 사실을 누설**(구체적 사건의 수사와 관련하여 수사권한이나 수사지휘 권한이 없는 상급자에게 누설하는 것을 포함한다)**해서는 안 된다.**

■ **제2장 수사**

제1절 통칙, 제2절 수사 개시, 제3절 수사사무의 보고, 제4절 수사지휘, 제5절 임의수사, 제6절 강제수사, 제7절 고소 고발 사건, 제8절 소년·장애인·외국인 등 사건에 관한 특칙, 제9절 수사서류, 제10절 범죄수익의 몰수 부대보전 추징보전 등
(내용 생략)

> 제3장 사건송치 등(이하 생략)
>
> 제4장 장부와 비치서류(이하 생략)
>
> ※ (내용 생략 및 이하 생략) 부분은 내용이 많아 부록에 기재하였음

 '특별사법경찰관리에 대한 검사의 수사 지휘 및 특별사법경찰관리의 수사준칙에 관한 규칙'은 특별사법경찰의 의무 및 수사실무이므로 무엇보다 꼭 숙지하여야 하는 규정이다. 또한 이 규정은 누구에게나 공개된 것으로서 특별사법경찰이 규정을 위반하였을 경우에는 이의 신청이나 역고소 고발이 발생할 수 있음을 명심하여야 한다.

5) 기타 특별사법경찰이 참고하여야 할 사항

> 〈검찰청법〉
>
> 제4조(검사의 직무) ① 검사는 공익의 대표자로서 다음 각 호의 직무와 권한이 있다.
> ③ 검사는 그 직무를 수행할 때 국민 전체에 대한 봉사자로서 헌법과 법률에 따라 국민의 인권을 보호하고 적법절차를 준수하며, 정치적 중립을 지켜야 하고 주어진 권한을 남용하여서는 아니 된다.

검사는 공익의 대표자임을 법으로 명시하고 있다. 따라서 경찰업무를 수행하는 사람도 검사와 같은 업무를 한다면 공익의 대표자로 볼 수 있으므로 업무에 있어서나 평상시 품행에도 청렴하고 품위 있는 마음과 자세를 늘 유지하여야 한다.

사람은 타인의 생명과 신체를 구속하는 권한이 생기면 우쭐함과 아울러 남을 우습게 보는 경향이 있다. 이러한 생활이 지속되다 보면 자기의 잘못된 생각과 행위에 대하여 무감각해진다. 그러다가 문제가 터지면 자기변명과 거짓으로 대처하게 되고 결국 타락하여 추한 결과를 낳게 된다.

행정기관의 특별사법경찰은 그 직무를 오래 하지 않는다. 그 짧은 기간에 책무를 바르게 하여 앞으로 남은 공직생활에 보탬이 되도록 하여야 한다.

〈검사 선서〉

나는 이 순간 국가와 국민의 부름을 받고 영광스러운 대한민국 검사의 직에 나섭니다.
공익의 대표자로서 정의와 인권을 바로 세우고 범죄로부터 내 이웃과 공동체를 지키라는 막중한 사명을 부여받은 것입니다.
나는 **불의의 어둠을 걷어내는 용기 있는 검사, 힘없고 소외된 사람들을 돌보는 따뜻한 검사, 오로지 진실만을 따라가는 공평한 검사, 스스로에게 더 엄격**

한 바른 검사로서 처음부터 끝까지 혼신의 힘을 다해 **국민을 섬기고 국가에 봉사할 것**을 나의 명예를 걸고 굳게 다짐합니다.

〈경찰 선서〉

① 본인은 법령을 준수하고 상사의 직무상 명령에 복종한다.
② 본인은 **국민의 편에 서서 정직과 성실로 직무에 전념**한다.
③ 본인은 창의적인 노력과 능동적인 자세로 소임을 완수한다.
④ 본인은 재직 중은 물론 퇴직 후에라도 업무상 알게 된 기밀을 절대로 누설하지 아니한다.
⑤ 본인은 정의의 실천자로서 부정의 발본에 앞장선다.

〈판사 선서〉

본인은 법관으로서 헌법과 법률에 의하여 양심에 따라 **공정하게 심판**하고, 법관윤리강령을 준수하며, **국민에게 봉사하는 마음가짐**으로 직무를 성실히 수행할 것을 엄숙히 선서합니다.

선서내용들을 보면 정말 대한민국은 바로 설 것 같은 느낌이 든다. 과거를 보고 현실을 접하며 사는 필자는 국민의 권력을 위임받아 공무를 행하는 검사, 판사, 경찰들을 보면 아주 쓴웃음이 나온다. 모두가 그런 것은 아니지만 소위 정치검찰이나 정치경찰, 정치판사라는 사람들은 권력에 빌붙어 권력자의 바람에 따라 생사람을 잡아 범법자로 만들어 법정살인도 했고, 국민으로부터 위임을 받은 권력을 가지고 자기와 자기 주변 사람들을 보호하는 등 온갖 권력을 남용하는 인간들이 있다. 이런 인간들을 보면 속이 부글부글 끓는다.

이러한 모습을 특별사법경찰은 절대 답습하지 말고 필히 **개인의 권리와 이익을 침해하지 않도록 법과 원칙을 가지고 공정한 법 집행을 해 주길 바라**고 바라 본다.

제3장

특별사법경찰이
알아야 할 법률 요약 등

1. 헌법 중 국민 권리와 의무 중요 조문 발췌 요약★★★★★
2. 민원처리에 관한 법률 중 중요조문 발췌 요약
3. 행정기본법 중 중요조문 발췌 요약★★★★
4. 행정절차법 중 중요조문 발췌 요약
5. 행정규제기본법 중 중요조문 발췌 요약
6. 질서위반행위규제법 중 중요조문 발췌 요약
7. 형법 중 형의 감면 등에 대한 중요조문 발췌 요약★★★★
8. 형사소송법 중 중요조문 발췌 요약★★★
9. 형사보상 및 명예회복에 관한 법률 중 중요조문 발췌 요약
10. 범죄의 성립조건 및 처벌조건★★★★

특별사법경찰은 범죄로 인한 경우 수사를 할 때 상기 법률들을 숙지하고 있어야 인허가나 형사처벌 시 처분을 위한 관련 법률과 상기 법률을 병행 검토할 수 있다. 그럼으로써 처분이 적합하게 잘되는 것인지, 처분으로 인해 피처분자가 인권침해나 기타 침해받는 것들이 있는지 알 수 있다. 만약 문제가 있다면 처분이 시행되기 전에 시정되어야 한다. 제3장에서는 관련 법률이 있다는 것을 간략히 설명하고 뒤에 법률원칙 설명 시 개별적으로 자세히 설명하겠다.

1.
헌법 중 국민 권리와 의무
중요 조문 발췌 요약★★★★★

> 제1조 ① 대한민국은 민주공화국이다.
> ② 대한민국의 주권은 국민에게 있고, 모든 권력은 국민으로부터 나온다.(공화주의, 국민주권주의)
> 제6조 ① 헌법에 의하여 체결·공포된 조약과 일반적으로 승인된 국제법규는 국내법과 같은 효력을 가진다.(조약의 효력)
> 제7조 ① 공무원은 국민 전체에 대한 봉사자이며, 국민에 대하여 책임을 진다.(공무원의 국민에 대한 임무 및 의무)

위 사항은 헌법의 제1장 총강으로서 제1조와 제7조는 우리나라는 국민이 주권자로서 민주공화국임을 명시하고 공무원은 국민의 봉사자로서 국민에 대하여 책임을 다하는 것을 규정하여 국민과 공무원 간의 갑을 관계를 명시해 놓았다.

그리고 제6조는 국가 간 조약은 국내법과 같이 국내에서 동등한 효력을 가짐을 명시하고 있다.

■ 제2장 국민의 권리와 의무

제10조 모든 국민은 인간으로서의 존엄과 가치를 가지며, 행복을 추구할 권리를 가진다. 국가는 개인이 가지는 불가침의 기본적 인권을 확인하고 이를 보장할 의무를 진다.(인간의 존엄적 가치, 행복추구권, 국가의 국민 기본권 보장의무)

제11조 ① 모든 국민은 법 앞에 평등하다. 누구든지 성별·종교 또는 사회적 신분에 의하여 정치적·경제적·사회적·문화적 생활의 모든 영역에 있어서 차별을 받지 아니한다.(평등권, 차별금지의 원칙)

제12조 ① 모든 국민은 신체의 자유를 가진다. 누구든지 법률에 의하지 아니하고는 체포·구속·압수·수색 또는 심문을 받지 아니하며, 법률과 적법한 절차에 의하지 아니하고는 처벌·보안처분 또는 강제노역을 받지 아니한다.(신체의 자유권)

② 모든 국민은 고문을 받지 아니하며, 형사상 자기에게 불리한 진술을 강요당하지 아니한다.(진술거부권)

③ 체포·구속·압수 또는 수색을 할 때에는 적법한 절차에 따라 검사의 신청에 의하여 법관이 발부한 영장을 제시하여야 한다.(강제처분 영장주의)

④ 누구든지 체포 또는 구속을 당한 때에는 즉시 변호인의 조력을 받을 권리를 가진다.(변호인 선임권리)

⑤ 누구든지 체포 또는 구속의 이유와 변호인의 조력을 받을 권리가 있음을 고지받지 아니하고는 체포 또는 구속을 당하지 아니한다. 체포

> 또는 구속을 당한 자의 가족 등 법률이 정하는 자에게는 그 이유와 일시·장소가 지체 없이 통지되어야 한다.(미란다원칙, 가족통지의무)
> ⑥ 누구든지 체포 또는 구속을 당한 때에는 적부의 심사를 법원에 청구할 권리를 가진다.(체포적부심청구권, 구속적부심청구권)
> ⑦ 피고인의 자백이 고문·폭행·협박·구속의 부당한 장기화 또는 기망 기타의 방법에 의하여 자의로 진술된 것이 아니라고 인정될 때 또는 정식재판에 있어서 피고인의 자백이 그에게 불리한 유일한 증거일 때에는 이를 유죄의 증거로 삼거나 이를 이유로 처벌할 수 없다.[형사소송법 제310조(불이익한 자백의 증거능력)의 자백보강의 원칙]

 '<u>헌법 제2장 국민의 권리와 의무</u>'은 국민의 권리와 의무로서 국민들이 꼭 알아야 할 사항이지만 특히 제12조는 과거 독재정권 시기 국가로부터 국민이 짓밟혀 고문으로 허위자백을 받아 무죄를 유죄로 만들어 정권의 입맛대로 처벌했던 것을 반증하는 것으로 대한민국은 민주주의 국가로서 국민주권 및 인간 존엄의 가치를 침해하는 것을 방지하기 위하여 특사경이 필히 숙지하여 피의자를 조사나 수사 시 국민의 권리를 침해하는 일이 없도록 하여야 한다.
 우리 국민은 과거 선배들이 국가의 독립, 민주주의 수호를 위하여 싸우다가 권력에 의해 물 고문, 고춧가루 고문, 전기 고문, 구타 등등의 고문을 받는 모습 그리고 고문 받다가 죽은 사람들을 생각하면 참으로 끔찍했음을 느낄 것이다. 이러한 것들을 요즘 젊은이들은 너무 쉽게 잊는 것 같아 아쉽다.

앞 조항의 뜻을 쉽게 이해하겠지만 **특히 제12조 제7항은 법을 전공하지 않은 특사경**은 이해가 난해할 것 같아 부연하여 설명하니 꼭 이해해 두면 좋겠다.

피고인이 잘못을 인정하는데 왜 그 증거를 유죄의 증거로 삼지 않고 처벌도 할 수 없도록 하는지?

헌법 제12조를 부연하여 "형사소송법 제310조(불이익한 자백의 증거능력) 피고인의 자백이 그 피고인에게 불이익한 유일의 증거인 때는 이를 유죄의 증거로 하지 못한다"를 2007. 6. 1. 신설하였다.

과거 검찰이나 경찰의 수사관들은 피고인을 기소하기 위하여 증거를 확보하였다. 물적증거 확보가 어려우면 쉬운 것은 증거로서 피고인의 자백이 필요했다. 그러므로 그 자백을 받아 내기 위하여 많은 협박과 고문 등이 이루어졌다. 그러다 보니 협박과 고문에 못 이겨 가짜 고백을 하고 형을 사는 경우가 종종 있었다. 그러므로 피고인의 유일한 자백의 증거는 고문에 의하여 만들어진 가짜일 수 있으므로 이러한 것을 방지하고자 피고인이 자백을 했으면 그 자백에 대한 보강 증거를 제시하도록 했다. 이것을 **'자백보강의 원칙'**이라고 한다. 따라서 피고인의 유일한 자백 이외에 다른 증거가 없으면 그 피고인의 자백을 유죄의 증거로 사용할 수 없는 것이다.

결론적으로 **헌법 제12조제7항** 및 **형사소송법 제310조**는 피고인의 자백만으로 유죄가 인정될 수 있다면 검찰 경찰 수사관들은 어떻게 해서라도 자백을 받아 내기 위하여 인권침해를 할 것이므로 이러한 행위를 방지하기 위하여 만들어졌다. 지금도 편법으로서 수사관들은 피고인을 기소하기 위하여 피고인이 기소될 때까지 가족 및 측근들까지 수사를 확대하여 괴롭히는 협박 압박 수사를 하는 것으로 보인다. 이러한 것도 앞으로 법적으로 방지제도가 만들어져야 한다고 생각한다.

첨언하자면, 이와 유사한 것이 **'형사재판의 대원칙'**으로서 피고인에게 유죄를 주기에 애매하고 미심쩍을 때는 무죄로 판결하라는 원칙이 있다.

이것은 뒤에 설명하기로 하겠다.

제13조 ① 모든 국민은 <u>행위시의 법률에 의하여 범죄를 구성하지 아니하는 행위로 소추되지 아니하며, 동일한 범죄에 대하여 거듭 처벌받지 아니한다.</u>(소급입법금지의 원칙, 일사부재리원칙)
② 모든 국민은 소급입법에 의하여 참정권의 제한을 받거나 재산권을 박탈당하지 아니한다.(소급효금지의 원칙=법률불소급의 원칙)
③ 모든 국민은 자기의 행위가 아닌 <u>친족의 행위로 인하여 불이익한 처우를 받지 아니한다.</u>(연좌제 금지의 원칙=자기책임의 원칙)
제14조 모든 국민은 <u>거주·이전의 자유</u>를 가진다.

제15조 모든 국민은 **직업선택의 자유**를 가진다.

제16조 모든 국민은 **주거의 자유**를 침해받지 아니한다. 주거에 대한 압수나 수색을 할 때에는 검사의 신청에 의하여 법관이 발부한 영장을 제시하여야 한다.(강제처분 영장주의)

제17조 모든 국민은 **사생활의 비밀과 자유**를 침해받지 아니한다.

제18조 모든 국민은 **통신의 비밀**을 침해받지 아니한다.

제19조 모든 국민은 **양심의 자유**를 가진다.

제20조 ① 모든 국민은 **종교의 자유**를 가진다.
　② 국교는 인정되지 아니하며, 종교와 정치는 분리된다.

제21조 ① 모든 국민은 **언론·출판의 자유와 집회·결사의 자유**를 가진다.
　② 언론·출판에 대한 허가나 검열과 집회·결사에 대한 허가는 인정되지 아니한다.
　④ 언론·출판은 타인의 명예나 권리 또는 공중도덕이나 사회윤리를 침해하여서는 아니 된다. 언론·출판이 타인의 명예나 권리를 침해한 때에는 피해자는 이에 대한 **피해의 배상을 청구**할 수 있다.(언론중재 및 피해구제 등에 관한 법률)

제22조 ① 모든 국민은 **학문과 예술의 자유**를 가진다.
　② 저작자·발명가·과학기술자와 예술가의 권리는 법률로써 보호한다.(저작권, 특허권, 창작권)

제23조 ① 모든 국민의 **재산권**은 보장된다. 그 내용과 한계는 법률로 정한다.(재산권)

제24조 모든 국민은 법률이 정하는 바에 의하여 **선거권**을 가진다.(선거권, 참정권)

제25조 모든 국민은 법률이 정하는 바에 의하여 **공무담임권**을 가진다.(참정권, 공직취임권, 피선거권)

제26조 ① 모든 국민은 법률이 정하는 바에 의하여 국가기관에 문서로 청원할 권리를 가진다.(**청원권≠청구권≠신청권**)
② 국가는 청원에 대하여 심사할 의무를 진다.
제27조 ① 모든 국민은 헌법과 법률이 정한 법관에 의하여 법률에 의한 재판을 받을 권리를 가진다.
③ 모든 국민은 **신속한 재판을 받을 권리**를 가진다. 형사피고인은 상당한 이유가 없는 한 지체 없이 공개재판을 받을 권리를 가진다.
④ 형사피고인은 유죄의 판결이 확정될 때까지는 무죄로 추정된다.(**무죄추정의 원칙**)
제28조 형사피의자 또는 형사피고인으로서 구금되었던 자가 법률이 정하는 불기소처분을 받거나 무죄판결을 받은 때에는 법률이 정하는 바에 의하여 국가에 정당한 보상을 청구할 수 있다.(**형사보상 청구권, 형사보상 및 명예회복에 관한 법률**)
제29조 ① 공무원의 직무상 불법행위로 손해를 받은 국민은 법률이 정하는 바에 의하여 국가 또는 공공단체에 정당한 배상을 청구할 수 있다. 이 경우 공무원 자신의 책임은 면제되지 아니한다.(**손해배상청구권, 민법 제750조, 국가배상법 제2조, 소멸시효 10년**)
② 군인·군무원·경찰공무원 기타 법률이 정하는 자가 전투·훈련 등 직무집행과 관련하여 받은 손해에 대하여는 법률이 정하는 보상 외에 국가 또는 공공단체에 공무원의 직무상 불법행위로 인한 배상은 청구할 수 없다.
제30조 타인의 범죄행위로 인하여 생명·신체에 대한 피해를 받은 국민은 법률이 정하는 바에 의하여 국가로부터 구조를 받을 수 있다.(**구조요청권**)
제31조 ① 모든 국민은 능력에 따라 균등하게 교육을 받을 권리를 가진다.(**학습권**)

> ② 모든 국민은 그 보호하는 자녀에게 적어도 초등교육과 법률이 정하는 교육을 받게 할 의무를 진다.
> ③ 의무교육은 무상으로 한다.(**교육의 의무**)

청원권은 국민이 국가기관의 공권력 관계에서 일어나는 특정되지 아니한 여러 가지의 이해관계, 의견, 희망 등을 제출하고 그 처리결과를 받을 수 있는 권리이다.

청구권은 개인이 법적권리를 주장하여 국가나 특정인에게 일정한 특정한 행위를 요구할 수 있는 **사권으로서의 권리**다. 예로서, 재판청구권, 매수청구권, 계약갱신청구권, 주식매수청구권, 보험금청구권 등이 있다.

신청권은 법률에 정하여져 있거나 신뢰보호의 원칙에 부합된 경우 국가 등 기관에 요구할 수 있는 권리를 뜻한다. (뒤의 설명 참조)

> **제32조** ① 모든 국민은 근로의 권리를 가진다. 국가는 사회적·경제적 방법으로 근로자의 고용의 증진과 적정임금의 보장에 노력하여야 하며, 법률이 정하는 바에 의하여 최저임금제를 시행하여야 한다.
> ② 모든 국민은 근로의 의무를 진다. 국가는 근로의 의무의 내용과 조건을 민주주의 원칙에 따라 법률로 정한다.
> ③ 근로조건의 기준은 인간의 존엄성을 보장하도록 법률로 정한다.

④ 여자의 근로는 특별한 보호를 받으며, 고용·임금 및 근로조건에 있어서 부당한 차별을 받지 아니한다.

⑤ 연소자의 근로는 특별한 보호를 받는다.

⑥ 국가유공자·상이군경 및 전몰군경의 유가족은 법률이 정하는 바에 의하여 우선적으로 근로의 기회를 부여받는다.

제33조 ① 근로자는 근로조건의 향상을 위하여 자주적인 단결권·단체교섭권 및 단체행동권을 가진다.

② 공무원인 근로자는 법률이 정하는 자에 한하여 단결권·단체교섭권 및 단체행동권을 가진다.(노동3권, 단결권, 단체교섭권, 단체행동권)

제34조 ① 모든 국민은 인간다운 생활을 할 권리를 가진다.

② 국가는 사회보장·사회복지의 증진에 노력할 의무를 진다.

③ 국가는 여자의 복지와 권익의 향상을 위하여 노력하여야 한다.

④ 국가는 노인과 청소년의 복지향상을 위한 정책을 실시할 의무를 진다.

⑤ 신체장애자 및 질병·노령 기타의 사유로 생활능력이 없는 국민은 법률이 정하는 바에 의하여 국가의 보호를 받는다.(최저생활보장)

⑥ 국가는 재해를 예방하고 그 위험으로부터 국민을 보호하기 위하여 노력하여야 한다.(인간다운 생활을 할 권리, 사회권, 복지권, 국가의 약자보호의무, 재해예방의무, 국민보호의무)

제35조 ① 모든 국민은 건강하고 쾌적한 환경에서 생활할 권리를 가지며, 국가와 국민은 환경보전을 위하여 노력하여야 한다.(환경권)

② 환경권의 내용과 행사에 관하여는 법률로 정한다.

③ 국가는 주택개발정책 등을 통하여 모든 국민이 쾌적한 주거생활을 할 수 있도록 노력하여야 한다.(국가의 주거안정의무)

제36조 ① 혼인과 가족생활은 개인의 존엄과 양성의 평등을 기초로 성립되고 유지되어야 하며, 국가는 이를 보장한다.(호주제 폐지)

② 국가는 모성의 보호를 위하여 노력하여야 한다.

③ 모든 국민은 보건에 관하여 국가의 보호를 받는다.

제37조 ① 국민의 자유와 권리는 헌법에 열거되지 아니한 이유로 경시되지 아니한다.(헌법에 열거되지 않은 기본권 인정)

② 국민의 모든 자유와 권리는 국가안전보장·질서유지 또는 공공복리를 위하여 필요한 경우에 한하여 법률로써 제한할 수 있으며, 제한하는 경우에도 자유와 권리의 본질적인 내용을 침해할 수 없다.(법률유보의 원칙, 과잉금지의 원칙=법률비례의 원칙)

제38조 모든 국민은 법률이 정하는 바에 의하여 납세의 의무를 진다.

제39조 ① 모든 국민은 법률이 정하는 바에 의하여 국방의 의무를 진다.(병역의무)

② 누구든지 병역의무의 이행으로 인하여 불이익한 처우를 받지 아니한다.(병역미필자 차별금지)

헌법은 우리 국민이 살아가는 데 필요한 많은 법률의 기준이 되는 것으로 국가기관이나 사정기관의 수사·조사관은 필히 숙지하여 국민의 권리를 침해하는 일이 없도록 하여야 하고, 국민도 숙지하여 자신의 권리를 지키는 틀로 만들어야 할 것이다.

2.
민원처리에 관한 법률 중 중요조문 발췌 요약

제4조(민원 처리 담당자의 신속·공정·친절·적법하게 처리 의무)
제7조(개인정보 보호의무)
- 민원처리로 알게 된 민원인, 민원내용 등을 누설 금지
- 수집된 정보를 민원처리 목적 외 사용 금지

제10조(불필요한 서류 요구금지)★★★
- 관계법령에서 정한 구비서류 외 서류를 추가요구금지
- 다음 사항 시 관련증명서류 또는 구비서류 제출 요구금지
  - 민원인 소지 주민등록증, 여권, 자동차면허증으로 신분확인 가능 시
  - 해당 행정기관의 공부 또는 행정정보로 필요한 내용확인 가능 시
  - 전자정부법 제36조제1항에 따른 행정정보의 공동이용을 통하여 그 민원의 처리에 필요한 내용확인 가능 시
- 원래 민원의 내용변경 또는 갱신신청 받은 경우 특별한 사유 없이 이미 제출된 관련 증명서류 또는 구비서류 다시 요구금지

자치단체행정을 보면 제10조를 위반하여 불필요한 서류를 요구하는 경우가 종종 있다. 필자의 경험으로는 허가권자가 제10조를 위반하여 법에서 정한 첨부서류 외의 많은 서류를 요구하였다. 이의를 제기하고 다투었다. 허가자는 당해 법률보다 옛날 선배들이 해 왔던 행태를 그대로 답습하여 일을 처리하였다.

제10조는 허가자의 재량행위가 아닌 기속행위로서 꼭 지켜야 하는 것이다. 민원인에게 제10조를 위반하여 서류를 요구하는 사항은 민원인에게 새로운 의무를 부과하는 것으로 위법이다. 국가는 국민의 권리를 제한하거나 국민에게 의무를 부여할 때는 법률로 정하여야 한다.(법률유보의 원칙)

특별사법경찰 역시 행정공무원으로서 이 법률을 지켜야 한다. 별도로 압수수색을 하여 필요한 근거를 확보하겠지만 필요 서류를 요구할 때 해당 법률을 지켜 국민의 권리를 보호해 주어야 한다.

3. 행정기본법 중 중요조문 발췌 요약★★★★

행정기본법은 행정의 기본이 되는 것으로 행안부가 아닌 법제처 주관으로 제정되어 최근 2021년 3월 23일에 공포 시행되었다. 국민과 공무원이 누구나 필히 숙지하여야 하는 법률이다.

■ 제1장 총칙

제1조(목적) 이 법은 행정의 원칙과 기본사항을 규정하여 <u>국민의 권익 보호</u>에 이바지함을 목적으로 한다.

제3조(국가와 <u>지방자치단체의 책무</u>) ② 국가와 지방자치단체는 <u>적법절차</u>에 따라 공정하고 합리적인 행정을 수행할 책무를 진다.

제4조(행정의 적극적 추진) ① 행정은 공공의 이익을 위하여 <u>적극적으로 추진되어야 한다.</u>

② 국가와 지방자치단체는 소속 공무원이 공공의 이익을 위하여 적극적으로 직무를 수행할 수 있도록 <u>이와 관련된 시책 및 조치를 추진하여</u>

야 한다.

■ 제2장 행정의 법 원칙(★★★★★)

제8조(법치행정의 원칙) 행정작용은 법률에 위반되어서는 아니 되며, 국민의 권리를 제한하거나 의무를 부과하는 경우와 그 밖에 국민생활에 중요한 영향을 미치는 경우에는 법률에 근거하여야 한다.(헌법 제37조제2항, 법률유보의 원칙)

제9조(평등의 원칙) 행정청은 합리적 이유 없이 국민을 차별하여서는 아니 된다.(헌법 제11조, 차별금지의 원칙)

제10조(비례의 원칙)(헌법 제37조제2항, 법률비례의 원칙=과잉금지의 원칙) 행정작용은 다음 각 호의 원칙에 따라야 한다.
 1. 행정목적을 달성하는 데 유효하고 적절할 것(적합성의 원칙)
 2. 행정목적을 달성하는 데 필요한 최소한도에 그칠 것(최소피해의 원칙, 필요성의 원칙)
 3. 행정작용으로 인한 국민의 이익 침해가 그 행정작용이 의도하는 공익보다 크지 아니할 것(상당성의 원칙)

제11조(성실의무 및 권한남용금지의 원칙) ① 행정청은 법령 등에 따른 의무를 성실히 수행하여야 한다.(형법 제122조, 직무유기)
 ② 행정청은 행정권한을 남용하거나 그 권한의 범위를 넘어서는 아니 된다.(형법 제123조, 직권남용, 권리행사 방해, 업무방해)

제12조(신뢰보호의 원칙) ① 행정청은 공익 또는 제3자의 이익을 현저히 해칠 우려가 있는 경우를 제외하고는 행정에 대한 국민의 정당하고 합리적인 신뢰를 보호하여야 한다.(행정절차법 제4조, 신뢰보호 원칙≠신뢰의 원칙)

② 행정청은 권한 행사의 기회가 있음에도 불구하고 장기간 권한을 행사하지 아니하여 국민이 그 권한이 행사되지 아니할 것으로 믿을 만한 정당한 사유가 있는 경우에는 그 권한을 행사해서는 아니 된다. 다만, 공익 또는 제3자의 이익을 현저히 해칠 우려가 있는 경우는 예외로 한다.

제13조(부당결부금지의 원칙) 행정청은 행정작용을 할 때 상대방에게 해당 행정작용과 실질적인 관련이 없는 의무를 부과해서는 아니 된다.(부당결부 금지의 원칙)

■ 제3장 행정작용

제1절 처분(★★★★★)

제14조(법 적용의 기준=형법 제1조) ① 새로운 법령 등은 법령 등에 특별한 규정이 있는 경우를 제외하고는 그 법령 등의 효력 발생 전에 완성되거나 종결된 사실관계 또는 법률관계에 대해서는 적용되지 아니한다.(헌법 제13조, 소급효 금지의 원칙, 법률불소급의 원칙)

② 당사자의 신청에 따른 처분은 법령 등에 특별한 규정이 있거나 처분 당시의 법령 등을 적용하기 곤란한 특별한 사정이 있는 경우를 제외하고는 처분 당시의 법령 등에 따른다.(법률불소급의 원칙)

③ 법령 등을 위반한 행위의 성립과 이에 대한 제재처분은 법령 등에 특별한 규정이 있는 경우를 제외하고는 법령 등을 위반한 행위 당시의 법령 등에 따른다.(법률불소급의 원칙) 다만, 법령 등을 위반한 행위 후 법령 등의 변경에 의하여 그 행위가 법령 등을 위반한 행위에 해당하지 아니하거나 제재처분 기준이 가벼워진 경우로서 해당 법령 등에 특별한 규정이 없는 경우에는 변경된 법령 등을 적용한다.(신법 우선의 원칙)

제15조(처분의 효력) 처분은 권한이 있는 기관이 취소 또는 철회하거나 기간의 경과 등으로 소멸되기 전까지는 유효한 것으로 통용된다. 다만, 무효인 처분은 처음부터 그 효력이 발생하지 아니한다.(**행정행위의 하자**)

제16조(결격사유) ① 자격이나 신분 등을 취득 또는 부여할 수 없거나 인가, 허가, 지정, 승인, 영업등록, 신고 수리 등을 필요로 하는 영업 또는 사업 등을 할 수 없는 사유 즉, 결격사유는 법률로 정한다.

② 결격사유를 규정할 때에는 다음 각 호의 기준에 따른다.

1. 규정의 **필요성**이 분명할 것
2. 필요한 항목만 **최소한**으로 규정할 것
3. 대상이 되는 자격, 신분, 영업 또는 사업 등과 **실질적인 관련이 있을 것**
4. 유사한 **다른 제도와 균형을 이룰 것**

제17조(부관) ① 행정청은 처분에 재량이 있는 경우에는 부관(조건, 기한, 부담, 철회권의 유보 등을 말한다)을 붙일 수 있다.

② 행정청은 처분에 재량이 없는 경우에는 법률에 근거가 있는 경우에 부관을 붙일 수 있다.

③ 행정청은 부관을 붙일 수 있는 처분이 다음 각 호의 어느 하나에 해당하는 경우에는 그 처분을 한 후에도 부관을 새로 붙이거나 종전의 부관을 변경할 수 있다.

1. 법률에 근거가 있는 경우
2. 당사자의 동의가 있는 경우
3. 사정이 변경되어 부관을 새로 붙이거나 종전의 부관을 변경하지 아니하면 해당 처분의 목적을 달성할 수 없다고 인정되는 경우

④ 부관은 다음 각 호의 요건에 적합하여야 한다.

1. 해당 처분의 목적에 위배되지 아니할 것
2. 해당 처분과 실질적인 관련이 있을 것

3. 해당 처분의 목적을 달성하기 위하여 필요한 최소한의 범위일 것

제18조(위법 또는 부당한 처분의 취소) ① 행정청은 위법 또는 부당한 처분의 전부나 일부를 소급하여 취소할 수 있다. 다만, 당사자의 신뢰를 보호할 가치가 있는 등 정당한 사유가 있는 경우에는 장래를 향하여 취소할 수 있다.**(직권취소)**

② 행정청은 제1항에 따라 당사자에게 권리나 이익을 부여하는 처분을 취소하려는 경우에는 취소로 인하여 당사자가 입게 될 불이익을 취소로 달성되는 공익과 비교·형량(衡量)하여야 한다. 다만, 다음 각 호의 어느 하나에 해당하는 경우에는 그러하지 아니하다.**(비례의 원칙 중 상당성의 원칙)**

1. 거짓이나 그 밖의 부정한 방법으로 처분을 받은 경우
2. 당사자가 처분의 위법성을 알고 있었거나 중대한 과실로 알지 못한 경우

제19조(적법한 처분의 철회) ① 행정청은 적법한 처분이 다음 각 호의 어느 하나에 해당하는 경우에는 그 처분의 전부 또는 일부를 장래를 향하여 철회할 수 있다.

1. 법률에서 정한 철회 사유에 해당하게 된 경우
2. 법령 등의 변경이나 사정변경으로 처분을 더 이상 존속시킬 필요가 없게 된 경우
3. 중대한 공익을 위하여 필요한 경우

② 결격사유를 규정할 때에는 다음 각 호의 기준에 따른다.

1. 규정의 **필요성**이 분명할 것
2. 필요한 항목만 **최소한**으로 규정할 것
3. 대상이 되는 자격, 신분, 영업 또는 사업 등과 **실질적인 관련**이 있을 것
4. 유사한 **다른 제도와 균형**을 이룰 것

제17조(부관) ① 행정청은 처분에 재량이 있는 경우에는 부관(조건, 기한, 부담, 철회권의 유보 등을 말한다)을 붙일 수 있다.

② 행정청은 처분에 재량이 없는 경우에는 법률에 근거가 있는 경우에 부관을 붙일 수 있다.

③ 행정청은 부관을 붙일 수 있는 처분이 다음 각 호의 어느 하나에 해당하는 경우에는 그 처분을 한 후에도 부관을 새로 붙이거나 종전의 부관을 변경할 수 있다.

1. 법률에 근거가 있는 경우
2. 당사자의 동의가 있는 경우
3. 사정이 변경되어 부관을 새로 붙이거나 종전의 부관을 변경하지 아니하면 해당 처분의 목적을 달성할 수 없다고 인정되는 경우

④ 부관은 다음 각 호의 요건에 적합하여야 한다.

1. 해당 처분의 목적에 위배되지 아니할 것
2. 해당 처분과 실질적인 관련이 있을 것
3. 해당 처분의 목적을 달성하기 위하여 필요한 최소한의 범위일 것

제18조(위법 또는 부당한 처분의 취소) ① 행정청은 위법 또는 부당한 처분의 전부나 일부를 소급하여 취소할 수 있다. 다만, 당사자의 신뢰를 보호할 가치가 있는 등 정당한 사유가 있는 경우에는 장래를 향하여 취소할 수 있다.**(직권취소)**

② 행정청은 제1항에 따라 당사자에게 권리나 이익을 부여하는 처분을 취소하려는 경우에는 취소로 인하여 당사자가 입게 될 불이익을 취소로 달성되는 공익과 비교·형량(衡量)하여야 한다. 다만, 다음 각 호의 어느 하나에 해당하는 경우에는 그러하지 아니하다.**(비례의 원칙 중 상당성의 원칙)**

1. 거짓이나 그 밖의 부정한 방법으로 처분을 받은 경우

2. 당사자가 처분의 위법성을 알고 있었거나 중대한 과실로 알지 못한 경우

제19조(적법한 처분의 철회) ① 행정청은 적법한 처분이 다음 각 호의 어느 하나에 해당하는 경우에는 그 처분의 전부 또는 일부를 장래를 향하여 철회할 수 있다.

1. 법률에서 정한 철회 사유에 해당하게 된 경우
2. 법령 등의 변경이나 사정변경으로 처분을 더 이상 존속시킬 필요가 없게 된 경우
3. 중대한 공익을 위하여 필요한 경우

② 행정청은 제1항에 따라 처분을 철회하려는 경우에는 철회로 인하여 당사자가 입게 될 불이익을 철회로 달성되는 공익과 비교·형량하여야 한다.(민법상 철회는 취소와 같은 것으로 본다)

제21조(재량행사의 기준) 행정청은 재량이 있는 처분을 할 때에는 관련 이익을 정당하게 형량하여야 하며, 그 재량권의 범위를 넘어서는 아니 된다.(상당성의 원칙)

제22조(제재처분의 기준) ① 제재처분의 근거가 되는 법률에는 제재처분의 주체, 사유, 유형 및 상한을 명확하게 규정하여야 한다. 이 경우 제재처분의 유형 및 상한을 정할 때에는 해당 위반행위의 특수성 및 유사한 위반행위와의 형평성 등을 종합적으로 고려하여야 한다.(**법률명확성의 원칙, 형평성의 원칙**)

② 행정청은 재량이 있는 제재처분을 할 때에는 다음 각 호의 사항을 고려하여야 한다.

1. 위반행위의 동기, 목적 및 방법
2. 위반행위의 결과
3. 위반행위의 횟수

4. 그 밖에 제1호부터 제3호까지에 준하는 사항으로서 대통령령으로 정하는 사항

제23조(제재처분의 제척기간) ① 행정청은 법령 등의 위반행위가 종료된 날부터 5년이 지나면 해당 위반행위에 대하여 제재처분(인허가의 정지·취소·철회, 등록 말소, 영업소 폐쇄와 정지를 갈음하는 과징금 부과를 말한다. 이하 이 조에서 같다)을 할 수 없다.

② 다음 각 호의 어느 하나에 해당하는 경우에는 제1항을 적용하지 아니한다.

1. 거짓이나 그 밖의 부정한 방법으로 인허가를 받거나 신고를 한 경우
2. 당사자가 인허가나 신고의 위법성을 알고 있었거나 중대한 과실로 알지 못한 경우
3. 정당한 사유 없이 행정청의 조사·출입·검사를 기피·방해·거부하여 제척기간이 지난 경우
4. 제재처분을 하지 아니하면 국민의 안전·생명 또는 환경을 심각하게 해치거나 해칠 우려가 있는 경우

③ 행정청은 제1항에도 불구하고 행정심판의 재결이나 법원의 판결에 따라 제재처분이 취소·철회된 경우에는 재결이나 판결이 확정된 날부터 1년(합의제행정기관은 2년)이 지나기 전까지는 그 취지에 따른 새로운 제재처분을 할 수 있다.

④ 다른 법률에서 제1항 및 제3항의 기간보다 짧거나 긴 기간을 규정하고 있으면 그 법률에서 정하는 바에 따른다.

제4절 과징금

제28조(과징금의 기준) ① 행정청은 법령 등에 따른 의무를 위반한 자에 대하여 법률로 정하는 바에 따라 그 위반행위에 대한 제재로서 과징금을 부

과 할 수 있다.

② 과징금의 근거가 되는 법률에는 과징금에 관한 다음 각 호의 사항을 명확하게 규정하여야 한다.

1. 부과·징수 주체
2. 부과 사유
3. 상한액
4. 가산금을 징수하려는 경우 그 사항
5. 과징금 또는 가산금 체납 시 강제징수를 하려는 경우 그 사항

제29조(과징금의 납부기한 연기 및 분할 납부) 과징금은 한꺼번에 납부하는 것을 원칙으로 한다. 다만, 행정청은 과징금을 부과받은 자가 다음 각 호의 어느 하나에 해당하는 사유로 과징금 전액을 한꺼번에 내기 어렵다고 인정될 때에는 그 납부기한을 연기하거나 분할 납부하게 할 수 있으며, 이 경우 필요하다고 인정하면 담보를 제공하게 할 수 있다.

1. 재해 등으로 재산에 현저한 손실을 입은 경우
2. 사업 여건의 악화로 사업이 중대한 위기에 처한 경우
3. 과징금을 한꺼번에 내면 자금 사정에 현저한 어려움이 예상되는 경우
4. 그 밖에 제1호부터 제3호까지에 준하는 경우로서 대통령령으로 정하는 사유가 있는 경우

제5절 행정상 강제(강제 시 법률 비례의 원칙 등을 따질 것)

제30조(행정상 강제) ① 행정청은 행정목적을 달성하기 위하여 필요한 경우에는 법률로 정하는 바에 따라 필요한 최소한의 범위에서 다음 각 호의 어느 하나에 해당하는 조치를 할 수 있다.

1. 행정대집행
2. 이행강제금의 부과

3. 직접강제

4. 강제징수

5. 즉시강제

② 행정상 강제 조치에 관하여 이 법에서 정한 사항 외에 필요한 사항은 따로 법률로 정한다.

③ 형사(刑事), 행형(行刑) 및 보안처분 관계 법령에 따라 행하는 사항이나 외국인의 출입국·난민인정·귀화·국적회복에 관한 사항에 관하여는 이 절을 적용하지 아니한다.

제31조(이행강제금의 부과) ① 이행강제금 부과의 근거가 되는 법률에는 이행강제금에 관한 다음 각 호의 사항을 명확하게 규정하여야 한다. 다만, 제4호 또는 제5호를 규정할 경우 입법목적이나 입법취지를 훼손할 우려가 크다고 인정되는 경우로서 대통령령으로 정하는 경우는 제외한다.

1. 부과·징수 주체

2. 부과 요건

3. 부과 금액

4. 부과 금액 산정기준

5. 연간 부과 횟수나 횟수의 상한

② 행정청은 다음 각 호의 사항을 고려하여 이행강제금의 부과 금액을 가중하거나 감경할 수 있다.

1. 의무 불이행의 동기, 목적 및 결과

2. 의무 불이행의 정도 및 상습성

3. 그 밖에 행정목적을 달성하는 데 필요하다고 인정되는 사유

③ 행정청은 이행강제금을 부과하기 전에 미리 의무자에게 적절한 이행기간을 정하여 그 기한까지 행정상 의무를 이행하지 아니하면 이행강제금을 부과한다는 뜻을 문서로 계고(戒告)하여야 한다.

④ 행정청은 의무자가 제3항에 따른 계고에서 정한 기한까지 행정상 의무를 이행하지 아니한 경우 이행강제금의 부과 금액·사유·시기를 문서로 명확하게 적어 의무자에게 통지하여야 한다.

⑤ 행정청은 의무자가 행정상 의무를 이행할 때까지 이행강제금을 반복하여 부과할 수 있다. 다만, 의무자가 의무를 이행하면 새로운 이행강제금의 부과를 즉시 중지하되, 이미 부과한 이행강제금은 징수하여야 한다.

⑥ 행정청은 이행강제금을 부과받은 자가 납부기한까지 이행강제금을 내지 아니하면 국세강제징수의 예 또는 「지방행정제재·부과금의 징수 등에 관한 법률」에 따라 징수한다.

제32조(직접강제) ① 직접강제는 행정대집행이나 이행강제금 부과의 방법으로는 행정상 의무 이행을 확보할 수 없거나 그 실현이 불가능한 경우에 실시하여야 한다.

② 직접강제를 실시하기 위하여 현장에 파견되는 집행책임자는 그가 집행책임자임을 표시하는 증표를 보여 주어야 한다.

③ 직접강제의 계고 및 통지에 관하여는 제31조제3항 및 제4항을 준용한다.

제6절 그 밖의 행정작용

제34조(수리 여부에 따른 신고의 효력) 법령 등으로 정하는 바에 따라 행정청에 일정한 사항을 통지하여야 하는 신고로서 법률에 신고의 수리가 필요하다고 명시되어 있는 경우에는 행정청이 수리하여야 효력이 발생한다.

제7절 처분에 대한 이의신청 및 재심사

제36조(처분에 대한 이의신청) ① 행정청의 처분에 이의가 있는 당사자는 처

분을 받은 날부터 30일 이내에 해당 행정청에 **이의신청**을 할 수 있다.
② 행정청은 제1항에 따른 이의신청을 받으면 그 신청을 받은 날부터 14일 이내에 그 이의신청에 대한 결과를 신청인에게 통지하여야 한다. 다만, 부득이한 사유로 14일 이내에 통지할 수 없는 경우에는 그 기간을 만료일 다음 날부터 기산하여 10일의 범위에서 한 차례 연장할 수 있으며, 연장 사유를 신청인에게 통지하여야 한다.
③ 제1항에 따라 이의신청을 한 경우에도 그 이의신청과 관계없이 「행정심판법」에 따른 **행정심판** 또는 「행정소송법」에 따른 행정소송을 제기할 수 있다.
④ 이의신청에 대한 결과를 통지받은 후 행정심판 또는 행정소송을 제기하려는 자는 그 결과를 통지받은 날부터 90일 이내에 행정심판 또는 행정소송을 제기할 수 있다.
⑤ 다른 법률에서 이의신청과 이에 준하는 절차에 대하여 정하고 있는 경우에도 그 법률에서 규정하지 아니한 사항에 관하여는 이 조에서 정하는 바에 따른다.
⑥ 제1항부터 제5항까지에서 규정한 사항 외에 이의신청의 방법 및 절차 등에 관한 사항은 대통령령으로 정한다.
⑦ 다음 각 호의 어느 하나에 해당하는 사항에 관하여는 이 조를 적용하지 아니한다.
1. 공무원 인사 관계 법령에 따른 징계 등 처분에 관한 사항
2. 「국가인권위원회법」 제30조에 따른 진정에 대한 국가인권위원회의 결정
3. 「노동위원회법」 제2조의2에 따라 노동위원회의 의결을 거쳐 행하는 사항
4. 형사, 행형 및 보안처분 관계 법령에 따라 행하는 사항

5. 외국인의 출입국·난민인정·귀화·국적회복에 관한 사항

6. 과태료 부과 및 징수에 관한 사항

제37조(처분의 재심사) ① 당사자는 처분(제재처분 및 행정상 강제는 제외한다. 이하 이 조에서 같다)이 행정심판, 행정소송 및 그 밖의 쟁송을 통하여 다툴 수 없게 된 경우(법원의 확정판결이 있는 경우는 제외한다)라도 다음 각 호의 어느 하나에 해당하는 경우에는 해당 처분을 한 행정청에 처분을 취소·철회하거나 변경하여 줄 것을 신청할 수 있다.

1. 처분의 근거가 된 사실관계 또는 법률관계가 추후에 당사자에게 유리하게 바뀐 경우
2. 당사자에게 유리한 결정을 가져다주었을 새로운 증거가 있는 경우
3. 「민사소송법」 제451조에 따른 재심사유에 준하는 사유가 발생한 경우 등 대통령령으로 정하는 경우

② 제1항에 따른 신청은 해당 처분의 절차, 행정심판, 행정소송 및 그 밖의 쟁송에서 당사자가 중대한 과실 없이 제1항 각 호의 사유를 주장하지 못한 경우에만 할 수 있다.

③ 제1항에 따른 신청은 당사자가 제1항 각 호의 사유를 안 날부터 60일 이내에 하여야 한다. 다만, 처분이 있은 날부터 5년이 지나면 신청할 수 없다.

④ 제1항에 따른 신청을 받은 행정청은 특별한 사정이 없으면 신청을 받은 날부터 90일(합의제행정기관은 180일) 이내에 처분의 재심사 결과(재심사 여부와 처분의 유지·취소·철회·변경 등에 대한 결정을 포함한다)를 신청인에게 통지하여야 한다.

⑤ 제4항에 따른 처분의 재심사 결과 중 처분을 유지하는 결과에 대해서는 행정심판, 행정소송 및 그 밖의 쟁송수단을 통하여 불복할 수 없다.

⑥ 행정청의 제18조에 따른 취소와 제19조에 따른 철회는 처분의 재심사에 의하여 영향을 받지 아니한다.
⑦ 제1항부터 제6항까지에서 규정한 사항 외에 처분의 재심사의 방법 및 절차 등에 관한 사항은 대통령령으로 정한다.
⑧ 다음 각 호의 어느 하나에 해당하는 사항에 관하여는 이 조를 적용하지 아니한다.
1. 공무원 인사 관계 법령에 따른 징계 등 처분에 관한 사항
2. 「노동위원회법」 제2조의2에 따라 노동위원회의 의결을 거쳐 행하는 사항
3. 형사, 행형 및 보안처분 관계 법령에 따라 행하는 사항
4. 외국인의 출입국·난민인정·귀화·국적회복에 관한 사항
5. 과태료 부과 및 징수에 관한 사항
6. 개별 법률에서 그 적용을 배제하고 있는 경우

4.
행정절차법 중 중요조문 발췌 요약

제1조(목적)
- 이 법은 행정의 공정성·투명성 및 신뢰성을 확보하고 <u>국민의 권익을 보호</u>함을 목적으로 한다.

제4조(신의성실 및 <u>신뢰보호</u>)(★★★)(신청권 성립)
- 공무원은 믿음과 의리, 즉, 인간이 마땅히 행하여야 할 도리에 따라 직무를 성실히 하여야 한다.

제5조(투명성)
- 행정작용은 그 내용이 구체적이고 <u>명확하여야 한다.(명확성의 원칙)</u>
- 민원인이 행정청에 해석요구 시 따라야 한다.

제15조(송달의 효력발생)
- 문서가 **송달받을 자에게 도달됨으로써** 그 효력이 발생한다.
- 전자문서 시 송달받을 자가 지정한 컴퓨터에 입력된 때를 도달로 본다.
- 공고의 경우 공고일로부터 14일이 지난 때 그 효력이 발생한다.

제16조(기간 특례)
- 천재지변 등이 있는 경우, 끝나는 날까지 기간의 진행이 정지된다.

제21조(처분의 사전통지)
- 의무를 부과하거나 권익을 제한하는 처분의 경우 미리 당사자에게 통지하여야 한다.(처분의 제목, 당사자 성명 주소, 처분원인 내용, 법적근거, 의견 없을 시 처리방법, 의견제출기한, 기타사항)

제23조(처분이유의 제시)
- 행정청은 처분을 할 때에는 다음 각 호의 어느 하나에 해당하는 경우를 제외하고는 당사자에게 그 근거와 이유를 제시하여야 한다.

제24조(처분방식)
- 문서로 하여야 한다. 전자문서로 할 경우 당사자 동의 필요
- 처분 문서는 담당자 소속 성명 연락처를 적어야 한다.

제37조(청문 문서열람 및 비밀유지)
- 청문의 통지가 있는 날부터 청문이 끝날 때까지 행정청에 해당 사안의 조사결과에 관한 문서와 그 밖에 해당 처분과 관련되는 문서의 열람 또는 복사를 요청할 수 있다. 이 경우 행정청은 다른 법령에 따라 공개가 제한되는 경우를 제외하고는 그 요청을 거부할 수 없다.

'행정절차법'의 목적을 보면 "행정의 공정성·투명성 및 신뢰성을 확보하고 국민의 권익을 보호함을 목적으로 한다"라고 규정하고 있다. 민원인은 '민원처리에 관한 법률'과 '행정절차법'을 숙지하여 민원인의 권익 즉, 권리와 이익을 보호받아야 한다. "법은 권리 위에 잠자는 자는 보호하지 않는다"는 말을 상기해 보자.
제4조의 **'신의성실의 원칙'과 '신뢰보호의 원칙'(★★★)은 중요한**

것이다. 이것은 민법 제2조에서도 규정하고 있다. 이것은 사업을 하는 사람이라면 언젠가는 써먹을 날이 있을 것이다. 일반 국민 역시도 활용할 가치가 큰 것이다. 헌법의 **비례의 원칙**과 행정법의 **신뢰보호의 원칙**은 재미있는 것으로 꼭 숙지하기 바란다. 이들 원칙은 이후 법률의 일반원칙에서 자세히 설명하기로 하겠다.

5.
행정규제기본법 중 중요조문 발췌 요약

제1조(목적)
- 이 법은 <u>불필요한 행정규제를 폐지</u>하고 비효율적인 행정규제의 신설을 억제로 사회·경제활동의 자율과 창의를 촉진하여 국민의 삶의 질을 높이고 국가경쟁력이 지속적으로 향상되도록 함을 목적으로 한다.

제3조(적용범위)
- 규제에 관하여 다른 법률에 특별한 규정이 있는 경우를 제외하고는 이 법에서 정하는 바에 따른다.
- 지방자치단체는 이 법에서 정하는 취지에 따라 조례·규칙에 규정된 규제의 등록 및 공표(公表), 규제의 신설이나 강화에 대한 심사, 기존 규제의 정비, 규제심사기구의 설치 등에 필요한 조치를 하여야 한다.

제4조(규제법정주의)(법률유보의 원칙★★★★, 명확성의 원칙)
- 규제는 법률에 근거하여야 하며, 구체적이고 명확하게 규정되어야 한다.
- 규제는 법률에 직접 규정하되, 규제의 세부적인 내용은 대통령령·총리령·부령 조례·규칙으로 정할 수 있다.
- 행정기관은 법률에 근거하지 아니한 규제로 국민의 권리를 제한하거나

의무를 부과할 수 없다.

제5조(규제의 원칙)(비례의 원칙 ★★★★)
- 국가나 지방자치단체는 국민의 자유와 창의를 존중하여야 하며, 규제를 정하는 경우에도 그 본질적 내용을 침해하지 아니하도록 하여야 한다.
- 국가나 지방자치단체가 규제를 정할 때에는 국민의 생명·인권·보건 및 환경 등의 보호와 식품·의약품의 안전을 위한 실효성이 있는 규제가 되도록 하여야 한다.
- 규제의 대상과 수단은 규제의 목적 실현에 필요한 최소한의 범위에서 가장 효과적인 방법으로 객관성·투명성 및 공정성이 확보되도록 설정되어야 한다.

제6조(규제의 등록 및 공표)
- 중앙행정기관의 장은 소관 규제의 명칭·내용·근거·처리기관 등을 제23조에 따른 규제개혁위원회에 등록하여야 한다.

제8조의2(소상공인 등에 대한 규제 형평)
- 중앙행정기관의 장은 규제를 신설하거나 강화하려는 경우 「소상공인 보호 및 지원에 관한 법률」 제2조에 따른 소상공인 및 「중소기업기본법」 제2조제2항에 따른 소기업에 대하여 해당 규제를 적용하는 것이 적절하지 아니하거나 과도한 부담을 줄 우려가 있다고 판단되면 규제의 전부 또는 일부의 적용을 면제하거나 일정기간 유예하는 등의 방안을 검토하여야 한다.

제9조(의견수렴)
- 규제를 신설하거나 강화하려면 공청회, 행정상 입법예고 등의 방법으로 행정기관·민간단체·이해관계인·연구기관·전문가 등의 의견을 충분히 수렴하여야 한다.

제16조(심사절차의 준수)
- 중앙행정기관의 장은 위원회의 심사를 받지 아니하고 규제를 신설하거나 강화하여서는 아니 된다.

제17조(규제정비의 요청)
- 누구든지 위원회에 고시(告示) 등 기존 규제의 폐지 또는 개선을 요청할 수 있다.
- 위원회는 제1항에 따라 정비 요청을 받으면 해당 규제의 소관 행정기관의 장에게 지체 없이 통보하여야 하고, 통보를 받은 행정기관의 장은 책임자 실명으로 성실히 답변하여야 한다.

제19조의4(신산업 규제정비 기본계획의 수립 시행)
- 위원회는 신산업을 육성하고 촉진하기 위하여 신산업 분야의 규제정비에 관한 기본계획을 3년마다 수립·시행하여야 한다.

제23조(규제개혁위원회 설치)
- 정부의 규제정책을 심의·조정하고 규제의 심사·정비 등에 관한 사항을 종합적으로 추진하기 위하여 대통령 소속으로 규제개혁위원회를 둔다.

행정규제기본법의 목적은 행정적으로 이루어지는 불필요한 규제를 폐지하여 사회·경제활동을 하도록 하자는 것으로 국민 누구나 불필요한 규제라고 판단되는 것은 동법 제17조에 의거, 규제개혁위원회에 요청하면 될 것이다.

〈규제개혁위원회〉

- 주소: 세종시 다솜로 261 세종청사 331호
- 전화: 044-868-9205(규제건의 및 문의)

6.
질서위반행위규제법 중 중요조문 발췌 요약

제1조(목적)
- 이 법은 법률상 의무의 효율적인 이행을 확보하고 **국민의 권리와 이익을 보호**하기 위하여 질서위반행위의 성립요건과 과태료의 부과·징수 및 재판 등에 관한 사항을 규정하는 것을 목적으로 함.

제3조(법 적용의 시간적 범위)
- 질서위반행위의 성립과 과태료 처분은 행위 시의 법률 적용.(**법률불소급의 원칙**)
- 질서위반행위 후 법률이 변경되어 그 행위가 질서위반행위에 해당하지 아니하게 되거나 과태료가 변경되기 전의 법률보다 가볍게 된 때에는 법률에 특별한 규정이 없는 한 변경된 법률을 적용.(**신법우선의 원칙**)
- 행정청의 과태료 처분이나 법원의 과태료 재판이 확정된 후 법률이 변경되어 그 행위가 질서위반행위에 해당하지 아니하게 된 때에는 변경된 법률에 특별한 규정이 없는 한 과태료의 징수 또는 집행을 면제.(**신법우선의 원칙**)

제5조(다른 법률과의 관계)
- 과태료의 부과·징수, 재판 및 집행 등의 절차에 관한 다른 법률의 규정 중 이 법의 규정에 저촉되는 것은 이 법으로 정하는 바에 따름.

제6조(질서위반행위 법정주의)
- 법률에 따르지 아니하고는 어떤 행위도 질서위반행위로 과태료를 부과하지 아니함.(법률유보의 원칙, 법률명확성의 원칙)

제7조(고의 또는 과실)
- 고의 또는 과실이 없는 질서위반행위는 과태료를 부과하지 아니함.(형법 제13조)

제8조(위법성의 착오)
- 자신의 행위가 위법하지 아니한 것으로 오인하고 행한 질서위반행위는 그 오인에 정당한 이유가 있는 때에 한하여 과태료를 부과하지 아니함.(위법성 조각사유, 신뢰의 원칙)

제9조(책임연령)
- 14세가 되지 아니한 자의 질서위반행위는 과태료를 부과하지 아니함.(형법 제9조)

제10조(심신장애)
- 심신(心神)장애로 인하여 행위의 옳고 그름을 판단할 능력이 없거나 그 판단에 따른 행위를 할 능력이 없는 자의 질서위반행위는 과태료를 부과하지 아니함.(형법 제10조)

제14조(과태료의 산정 시 고려)
- 행정청 및 법원은 과태료를 정함에 있어서 다음 사항을 고려하여야 함.
  - 질서위반행위의 동기·목적·방법·결과
  - 질서위반행위 이후의 당사자의 태도와 정황
  - 질서위반행위자의 연령·재산상태·환경

- 그 밖에 과태료의 산정에 필요하다고 인정되는 사유

제15조(과태료의 시효)
- 과태료는 행정청의 과태료 부과처분이나 법원의 과태료 재판이 확정된 후 5년간 징수하지 아니하거나 집행하지 아니하면 시효로 인하여 소멸.

제16조(사전통지 및 의견 제출 등)
- 행정청이 질서위반행위에 대하여 과태료를 부과하고자 하는 때에는 미리 당사자에게 통지하고, 10일 이상의 기간을 정하여 의견을 제출할 기회를 주어야 함.

제19조(과태료 부과의 제척기간)
- 행정청은 질서위반행위가 종료된 날부터 5년이 경과한 경우에는 해당 질서위반행위에 대하여 과태료를 부과할 수 없음.(행정기본법 제23조)

제20조(이의제기★)
- 행정청의 과태료 부과에 불복하는 당사자는 과태료 부과 통지를 받은 날부터 60일 이내에 해당 행정청에 서면으로 이의제기를 할 수 있음.
- 전항에 따른 이의제기가 있는 경우에는 행정청의 과태료 부과처분은 그 효력을 상실.(행정기본법 제36조, 행정기본법 제35조)

제24조의4(결손처분)
- 행정청은 당사자에게 다음 사항 중 하나에 해당하는 사유가 있을 경우에는 결손처분을 할 수 있음.
  - 과태료의 소멸시효가 완성된 경우.
  - 체납자의 행방이 분명하지 아니하거나 재산이 없는 등 징수할 수 없다고 인정되는 경우.
- 행정청은 결손처분을 한 후 압류할 수 있는 다른 재산을 발견하였을 때에는 지체 없이 그 처분을 취소하고 체납처분을 하여야 함.

7.
형법 중 형의 감면 등에 대한 중요조문 발췌 요약★★★★

제1조(범죄의 성립과 처벌) ① 범죄의 성립과 처벌은 <u>행위 시의 법률에 따른다.</u>(법률불소급의 원칙)
② 범죄 후 법률이 변경되어 그 행위가 범죄를 구성하지 아니하게 되거나 형이 구법(舊法)보다 가벼워진 경우에는 <u>신법(新法)에 따른다.</u>(신법우선의 원칙)
③ 재판이 확정된 후 법률이 변경되어 그 행위가 범죄를 구성하지 아니하게 된 경우에는 형의 집행을 면제한다.(신법우선의 원칙)

제9조(형사미성년자) 14세가 되지 아니한 자의 행위는 벌하지 아니한다.

제10조(심신장애인) ① 심신장애로 인하여 사물을 변별할 능력이 없거나 의사를 결정할 능력이 없는 자의 행위는 벌하지 아니한다.
② 심신장애로 인하여 전항의 능력이 미약한 자의 행위는 <u>형을 감경할 수 있다.</u>
③ 위험의 발생을 예견하고 자의로 심신장애를 야기한 자의 행위에는 전2항의 규정을 적용하지 아니한다.

제12조(강요된 행위) 저항할 수 없는 폭력이나 자기 또는 **친족의 생명**, 신체에 대한 위해를 방어할 방법이 없는 협박에 의하여 강요된 행위는 벌하지 아니한다.

제13조(고의) 죄의 성립요소인 **사실을 인식하지 못한 행위는 벌하지 아니한다**. 다만, 법률에 특별한 규정이 있는 경우에는 예외로 한다.(★★★)

제14조(과실) 정상적으로 기울여야 할 주의(注意)를 게을리하여 죄의 성립요소인 사실을 인식하지 못한 행위는 법률에 특별한 규정이 있는 경우에만 처벌한다.

제15조(사실의 착오) ① 특별히 무거운 죄가 되는 사실을 인식하지 못한 행위는 무거운 죄로 벌하지 아니한다.

② 결과 때문에 형이 무거워지는 죄의 경우에 그 결과의 발생을 예견할 수 없었을 때에는 무거운 죄로 벌하지 아니한다.

제16조(법률의 착오) 자기의 행위가 법령에 의하여 죄가 되지 아니하는 것으로 오인한 행위는 그 오인에 정당한 이유가 있는 때에 한하여 벌하지 아니한다.(제13조)

제17조(인과관계) 어떤 행위라도 죄의 요소가 되는 위험발생에 연결되지 아니한 때에는 그 결과로 인하여 벌하지 아니한다.

제18조(부작위범) 위험의 발생을 방지할 의무가 있거나 자기의 행위로 인하여 위험발생의 원인을 야기한 자가 그 위험발생을 방지하지 아니한 때에는 그 발생된 결과에 의하여 처벌한다.

제19조(독립행위의 경합) 동시 또는 이시의 독립행위가 경합한 경우에 그 결과발생의 원인된 행위가 판명되지 아니한 때에는 각 행위를 미수범으로 처벌한다.

제20조(정당행위) 법령에 의한 행위 또는 업무로 인한 행위 기타 사회상규에 위배되지 아니하는 행위는 벌하지 아니한다.(★★★)

제21조(정당방위) ① 현재의 부당한 침해로부터 자기 또는 타인의 법익(法益)을 방위하기 위하여 한 행위는 상당한 이유가 있는 경우에는 벌하지 아니한다.

② 방위행위가 그 정도를 초과한 경우에는 정황(情況)에 따라 그 형을 감경하거나 면제할 수 있다.

③ 제2항의 경우에 야간이나 그 밖의 불안한 상태에서 공포를 느끼거나 경악(驚愕) 하거나 흥분하거나 당황하였기 때문에 그 행위를 하였을 때에는 벌하지 아니한다.

제22조(긴급피난) ① 자기 또는 타인의 법익에 대한 현재의 위난을 피하기 위한 행위는 상당한 이유가 있는 때에는 벌하지 아니한다.

② 위난을 피하지 못할 책임이 있는 자에 대하여는 전항의 규정을 적용하지 아니한다.

③ 전조 제2항과 제3항의 규정은 본조에 준용한다.

제23조(자구행위) ① 법률에서 정한 절차에 따라서는 청구권을 보전(保全)할 수 없는 경우에 그 청구권의 실행이 불가능해지거나 현저히 곤란해지는 상황을 피하기 위하여 한 행위는 상당한 이유가 있는 때에는 벌하지 아니한다.

② 제1항의 행위가 그 정도를 초과한 경우에는 정황에 따라 그 형을 감경하거나 면제할 수 있다.

제24조(피해자의 승낙) 처분할 수 있는 자의 승낙에 의하여 그 법익을 훼손한 행위는 법률에 특별한 규정이 없는 한 벌하지 아니한다.

제25조(미수범) ① 범죄의 실행에 착수하여 행위를 종료하지 못하였거나 결과가 발생하지 아니한 때에는 미수범으로 처벌한다.

② 미수범의 형은 기수범보다 감경할 수 있다.

제26조(중지범) 범인이 실행에 착수한 행위를 자의(自意)로 중지하거나 그 행

위로 인한 결과의 발생을 자의로 방지한 경우에는 형을 감경하거나 면제한다.

제27조(불능범) 실행의 수단 또는 대상의 착오로 인하여 결과의 발생이 불가능하더라도 위험성이 있는 때에는 처벌한다. 단, 형을 감경 또는 면제할 수 있다.

제28조(음모, 예비) 범죄의 음모 또는 예비행위가 실행의 착수에 이르지 아니한 때에는 법률에 특별한 규정이 없는 한 벌하지 아니한다.

제29조(미수범의 처벌) 미수범을 처벌할 죄는 각 칙의 해당 죄에서 정한다.

제41조(형의 종류) 형의 종류는 다음과 같다.

  1. 사형, 2. 징역, 3. 금고, 4. 자격상실, 5. 자격정지, 6. 벌금, 7. 구류

  8. 과료, 9. 몰수

제45조(벌금) 벌금은 5만원 이상으로 한다. 다만, 감경하는 경우에는 5만원 미만으로 할 수 있다.

제46조(구류) 구류는 1일 이상 30일 미만으로 한다.

제47조(과료) 과료는 2천원 이상 5만원 미만으로 한다.

제51조(양형의 조건) 형을 정함에 있어서는 다음 사항을 참작하여야 한다.

  1. 범인의 연령, 성행, 지능과 환경

  2. 피해자에 대한 관계

  3. 범행의 동기, 수단과 결과

  4. 범행 후의 정황

제52조(자수, 자복) ① 죄를 지은 후 수사기관에 자수한 경우에는 형을 감경하거나 면제할 수 있다.

  ② 피해자의 의사에 반하여 처벌할 수 없는 범죄의 경우에는 피해자에게 죄를 자복(自服)하였을 때에도 형을 감경하거나 면제할 수 있다.

제53조(정상참작감경) 범죄의 정상(情狀)에 참작할 만한 사유가 있는 경우

에는 그 형을 감경할 수 있다.

제54조(선택형과 정상참작감경) 한 개의 죄에 정한 형이 여러 종류인 때에는 먼저 적용할 형을 정하고 그 형을 감경한다.

제55조(법률상의 감경) ① 법률상의 감경은 다음과 같다.
  1. 사형을 감경할 때에는 무기 또는 20년 이상 50년 이하의 징역 또는 금고로 한다.
  2. 무기징역 또는 무기금고를 감경할 때에는 10년 이상 50년 이하의 징역 또는 금고로 한다.
  3. 유기징역 또는 유기금고를 감경할 때에는 그 형기의 2분의 1로 한다.
  4. 자격상실을 감경할 때에는 7년 이상의 자격정지로 한다.
  5. 자격정지를 감경할 때에는 그 형기의 2분의 1로 한다.
  6. 벌금을 감경할 때에는 그 다액의 2분의 1로 한다.
  7. 구류를 감경할 때에는 그 장기의 2분의 1로 한다.
  8. 과료를 감경할 때에는 그 다액의 2분의 1로 한다.

② 법률상 감경할 사유가 수 개 있는 때에는 거듭 감경할 수 있다.

〈공무원직무의 죄〉

제122조(직무유기) 공무원이 정당한 이유 없이 그 직무수행을 거부하거나 그 직무를 유기한 때에는 1년 이하의 징역이나 금고 또는 3년 이하의 자격정지에 처한다.(★★★)

제123조(직권남용) 공무원이 직권을 남용하여 사람으로 하여금 의무 없는 일을 하게 하거나 사람의 권리행사를 방해한 때에는 5년 이하의 징역, 10년 이하의 자격정지 또는 1천만원 이하의 벌금에 처한다.(★★★★)

제124조(불법체포, 불법감금) ① 재판, 검찰, 경찰 기타 인신구속에 관한 직무

를 행하는 자 또는 이를 보조하는 자가 그 직권을 남용하여 사람을 체포 또는 감금한 때에는 7년 이하의 징역과 10년 이하의 자격정지에 처한다.

제125조(폭행, 가혹행위) 재판, 검찰, 경찰 그 밖에 인신구속에 관한 직무를 수행하는 자 또는 이를 보조하는 자가 그 직무를 수행하면서 형사피의자나 그 밖의 사람에 대하여 폭행 또는 가혹행위를 한 경우에는 5년 이하의 징역과 10년 이하의 자격정지에 처한다.

제126조(피의사실공표) 검찰, 경찰 그 밖에 범죄수사에 관한 직무를 수행하는 자 또는 이를 감독하거나 보조하는 자가 그 직무를 수행하면서 알게 된 피의사실을 공소제기 전에 공표(公表)한 경우에는 3년 이하의 징역 또는 5년 이하의 자격정지에 처한다.

제127조(공무상 비밀의 누설) 공무원 또는 공무원이었던 자가 법령에 의한 직무상 비밀을 누설한 때에는 2년 이하의 징역이나 금고 또는 5년 이하의 자격정지에 처한다.

제129조(수뢰, 사전수뢰) ① 공무원 또는 중재인이 그 직무에 관하여 뇌물을 수수, 요구 또는 약속한 때에는 5년 이하의 징역 또는 10년 이하의 자격정지에 처한다.

② 공무원 또는 중재인이 될 자가 그 담당할 직무에 관하여 청탁을 받고 뇌물을 수수, 요구 또는 약속한 후 공무원 또는 중재인이 된 때에는 3년 이하의 징역 또 는 7년 이하의 자격정지에 처한다.

제130조(제삼자 뇌물제공) 공무원 또는 중재인이 그 직무에 관하여 부정한 청탁을 받고 제3자에게 뇌물을 공여하게 하거나 공여를 요구 또는 약속한 때에는 5년 이하의 징역 또는 10년 이하의 자격정지에 처한다.

제131조(수뢰 후 부정처사, 사후수뢰) ① 공무원 또는 중재인이 전2조의 죄를 범하여 부정한 행위를 한 때에는 1년 이상의 유기징역에 처한다.

② 공무원 또는 중재인이 그 직무상 부정한 행위를 한 후 뇌물을 수수, 요

구 또는 약속하거나 제삼자에게 이를 공여하게 하거나 공여를 요구 또는 약속한 때에도 전항의 형과 같다.

③ 공무원 또는 중재인이었던 자가 그 재직 중에 청탁을 받고 직무상 부정한 행위를 한 후 뇌물을 수수, 요구 또는 약속한 때에는 5년 이하의 징역 또는 10년 이하의 자격정지에 처한다.

제132조(알선수뢰) 공무원이 그 지위를 이용하여 다른 공무원의 직무에 속한 사항의 알선에 관하여 뇌물을 수수, 요구 또는 약속한 때에는 3년 이하의 징역 또는 7년 이하의 자격정지에 처한다.

제133조(뇌물공여 등) ① 제129조부터 제132조까지에 기재한 뇌물을 약속, 공여 또는 공여의 의사를 표시한 자는 5년 이하의 징역 또는 2천만원 이하의 벌금에 처한다.

② 제1항의 행위에 제공할 목적으로 제3자에게 금품을 교부한 자 또는 그 사정을 알면서 금품을 교부받은 제3자도 제1항의 형에 처한다.

제135조(<u>공무원의 직무상 범죄에 대한 형의 가중</u>) 공무원이 직권을 이용하여 본장 이외의 죄를 범한 때에는 그 죄에 정한 형의 2분의 1까지 가중한다. 단, 공무원의 신분에 의하여 특별히 형이 규정된 때에는 예외로 한다.

〈위증, 증거 인멸〉

제152조(위증, 모해위증) ① 법률에 의하여 선서한 증인이 허위의 진술을 한 때에는 5년 이하의 징역 또는 1천만원 이하의 벌금에 처한다.

② 형사사건 또는 징계사건에 관하여 피고인, 피의자 또는 징계혐의자를 모해할 목적으로 전항의 죄를 범한 때에는 10년 이하의 징역에 처한다.

제153조(자백, 자수) 전조의 죄를 범한 자가 그 공술한 사건의 재판 또는 징계처분이 확정되기 전에 자백 또는 자수한 때에는 그 <u>형을 감경 또는 면제</u>한다.

제154조(허위의 감정, 통역, 번역) 법률에 의하여 선서한 감정인, 통역인 또는 번역인이 허위의 감정, 통역 또는 번역을 한 때에는 전2조의 예에 의한다.

제155조(증거인멸 등과 친족 간의 특례) ① 타인의 형사사건 또는 징계사건에 관한 증거를 인멸, 은닉, 위조 또는 변조하거나 위조 또는 변조한 증거를 사용한 자는 5년 이하의 징역 또는 700만원 이하의 벌금에 처한다.

② 타인의 형사사건 또는 징계사건에 관한 증인을 은닉 또는 도피하게 한 자도 제1항의 형과 같다.

③ 피고인, 피의자 또는 징계혐의자를 모해할 목적으로 전2항의 죄를 범한 자는 10년 이하의 징역에 처한다.

④ **친족 또는 동거의 가족이 본인을 위하여 본조의 죄를 범한 때에는 처벌하지 아니한다.(★★)**

제156조(무고) 타인으로 하여금 형사처분 또는 징계처분을 받게 할 목적으로 공무소 또는 공무원에 대하여 허위의 사실을 신고한 자는 10년 이하의 징역 또는 1천500만원 이하의 벌금에 처한다.

제185조(일반교통방해) 육로, 수로 또는 교량을 손괴 또는 불통하게 하거나 기타 방법으로 교통을 방해한 자는 10년 이하의 징역 또는 1천500만원 이하의 벌금에 처한다.

제310조(위법성의 조각) 제307조제1항의 행위가 진실한 사실로서 오로지 공공의 이익에 관한 때에는 처벌하지 아니한다.(★★★)

제314조(업무방해) ① 제313조의 방법 또는 위력으로써 사람의 업무를 방해한 자는 5년 이하의 징역 또는 1천500만원 이하의 벌금에 처한다.(★★★)

② 컴퓨터 등 정보처리장치 또는 전자기록 등 특수매체기록을 손괴하거나 정보처리장치에 허위의 정보 또는 부정한 명령을 입력하거나 기타 방법으로 정보처리에 장애를 발생하게 하여 사람의 업무를 방해한 자도 제1항의 형과 같다.

제323조(권리행사방해) 타인의 점유 또는 권리의 목적이 된 자기의 물건 또는 전자 기록 등 특수매체기록을 취거, 은닉 또는 손괴하여 <u>타인의 권리행사를 방해한 자는 5년 이하의 징역 또는 700만원 이하의 벌금에 처한다.</u>(업무방해)

제324조(강요) ① 폭행 또는 협박으로 사람의 권리행사를 방해하거나 <u>의무 없는 일을 하게 한 자는 5년 이하의 징역 또는 3천만원 이하의 벌금에 처한다.</u>(**직권남용, 법률유보의 원칙**)

② 단체 또는 다중의 위력을 보이거나 위험한 물건을 휴대하여 제1항의 죄를 범한 자는 10년 이하의 징역 또는 5천만원 이하의 벌금에 처한다.

제328조(친족 간의 범행과 고소) ① 직계혈족, 배우자, 동거친족, 동거가족 또는 그 배우자 간의 제323조의 죄는 그 형을 면제한다.(**친족상도래**)

② 제1항 이외의 친족 간에 제323조의 죄를 범한 때에는 고소가 있어야 공소를 제기할 수 있다.

③ 전 2항의 신분관계가 없는 공범에 대하여는 전 2항을 적용하지 아니한다.

   사람들은 보통 형법하면 벌을 주기만 하는 내용으로 구성되어 있는 것으로 알고 있다. 그러나 <u>국민의 권리와 이익을 침해하지 못하도록 하는 많은 사항의 규정이 포함되어 있다.</u>

   따라서 특별사법경찰은 환경법이나 산지 관련 법들에서 정한 벌칙규정을 가지고 <u>처벌하려 할 때 필히 헌법과 행정기본법 형법 등 (법률원칙들)을 같이 검토하여 억울하게 피해를 보는 국민이 없도록 하여야 할 것이다.</u>

8.
형사소송법 중
중요조문 발췌 요약★★★

제47조(소송서류의 비공개) 소송에 관한 서류는 공판의 개정 전에는 공익상 필요 기타 상당한 이유가 없으면 공개하지 못한다.

제57조(공무원의 서류) ① 공무원이 작성하는 서류에는 법률에 다른 규정이 없는 때에는 작성 연월일과 소속공무소를 기재하고 기명날인 또는 서명하여야 한다.

② 서류에는 간인하거나 이에 준하는 조치를 하여야 한다.

제58조(공무원의 서류) ① 공무원이 서류를 작성함에는 문자를 변개하지 못한다.

② 삽입, 삭제 또는 난외기재를 할 때에는 이 기재한 곳에 날인하고 그 자수를 기재하여야 한다. 단, 삭제한 부분은 해득할 수 있도록 자체를 존치하여야 한다.

제59조(비공무원의 서류) 공무원 아닌 자가 작성하는 서류에는 연월일을 기재하고 기명날인 또는 서명하여야 한다. 인장이 없으면 지장으로 한다.

제59조의2(재판확정기록의 열람·등사) ① 누구든지 권리구제·학술연구 또는 공익적 목적으로 재판이 확정된 사건의 소송기록을 보관하고 있는

에 그 소송기록의 열람 또는 등사를 신청할 수 있다.
② 검사는 다음 각 호의 어느 하나에 해당하는 경우에는 소송기록의 전부 또는 일부의 열람 또는 등사를 제한할 수 있다. 다만, 소송관계인이나 이해관계가 있는 제3자가 열람 또는 등사에 관하여 정당한 사유가 있다고 인정되는 경우에는 그러하지 아니하다. (이하 생략)

제59조의3(확정 판결서 등의 열람·복사) ① 누구든지 판결이 확정된 사건의 판결서 또는 그 등본, 증거목록 또는 그 등본, 그 밖에 검사나 피고인 또는 변호인이 법원에 제출한 서류·물건의 명칭·목록 또는 이에 해당하는 정보를 보관하는 법원에 서 해낭 판결서 등을 열람 및 복사(인터넷 그 밖의 전산정보처리시스템을 통한 전 자적 방법을 포함한다. 이하 이 조에서 같다)할 수 있다. 다만, 다음 각 호의 어느 하나에 해당하는 경우에는 판결서 등의 열람 및 복사를 제한할 수 있다.

〈압수와 수색〉

제106조(압수) ① 법원은 필요한 때에는 피고사건과 관계가 있다고 인정할 수 있는 것에 한정하여 증거물 또는 몰수할 것으로 사료하는 물건을 압수할 수 있다. 단, 법률에 다른 규정이 있는 때에는 예외로 한다.
② 법원은 압수할 물건을 지정하여 소유자, 소지자 또는 보관자에게 제출을 명할 수 있다.
③ 법원은 압수의 목적물이 컴퓨터용디스크, 그 밖에 이와 비슷한 정보저장매체인 경우에는 기억된 정보의 범위를 정하여 출력하거나 복제하여 제출받아야 한다. 다만, 범위를 정하여 출력 또는 복제하는 방법이 불가능하거나 압수의 목적을 달성하기에 현저히 곤란하다고 인정되는 때에는 정보저장매체 등을 압수할 수 있다.

④ 법원은 제3항에 따라 **정보를 제공받은 경우**「개인정보 보호법」제2조 제3호에 따른 정보주체에게 해당 사실을 지체 없이 알려야 한다.

제107조(우체물의 압수) ① 법원은 필요한 때에는 피고사건과 관계가 있다고 인정할 수 있는 것에 한정하여 우체물 또는 「통신비밀보호법」제2조제3호에 따른 전기통신에 관한 것으로서 체신관서, 그 밖의 관련 기관 등이 소지 또는 보관하는 물건의 제출을 명하거나 압수를 할 수 있다.

② 삭제 〈2011. 7. 18.〉

③ 제1항에 따른 처분을 할 때에는 발신인이나 수신인에게 그 취지를 통지하여야 한다. 단, 심리에 방해될 염려가 있는 경우에는 예외로 한다.

제108조(임의 제출물 등의 압수) 소유자, 소지자 또는 보관자가 임의로 제출한 물건 또는 유류한 물건은 영장 없이 압수할 수 있다.

제109조(수색) ① 법원은 필요한 때에는 피고사건과 관계가 있다고 인정할 수 있는 것에 한정하여 피고인의 신체, 물건 또는 주거, 그 밖의 장소를 수색할 수 있다.

② 피고인 아닌 자의 신체, 물건, 주거 기타 장소에 관하여는 압수할 물건이 있음을 인정할 수 있는 경우에 한하여 수색할 수 있다.

제111조(공무상 비밀과 압수) ① 공무원 또는 공무원이었던 자가 소지 또는 보관하는 물건에 관하여는 본인 또는 그 당해 공무소가 직무상의 비밀에 관한 것임을 신고한 때에는 그 소속공무소 또는 당해 감독관공서의 승낙 없이는 압수하지 못한다.

② 소속공무소 또는 당해 감독관공서는 국가의 중대한 이익을 해하는 경우를 제외하고는 승낙을 거부하지 못한다.

제112조(업무상 비밀과 압수) 변호사, 변리사, 공증인, 공인회계사, 세무사, 대서업자, 의사, 한의사, 치과의사, 약사, 약종상, 조산사, 간호사, 종교의 직에 있는 자 또는 이러한 직에 있던 자가 그 업무상 위탁을 받아 소지 또

는 보관하는 물건으로 타인의 비밀에 관한 것은 압수를 거부할 수 있다. 단, 그 타인의 승낙이 있거나 중대한 공익상 필요가 있는 때에는 예외로 한다.

제113조(압수·수색영장) 공판정 외에서 압수 또는 수색을 함에는 영장을 발부하여 시행하여야 한다.

제114조(영장의 방식) ① 압수·수색영장에는 다음 각 호의 사항을 기재하고 재판장이나 수명법관이 서명날인하여야 한다. 다만, 압수·수색할 물건이 전기통신에 관한 것인 경우에는 작성기간을 기재하여야 한다.

1. 피고인의 성명
2. 죄명
3. 압수할 물건
4. 수색할 장소·신체·물건
5. 영장 발부 연월일
6. 영장의 유효기간과 그 기간이 지나면 집행에 착수할 수 없으며 영장을 반환하여야 한다는 취지
7. 그 밖에 대법원규칙으로 정하는 사항

제115조(영장의 집행) ① 압수·수색영장은 검사의 지휘에 의하여 사법경찰관리가 집행한다. 단, 필요한 경우에는 재판장은 법원사무관 등에게 그 집행을 명할 수 있다.
② 제83조의 규정은 압수·수색영장의 집행에 준용한다.

제116조(주의사항) 압수·수색영장을 집행할 때에는 타인의 비밀을 보호하여야 하며 처분받은 자의 명예를 해하지 아니하도록 주의하여야 한다.

제118조(영장의 제시와 사본교부) 압수·수색영장은 처분을 받는 자에게 반드시 제시하여야 하고, 처분을 받는 자가 피고인인 경우에는 그 사본을 교부하여야 한다. 다만, 처분을 받는 자가 현장에 없는 등 영장의 제시

나 그 사본의 교부가 현실적으로 불가능한 경우 또는 처분을 받는 자가 영장의 제시나 사본의 교부를 거부한 때에는 예외로 한다.

제119조(집행 중의 출입금지) ① 압수 · 수색영장의 집행 중에는 타인의 출입을 금지할 수 있다.

② 전항의 규정에 위배한 자에게는 퇴거하게 하거나 집행종료 시까지 간수자를 붙일 수 있다.

제120조(집행과 필요한 처분) ① 압수 · 수색영장의 집행에 있어서는 건정을 열거나 개봉 기타 필요한 처분을 할 수 있다.[참조: 건정(鍵錠: 열쇠 건, 덩이 정: 잠금장치)]

② 전항의 처분은 압수물에 대하여도 할 수 있다.

제121조(영장집행과 당사자의 참여) 검사, 피고인 또는 변호인은 압수 · 수색영장의 집행에 참여할 수 있다.

제122조(영장집행과 참여권자에의 통지) 압수 · 수색영장을 집행함에는 **미리 집행의 일시와 장소를 전조에 규정한 자에게 통지하여야 한다**. 단, 전조에 규정한 자가 참여하지 아니한다는 의사를 명시한 때 또는 급속을 요하는 때에는 예외로 한다.

제123조(영장의 집행과 책임자의 참여) ① 공무소, 군사용 항공기 또는 선박 · 차량 안에서 압수 · 수색영장을 집행하려면 그 책임자에게 참여할 것을 통지하여야 한다.

② 제1항에 규정한 장소 외에 타인의 주거, 간수자가 있는 가옥, 건조물(建造物), 항공기 또는 선박 · 차량 안에서 압수 · 수색영장을 집행할 때에는 주거주(住居主), 간수자 또는 이에 준하는 사람을 참여하게 하여야 한다.

③ 제2항의 사람을 참여하게 하지 못할 때에는 이웃 사람 또는 지방공공단체의 직원을 참여하게 하여야 한다.

제124조(여자의 수색과 참여) 여자의 신체에 대하여 수색할 때에는 성년의 여자를 참여하게 하여야 한다.

제125조(야간집행의 제한) 일출 전, 일몰 후에는 압수·수색영장에 야간집행을 할 수 있는 기재가 없으면 그 영장을 집행하기 위하여 타인의 주거, 간수자가 있는 가옥, 건조물, 항공기 또는 선차 내에 들어가지 못한다.

제126조(야간집행제한의 예외) 다음 장소에서 압수·수색영장을 집행함에는 전조의 제한을 받지 아니한다.
1. 도박 기타 풍속을 해하는 행위에 상용된다고 인정하는 장소
2. 여관, 음식섬 기타 야간에 공중이 출입할 수 있는 장소. 단, 공개한 시간 내에 한한다.

제127조(집행중지와 필요한 처분) 압수·수색영장의 집행을 중지한 경우에 필요한 때에는 집행이 종료될 때까지 그 장소를 폐쇄하거나 간수자를 둘 수 있다.

제128조(증명서의 교부) 수색한 경우에 증거물 또는 몰취할 물건이 없는 때에는 그 취지의 증명서를 교부하여야 한다.

제129조(압수목록의 교부) 압수한 경우에는 목록을 작성하여 소유자, 소지자, 보관자 기타 이에 준할 자에게 교부하여야 한다.

제130조(압수물의 보관과 폐기) ① 운반 또는 보관에 불편한 압수물에 관하여는 간수자를 두거나 소유자 또는 적당한 자의 승낙을 얻어 보관하게 할 수 있다.
② 위험발생의 염려가 있는 압수물은 폐기할 수 있다.
③ 법령상 생산·제조·소지·소유 또는 유통이 금지된 압수물로서 부패의 염려가 있거나 보관하기 어려운 압수물은 소유자 등 권한 있는 자의 동의를 받아 폐기할 수 있다.

제131조(주의사항) 압수물에 대하여는 그 상실 또는 파손 등의 방지를 위하여

상당한 조치를 하여야 한다.

제132조(압수물의 대가보관) ① 몰수하여야 할 압수물로서 멸실·파손·부패 또는 현저한 가치 감소의 염려가 있거나 보관하기 어려운 압수물은 매각하여 대가를 보관할 수 있다.

② 환부하여야 할 압수물 중 환부를 받을 자가 누구인지 알 수 없거나 그 소재가 불명한 경우로서 그 압수물의 멸실·파손·부패 또는 현저한 가치 감소의 염려가 있거나 보관하기 어려운 압수물은 매각하여 대가를 보관할 수 있다.

제133조(압수물의 환부, 가환부) ① 압수를 계속할 필요가 없다고 인정되는 압수물은 피고사건 종결 전이라도 결정으로 환부하여야 하고 증거에 공할 압수물은 소유자, 소지자, 보관자 또는 제출인의 청구에 의하여 가환부할 수 있다.

② 증거에만 공할 목적으로 압수한 물건으로서 그 소유자 또는 소지자가 계속 사용하여야 할 물건은 사진촬영 기타 원형보존의 조치를 취하고 신속히 가환부하여야 한다.

제134조(압수장물의 피해자환부) 압수한 장물은 피해자에게 환부할 이유가 명백한 때에는 피고사건의 종결 전이라도 결정으로 피해자에게 환부할 수 있다.

제135조(압수물처분과 당사자에의 통지) 전3조의 결정을 함에는 검사, 피해자, 피고인 또는 변호인에게 미리 통지하여야 한다.

제148조(근친자의 형사책임과 증언 거부) 누구든지 자기나 다음 각 호의 어느 하나에 해당하는 자가 형사소추(刑事訴追) 또는 공소제기를 당하거나 유죄판결을 받을 사실이 드러날 염려가 있는 증언을 거부할 수 있다.(★)

1. 친족이거나 친족이었던 사람

2. 법정대리인, 후견감독인

제149조(업무상 비밀과 증언거부) 변호사, 변리사, 공증인, 공인회계사, 세무사, 대서 업자, 의사, 한의사, 치과의사, 약사, 약종상, 조산사, 간호사, 종교의 직에 있는 자 또는 이러한 직에 있던 자가 그 업무상 위탁을 받은 관계로 알게 된 사실로서 타인의 비밀에 관한 것은 증언을 거부할 수 있다. 단, 본인의 승낙이 있거나 중대한 공익상 필요 있는 때에는 예외로 한다.

제150조(증언거부사유의 소명) 증언을 거부하는 자는 거부사유를 소명하여야 한다.

제151조(증인이 출석하지 아니한 경우의 과태료 등) ① 법원은 소환장을 송달받은 증인이 정당한 사유 없이 출석하지 아니한 때에는 결정으로 당해 불출석으로 인한 소송비용을 증인이 부담하도록 명하고, 500만원 이하의 과태료를 부과할 수 있다. 제153조에 따라 준용되는 제76조제2항·제5항에 따라 소환장의 송달과 동일한 효력이 있는 경우에도 또한 같다.

제152조(소환불응과 구인) 정당한 사유 없이 소환에 응하지 아니하는 증인은 구인할 수 있다.

제158조(선서한 증인에 대한 경고) 재판장은 선서할 증인에 대하여 선서 전에 위증의 벌을 경고하여야 한다.

제159조(선서 무능력) 증인이 다음 각 호의 1에 해당한 때에는 선서하게 하지 아니하고 신문하여야 한다.

1. 16세 미만의 자
2. 선서의 취지를 이해하지 못하는 자

제160조(증언거부권의 고지) 증인이 제148조, 제149조에 해당하는 경우에는 재판장은 신문 전에 증언을 거부할 수 있음을 설명하여야 한다.

제161조(선서, 증언의 거부와 과태료) ① 증인이 정당한 이유 없이 선서나

증언을 거부한 때에는 결정으로 50만원 이하의 과태료에 처할 수 있다.
② 제1항의 결정에 대하여는 즉시항고를 할 수 있다.

〈소송비용〉

제186조(피고인의 소송비용부담) ① 형의 선고를 하는 때에는 피고인에게 소송비용의 전부 또는 일부를 부담하게 하여야 한다. 다만, 피고인의 경제적 사정으로 소송비용을 납부할 수 없는 때에는 그러하지 아니하다.
② 피고인에게 책임지울 사유로 발생된 비용은 형의 선고를 하지 아니하는 경우에도 피고인에게 부담하게 할 수 있다.

제187조(공범의 소송비용) 공범의 소송비용은 공범인에게 연대부담하게 할 수 있다.

제188조(고소인등의 소송비용부담) 고소 또는 고발에 의하여 공소를 제기한 사건에 관하여 피고인이 무죄 또는 면소의 판결을 받은 경우에 고소인 또는 고발인에게 고의 또는 중대한 과실이 있는 때에는 그자에게 소송비용의 전부 또는 일부를 부담하게 할 수 있다.

제189조(검사의 상소취하와 소송비용부담) 검사만이 상소 또는 재심청구를 한 경우에 상소 또는 재심의 청구가 기각되거나 취하된 때에는 그 소송비용을 피고인에게 부담하게 하지 못한다.

제190조(제삼자의 소송비용부담) ① 검사 아닌 자가 상소 또는 재심청구를 한 경우에 상소 또는 재심의 청구가 기각되거나 취하된 때에는 그자에게 그 소송비용을 부담하게 할 수 있다.
② 피고인 아닌 자가 피고인이 제기한 상소 또는 재심의 청구를 취하한 경우에도 전항과 같다.

제191조(소송비용부담의 재판) ① 재판으로 소송절차가 종료되는 경우에

피고인에게 소송비용을 부담하게 하는 때에는 직권으로 재판하여야 한다.

② 전항의 재판에 대하여는 본안의 재판에 관하여 상소하는 경우에 한하여 불복할 수 있다.

제192조(제삼자부담의 재판) ① 재판으로 소송절차가 종료되는 경우에 피고인 아닌 자에게 소송비용을 부담하게 하는 때에는 직권으로 결정을 하여야 한다.

② 전항의 결정에 대하여는 즉시항고를 할 수 있다.

제193조(재판에 의하지 아니한 절차종료) ① 재판에 의하지 아니하고 소송절차가 종료되는 경우에 소송비용을 부담하게 하는 때에는 사건의 최종 계속법원이 직권으로 결정을 하여야 한다.

제194조(부담액의 산정) 소송비용의 부담을 명하는 재판에 그 금액을 표시하지 아니한 때에는 집행을 지휘하는 검사가 산정한다.

제194조의2(무죄판결과 비용보상) ① 국가는 무죄판결이 확정된 경우에는 당해 사건의 피고인이었던 자에 대하여 그 재판에 소요된 비용을 보상하여야 한다.(★★)

② 다음 각 호의 어느 하나에 해당하는 경우에는 제1항에 따른 비용의 전부 또는 일부를 보상하지 아니할 수 있다.

1. 피고인이었던 자가 수사 또는 재판을 그르칠 목적으로 거짓 자백을 하거나 다른 유죄의 증거를 만들어 기소된 것으로 인정된 경우
2. 1개의 재판으로써 경합범의 일부에 대하여 무죄판결이 확정되고 다른 부분에 대하여 유죄판결이 확정된 경우
3. 「형법」제9조 및 제10조제1항의 사유에 따른 무죄판결이 확정된 경우
4. 그 비용이 피고인이었던 자에게 책임지울 사유로 발생한 경우

제194조의3(비용보상의 절차 등) ① 제194조의2제1항에 따른 비용의 보상은 피고인이었던 자의 청구에 따라 무죄판결을 선고한 법원의 합의부에

서 결정으로 한다.
② 제1항에 따른 청구는 무죄판결이 확정된 사실을 안 날부터 3년, 무죄판결이 확정된 때부터 5년 이내에 하여야 한다.
③ 제1항의 결정에 대하여는 즉시항고를 할 수 있다.

제194조의4(비용보상의 범위) ① 제194조의2에 따른 비용보상의 범위는 피고인이었던 자 또는 그 변호인이었던 자가 **공판준비 및 공판기일에 출석하는 데 소요된 여비·일당·숙박료**와 **변호인이었던 자에 대한 보수에 한한다**. 이 경우 보상금액에 관하여는 「형사소송비용 등에 관한 법률」을 준용하되, 피고인이었던 자에 대하여는 증인에 관한 규정을, 변호인이었던 자에 대하여는 국선변호인에 관한 규정을 준용한다.
② 법원은 공판준비 또는 공판기일에 출석한 변호인이 2인 이상이었던 경우에는 사건의 성질, 심리 상황, 그 밖의 사정을 고려하여 변호인이었던 자의 여비·일당 및 숙박료를 대표변호인이나 그 밖의 일부 변호인의 비용만으로 한정할 수 있다.

제194조의5(준용규정) 비용보상청구, 비용보상절차, 비용보상과 다른 법률에 따른 손해배상과의 관계, 보상을 받을 권리의 양도·압류 또는 피고인이었던 자의 상속인에 대한 비용보상에 관하여 이 법에 규정한 것을 제외하고는 「형사보상법」에 따른 보상의 예에 따른다.

〈수사〉

제197조(사법경찰관리) ① 경무관, 총경, 경정, 경감, 경위는 사법경찰관으로서 범죄의 혐의가 있다고 사료하는 때에는 범인, 범죄사실과 증거를 수사한다.
② 경사, 경장, 순경은 사법경찰리로서 수사의 보조를 하여야 한다.

제199조(수사와 필요한 조사) ① 수사에 관하여는 그 목적을 달성하기 위하여 필요한 조사를 할 수 있다.
② 수사에 관하여는 공무소, 기타 공사단체에 조회하여 필요한 사항의 보고를 요구할 수 있다.

제200조(피의자의 출석요구) 검사 또는 사법경찰관은 수사에 필요한 때에는 피의자의 출석을 요구하여 진술을 들을 수 있다.

제224조(고소의 제한) 자기 또는 배우자의 직계존속을 고소하지 못한다.

제228조(고소권자의 지정) 친고죄에 대하여 고소할 자가 없는 경우에 이해관계인의 신청이 있으면 검사는 10일 이내에 고소할 수 있는 자를 지정하여야 한다.

제229조(배우자의 고소) ① 「형법」 제241조의 경우에는 혼인이 해소되거나 이혼소송을 제기한 후가 아니면 고소할 수 없다.

제230조(고소기간) ① 친고죄에 대하여는 범인을 알게 된 날로부터 6월을 경과하면 고소하지 못한다. 단, 고소할 수 없는 불가항력의 사유가 있는 때에는 그 사유가 없어진 날로부터 기산한다.

제231조(수인의 고소권자) 고소할 수 있는 자가 수인인 경우에는 1인의 기간의 해태는 타인의 고소에 영향이 없다.

제232조(고소의 취소) ① 고소는 제1심 판결선고 전까지 취소할 수 있다.

제233조(고소의 불가분) 친고죄의 공범 중 그 1인 또는 수인에 대한 고소 또는 그 취소는 다른 공범자에 대하여도 효력이 있다.

제234조(고발) ① 누구든지 범죄가 있다고 사료하는 때에는 고발할 수 있다.
② 공무원은 그 직무를 행함에 있어 범죄가 있다고 사료하는 때에는 고발하여야 한다.

제236조(대리고소) 고소 또는 그 취소는 대리인으로 하여금 하게 할 수 있다.

제237조(고소, 고발의 방식) ① 고소 또는 고발은 서면 또는 구술로써 검사

또는 사법경찰관에게 하여야 한다.

② 검사 또는 사법경찰관이 구술에 의한 고소 또는 고발을 받은 때에는 조서를 작성하여야 한다.

제238조(고소, 고발과 사법경찰관의 조치) 사법경찰관이 고소 또는 고발을 받은 때에는 신속히 조사하여 관계서류와 증거물을 검사에게 송부하여야 한다.

제241조(피의자신문) 검사 또는 사법경찰관이 피의자를 신문함에는 먼저 그 성명, 연령, 등록기준지, 주거와 직업을 물어 피의자임에 틀림없음을 확인하여야 한다.

제242조(피의자신문사항) 검사 또는 사법경찰관은 피의자에 대하여 범죄사실과 정상에 관한 필요사항을 신문하여야 하며 그 이익 되는 사실을 진술할 기회를 주어야 한다.(★)

제243조(피의자신문과 참여자) 검사가 피의자를 신문함에는 검찰청수사관 또는 서기관이나 서기를 참여하게 하여야 하고 사법경찰관이 피의자를 신문함에는 사법경찰 관리를 참여하게 하여야 한다.(★)

제243조의2(변호인의 참여 등) ① 검사 또는 사법경찰관은 피의자 또는 그 변호인· 법정대리인·배우자·직계친족·형제자매의 신청에 따라 변호인을 피의자와 접견하게 하거나 정당한 사유가 없는 한 피의자에 대한 신문에 참여하게 하여야 한다.

제244조(피의자신문조서의 작성★★) ① 피의자의 진술은 조서에 기재하여야 한다.

② 제1항의 조서는 피의자에게 열람하게 하거나 읽어 들려주어야 하며, 진술한 대로 기재되지 아니하였거나 사실과 다른 부분의 유무를 물어 피의자가 증감 또는 변경의 청구 등 이의를 제기하거나 의견을 진술한 때에는 이를 조서에 추가로 기재하여야 한다. 이 경우 피의자가

이의를 제기하였던 부분은 읽을 수 있도록 남겨 두어야 한다.
③ 피의자가 조서에 대하여 이의나 의견이 없음을 진술한 때에는 피의자로 하여금 그 취지를 자필로 기재하게 하고 조서에 간인한 후 기명날인 또는 서명하게 한다.

제244조의2(피의자진술의 영상녹화) ① 피의자의 **진술은 영상녹화할 수 있다.** 이 경우 미리 영상녹화 사실을 알려주어야 하며, 조사의 개시부터 종료까지의 전 과정 및 객관적 정황을 영상녹화하여야 한다.
② 제1항에 따른 영상녹화가 완료된 때에는 피의자 또는 변호인 앞에서 지체 없이 그 원본을 봉인하고 피의자로 하여금 기명날인 또는 서명하게 하여야 한다.
③ 제2항의 경우에 피의자 또는 변호인의 요구가 있는 때에는 영상녹화물을 재생하여 시청하게 하여야 한다. 이 경우 그 내용에 대하여 이의를 진술하는 때에는 그 취지를 기재한 서면을 첨부하여야 한다.

제244조의3(진술거부권 등의 고지★★★) ① 검사 또는 사법경찰관은 피의자를 신문하기 전에 다음 각 호의 사항을 알려주어야 한다.
1. 일체의 진술을 하지 아니하거나 개개의 질문에 대하여 진술을 하지 아니할 수 있다는 것
2. 진술을 하지 아니하더라도 불이익을 받지 아니한다는 것
3. 진술을 거부할 권리를 포기하고 행한 진술은 법정에서 유죄의 증거로 사용될 수 있다는 것
4. 신문을 받을 때에는 변호인을 참여하게 하는 등 변호인의 조력을 받을 수 있다는 것

② 검사 또는 사법경찰관은 제1항에 따라 알려 준 때에는 피의자가 진술을 거부할 권리와 변호인의 조력을 받을 권리를 행사할 것인지의 여부를 질문하고, 이에 대한 피의자의 답변을 조서에 기재하여야 한다.

이 경우 피의자의 답변은 피의자로 하여금 자필로 기재하게 하거나 검사 또는 사법경찰관이 피의자의 답변을 기재한 부분에 기명날인 또는 서명하게 하여야 한다.

제244조의4(수사과정의 기록★★) ① 검사 또는 사법경찰관은 피의자가 조사장소에 도착한 시각, 조사를 시작하고 마친 시각, 그 밖에 조사과정의 진행경과를 확인하기 위하여 필요한 사항을 피의자신문조서에 기록하거나 별도의 서면에 기록한 후 수사기록에 편철하여야 한다.

제244조의5(장애인 등 특별히 보호를 요하는 자에 대한 특칙) 검사 또는 사법경찰관은 피의자를 신문하는 경우 다음 각 호의 어느 하나에 해당하는 때에는 직권 또는 피의자·법정대리인의 신청에 따라 피의자와 신뢰관계에 있는 자를 동석하게 할 수 있다.

1. 피의자가 신체적 또는 정신적 장애로 사물을 변별하거나 의사를 결정·전달할 능력이 미약한 때
2. 피의자의 연령·성별·국적 등의 사정을 고려하여 그 심리적 안정의 도모와 원활한 의사소통을 위하여 필요한 경우

제245조(참고인과의 대질) 검사 또는 사법경찰관이 사실을 발견함에 필요한 때에는 피의자와 다른 피의자 또는 피의자 아닌 자와 대질하게 할 수 있다.

제245조의5(사법경찰관의 사건송치 등) 사법경찰관은 고소·고발 사건을 포함하여 범죄를 수사한 때에는 다음 각 호의 구분에 따른다.

1. 범죄의 혐의가 있다고 인정되는 경우에는 지체 없이 검사에게 사건을 송치하고, 관계 서류와 증거물을 검사에게 송부하여야 한다.
2. 그 밖의 경우에는 그 이유를 명시한 서면과 함께 관계 서류와 증거물을 지체 없이 검사에게 송부하여야 한다. 이 경우 검사는 송부받은 날부터 90일 이내에 사 법경찰관에게 반환하여야 한다.

제245조의6(고소인 등에 대한 송부통지) 사법경찰관은 제245조의5제2호의 경우에는 그 송부한 날부터 7일 이내에 서면으로 고소인·고발인·피해자 또는 그 법정대리인(피해자가 사망한 경우에는 그 배우자·직계친족·형제자매를 포함한다)에게 사건을 검사에게 송치하지 아니하는 취지와 그 이유를 통지하여야 한다.

제245조의7(고소인 등의 이의신청) ① 제245조의6의 통지를 받은 사람(고발인을 제외한다)은 해당 사법경찰관의 소속 관서의 장에게 이의를 신청할 수 있다.

② 사법경찰관은 제1항의 신청이 있는 때에는 지체 없이 검사에게 사건을 송치하고 관계 서류와 증거물을 송부하여야 하며, 처리결과와 그 이유를 제1항의 신청인에게 통지하여야 한다.

제245조의8(재수사요청 등) ① 검사는 제245조의5제2호의 경우에 사법경찰관이 사건을 송치하지 아니한 것이 위법 또는 부당한 때에는 그 이유를 문서로 명시하여 사법경찰관에게 재수사를 요청할 수 있다.

② 사법경찰관은 제1항의 요청이 있는 때에는 사건을 재수사하여야 한다.

제245조의10(특별사법경찰관리) ① 삼림, 해사, 전매, 세무, 군수사기관, 그 밖에 특별한 사항에 관하여 사법경찰관리의 직무를 행할 특별사법경찰관리와 그 직무의 범위는 법률로 정한다.

② 특별사법경찰관은 모든 수사에 관하여 검사의 지휘를 받는다.

③ 특별사법경찰관은 범죄의 혐의가 있다고 인식하는 때에는 범인, 범죄사실과 증거에 관하여 수사를 개시·진행하여야 한다.

④ 특별사법경찰관리는 검사의 지휘가 있는 때에는 이에 따라야 한다. 검사의 지휘에 관한 구체적 사항은 법무부령으로 정한다.

⑤ 특별사법경찰관은 범죄를 수사한 때에는 지체 없이 검사에게 사건을 송치하고, 관계 서류와 증거물을 송부하여야 한다.

⑥ 특별사법경찰관리에 대하여는 제197조의2부터 제197조의4까지, 제221조의5, 제245조의5부터 제245조의8까지의 규정을 적용하지 아니한다.

제249조(공소시효의 기간) ① 공소시효는 다음 기간의 경과로 완성한다.
1. 사형에 해당하는 범죄에는 25년
2. 무기징역 또는 무기금고에 해당하는 범죄에는 15년
3. 장기 10년 이상의 징역 또는 금고에 해당하는 범죄에는 10년
4. 장기 10년 미만의 징역 또는 금고에 해당하는 범죄에는 7년
5. 장기 5년 미만의 징역 또는 금고, 장기 10년 이상의 자격정지 또는 벌금에 해당하는 범죄에는 5년
6. 장기 5년 이상의 자격정지에 해당하는 범죄에는 3년
7. 장기 5년 미만의 자격정지, 구류, 과료 또는 몰수에 해당하는 범죄에는 1년

② 공소가 제기된 범죄는 판결의 확정이 없이 공소를 제기한 때로부터 25년을 경과하면 공소시효가 완성한 것으로 간주한다.

제275조의2(피고인의 무죄추정) 피고인은 유죄의 판결이 확정될 때까지는 무죄로 추정된다.(**무죄추정의 원칙**)

제307조(증거재판주의) ① 사실의 인정은 증거에 의하여야 한다.
② 범죄사실의 인정은 합리적인 의심이 없는 정도의 증명에 이르러야 한다.

제308조(자유심증주의) 증거의 증명력은 법관의 자유판단에 의한다.

제308조의2(위법수집증거의 배제) 적법한 절차에 따르지 아니하고 수집한 증거는 증거로 할 수 없다.

제309조(강제 등 **자백의 증거능력**) 피고인의 자백이 고문, 폭행, 협박, 신체구속의 부당한 장기화 또는 기망 기타의 방법으로 임의로 진술한 것이

아니라고 의심할 만한 이유가 있는 때에는 이를 유죄의 증거로 하지 못한다.

제310조(불이익한 자백의 증거능력) 피고인의 자백이 그 피고인에게 불이익한 유일의 증거인 때에는 이를 유죄의 증거로 하지 못한다.

제310조의2(전문증거와 증거능력의 제한) 제311조 내지 제316조에 규정한 것 이외에 는 공판준비 또는 공판기일에서의 진술에 대신하여 진술을 기재한 서류나 공판준비 또는 공판기일 외에서의 타인의 진술을 내용으로 하는 진술은 이를 증거로 할 수 없다.

제311조(법원 또는 법관의 조서) 공판준비 또는 공판기일에 피고인이나 피고인 아닌 자의 진술을 기재한 조서와 법원 또는 법관의 검증의 결과를 기재한 조서는 증거로 할 수 있다. 제184조 및 제221조의2의 규정에 의하여 작성한 조서도 또한 같다.

제312조(검사 또는 사법경찰관의 조서 등) ① 검사가 작성한 피의자신문조서는 적법한 절차와 방식에 따라 작성된 것으로서 공판준비, 공판기일에 그 피의자였던 피고인 또는 변호인이 그 내용을 인정할 때에 한정하여 증거로 할 수 있다.

제325조(무죄의 판결) 피고사건이 범죄로 되지 아니하거나 범죄사실의 증명이 없는 때에는 판결로써 무죄를 선고하여야 한다.

제326조(면소의 판결) 다음 경우에는 판결로써 면소의 선고를 하여야 한다.

1. 확정판결이 있은 때
2. 사면이 있은 때
3. 공소의 시효가 완성되었을 때
4. 범죄 후의 법령개폐로 형이 폐지되었을 때

제327조(공소기각의 판결) 다음 각 호의 경우에는 판결로써 공소기각의 선고를 하여야 한다.

1. 피고인에 대하여 재판권이 없을 때
2. 공소제기의 절차가 법률의 규정을 위반하여 무효일 때
3. 공소가 제기된 사건에 대하여 다시 공소가 제기되었을 때
4. 제329조를 위반하여 공소가 제기되었을 때
5. 고소가 있어야 공소를 제기할 수 있는 사건에서 고소가 취소되었을 때
6. 피해자의 명시한 의사에 반하여 공소를 제기할 수 없는 사건에서 처벌을 원하지 아니하는 의사표시를 하거나 처벌을 원하는 의사표시를 철회하였을 때

제328조(공소기각의 결정) ① 다음 경우에는 결정으로 공소를 기각하여야 한다.
1. 공소가 취소되었을 때
2. 피고인이 사망하거나 피고인인 법인이 존속하지 아니하게 되었을 때
3. 제12조 또는 제13조의 규정에 의하여 재판할 수 없는 때
4. 공소장에 기재된 사실이 진실하다 하더라도 범죄가 될 만한 사실이 포함되지 아니하는 때

② 전항의 결정에 대하여는 즉시항고를 할 수 있다.

제332조(몰수의 선고와 압수물) 압수한 서류 또는 물품에 대하여 몰수의 선고가 없는 때에는 압수를 해제한 것으로 간주한다.

제361조의5(항소이유) 다음 사유가 있을 경우에는 원심판결에 대한 항소이유로 할 수 있다.
1. 판결에 영향을 미친 헌법·법률·명령 또는 규칙의 위반이 있는 때
2. 판결 후 형의 폐지나 변경 또는 사면이 있는 때
3. 관할 또는 관할위반의 인정이 법률에 위반한 때
4. 판결법원의 구성이 법률에 위반한 때
7. 법률상 그 재판에 관여하지 못할 판사가 그 사건의 심판에 관여한 때

8. 사건의 심리에 관여하지 아니한 판사가 그 사건의 판결에 관여한 때
9. 공판의 공개에 관한 규정에 위반한 때
11. 판결에 이유를 붙이지 아니하거나 이유에 모순이 있는 때
13. 재심청구의 사유가 있는 때
14. 사실의 오인이 있어 판결에 영향을 미칠 때
15. 형의 양정이 부당하다고 인정할 사유가 있는 때

제368조(불이익변경의 금지) 피고인이 항소한 사건과 피고인을 위하여 항소한 사건에 대해서는 **원심판결의 형보다 무거운 형을 선고할 수 없다.**(불이익변경금지의 원칙)

제420조(재심이유) 재심은 다음 각 호의 어느 하나에 해당하는 이유가 있는 경우에 유죄의 확정판결에 대하여 그 선고를 받은 자의 이익을 위하여 청구할 수 있다.

1. 원판결의 증거가 된 서류 또는 증거물이 확정판결에 의하여 위조되거나 변조된 것임이 증명된 때
2. 원판결의 증거가 된 증언, 감정, 통역 또는 번역이 확정판결에 의하여 허위임이 증명된 때
3. 무고(誣告)로 인하여 유죄를 선고받은 경우에 그 무고의 죄가 확정판결에 의하여 증명된 때
4. 원판결의 증거가 된 재판이 확정재판에 의하여 변경된 때
5. 유죄를 선고받은 자에 대하여 무죄 또는 면소를, 형의 선고를 받은 자에 대하여 형의 면제 또는 원판결이 인정한 죄보다 가벼운 죄를 인정할 명백한 증거가 새로 발견된 때
6. 저작권, 특허권, 실용신안권, 디자인권 또는 상표권을 침해한 죄로 유죄의 선고를 받은 사건에 관하여 그 권리에 대한 무효의 심결 또는 무효의 판결이 확정된 때

7. 원판결, 전심판결 또는 그 판결의 기초가 된 조사에 관여한 법관, 공소의 제기 또는 그 공소의 기초가 된 수사에 관여한 검사나 사법경찰관이 그 직무에 관한 죄를 지은 것이 확정판결에 의하여 증명된 때. 다만, 원판결의 선고 전에 법관, 검사 또는 사법경찰관에 대하여 공소가 제기되었을 경우에는 원판결의 법원이 그 사유를 알지 못한 때로 한정한다.

제423조(재심의 관할) 재심의 청구는 원판결의 법원이 관할한다.

제439조(불이익변경의 금지) 재심에는 원판결의 형보다 무거운 형을 선고할 수 없다.(불이익변경금지원칙)

제441조(비상상고이유) 검찰총장은 판결이 확정한 후 그 사건의 심판이 법령에 위반 한 것을 발견한 때에는 대법원에 비상상고를 할 수 있다.

제448조(약식명령을 할 수 있는 사건) ① 지방법원은 그 관할에 속한 사건에 대하여 검사의 청구가 있는 때에는 공판절차 없이 약식명령으로 피고인을 벌금, 과료 또는 몰수에 처할 수 있다.
② 전항의 경우에는 추징 기타 부수의 처분을 할 수 있다.

제453조(정식재판의 청구) ① 검사 또는 피고인은 약식명령의 고지를 받은 날로부터 7일 이내에 정식재판의 청구를 할 수 있다. 단, 피고인은 정식재판의 청구를 포기할 수 없다.

제457조의2(형종 상향의 금지 등) ① 피고인이 정식재판을 청구한 사건에 대하여는 약식명령의 형보다 중한 종류의 형을 선고하지 못한다.(형종 상향금지의 원칙)
② 피고인이 정식재판을 청구한 사건에 대하여 약식명령의 형보다 중한 형을 선고하는 경우에는 판결서에 양형의 이유를 적어야 한다.

9.
형사보상 및 명예회복에 관한 법률 중 중요조문 발췌 요약

제1조(목적) 이 법은 형사소송 절차에서 무죄재판 등을 받은 자에 대한 형사보상 및 명예회복을 위한 방법과 절차 등을 규정함으로써 무죄재판 등을 받은 자에 대한 정당한 보상과 실질적 명예회복에 이바지함을 목적

제2조(보상 요건) ① 「형사소송법」에 따른 일반 절차 또는 재심이나 비상상고 절차에서 무죄재판을 받아 확정된 사건의 피고인이 **미결구금을 당하였을 때**에는 이 법에 따라 국가에 대하여 **그 구금에 대한 보상을 청구할 수 있다**.

② 상소권회복에 의한 상소, 재심 또는 비상상고의 절차에서 무죄재판을 받아 확정된 사건의 피고인이 원판결에 의하여 구금되거나 형 집행을 받았을 때에는 구금 또는 **형의 집행에 대한 보상을 청구할 수 있다**.

③ 「형사소송법」 제470조제3항에 따른 구치(拘置)와 같은 법 제473조부터 제475조까지의 규정에 따른 구속은 제2항을 적용할 때에는 구금 또는 형의 집행으로 본다.

제3조(상속인에 의한 보상청구) ① 제2조에 따라 보상을 청구할 수 있는 자가 그 청구를 하지 아니하고 사망하였을 때에는 그 상속인이 이를 청구

할 수 있다.

제5조(보상의 내용) ① 구금에 대한 보상을 할 때에는 그 구금일수에 따라 1일당 보상청구의 원인이 발생한 연도의 「최저임금법」에 따른 일급 최저임금액 이상 대통령령으로 정하는 금액 이하의 비율에 의한 보상금을 지급한다.

② 법원은 제1항의 보상금액을 산정할 때 다음 각 호의 사항을 고려하여야 한다.

1. 구금의 종류 및 기간의 장단(長短)
2. 구금기간 중에 입은 재산상의 손실과 얻을 수 있었던 이익의 상실 또는 정신적인 고통과 신체 손상
3. 경찰·검찰·법원의 각 기관의 고의 또는 과실 유무
4. 무죄재판의 실질적 이유가 된 사정
5. 그 밖에 보상금액 산정과 관련되는 모든 사정

③ 사형 집행에 대한 보상을 할 때에는 집행 전 구금에 대한 보상금 외에 3천만원 이내에서 모든 사정을 고려하여 법원이 타당하다고 인정하는 금액을 더하여 보상한다. 이 경우 본인의 사망으로 인하여 발생한 재산상의 손실액이 증명되었을 때에는 그 손실액도 보상한다.

④ 벌금 또는 과료(科料)의 집행에 대한 보상을 할 때에는 이미 징수한 벌금 또는 과료의 금액에 징수일의 다음 날부터 보상 결정일까지의 일수에 대하여 「민법」 제379조의 법정이율을 적용하여 계산한 금액을 더한 금액을 보상한다.

⑤ 노역장유치(勞役場留置)의 집행을 한 경우 그에 대한 보상에 관하여는 제1항을 준용한다.

⑥ 몰수(沒收) 집행에 대한 보상을 할 때에는 그 몰수물을 반환하고, 그것이 이미 처분되었을 때에는 보상결정 시의 시가(時價)를 보상한다.

⑦ 추징금(追徵金)에 대한 보상을 할 때에는 그 액수에 징수일의 다음 날부터 보상 결정일까지의 일수에 대하여 「민법」 제379조의 법정이율을 적용하여 계산한 금액을 더한 금액을 보상한다.

제6조(손해배상과의 관계) ① 이 법은 보상을 받을 자가 다른 법률에 따라 손해배상을 청구하는 것을 금지하지 아니한다.

② 이 법에 따른 보상을 받을 자가 같은 원인에 대하여 다른 법률에 따라 손해배상을 받은 경우에 그 손해배상의 액수가 이 법에 따라 받을 보상금의 액수와 같거나 그보다 많을 때에는 보상하지 아니한다. 그 손해배상의 액수가 이 법에 따라 받을 보상금의 액수보다 적을 때에는 그 손해배상 금액을 빼고 보상금의 액수를 정하여야 한다.

③ 다른 법률에 따라 손해배상을 받을 자가 같은 원인에 대하여 이 법에 따른 보상을 받았을 때에는 그 보상금의 액수를 빼고 손해배상의 액수를 정하여야 한다.

제7조(관할법원) 보상청구는 무죄재판을 한 법원에 대하여 하여야 한다.

제8조(보상청구의 기간★) 보상청구는 무죄재판이 확정된 사실을 안 날부터 3년, 무죄재판이 확정된 때부터 5년 이내에 하여야 한다.

제21조(보상금 지급청구) ① 보상금 지급을 청구하려는 자는 보상을 결정한 법원에 대응하는 검찰청에 보상금 지급청구서를 제출하여야 한다.

② 제1항의 청구서에는 법원의 보상결정서를 첨부하여야 한다.

③ 보상결정이 송달된 후 2년 이내에 보상금 지급청구를 하지 아니할 때에는 권리를 상실한다.

④ 보상금을 받을 수 있는 자가 여러 명인 경우에는 그중 1명이 한 보상금 지급 청구는 보상결정을 받은 모두를 위하여 그 전부에 대하여 보상금 지급청구를 한 것으로 본다.

제30조(무죄재판서 게재 청구) 무죄재판을 받아 확정된 사건의 피고인은 무

죄재판이 확정된 때부터 3년 이내에 확정된 무죄재판사건의 재판서를 법무부 인터넷 홈페이지에 게재하도록 해당 사건을 기소한 검사가 소속된 지방검찰청에 청구할 수 있다.

제31조(청구방법) ① 제30조에 따른 청구를 할 때에는 무죄재판서 게재 청구서에 재판서의 등본과 그 재판의 확정증명서를 첨부하여 제출하여야 한다.

② 상속인에 의한 청구 및 그 소명에 대하여는 제3조 및 제10조를 준용한다. 이 경우 "보상"은 "게재"로 보며, 같은 순위의 상속인이 여러 명일 때에는 상속인 모두가 무죄재판서 게재 청구에 동의하였음을 소명할 자료를 제출하여야 한다.

③ 대리인에 의한 청구에 대하여는 제13조를 준용한다. 이 경우 "보상"은 "게재"로 본다.

④ 청구의 취소에 대하여는 제12조를 준용한다. 이 경우 "보상"은 "게재"로 본다.

제33조(청구에 대한 조치의 통지 등) ① 제32조제1항에 따라 무죄재판서를 법무부 인터넷 홈페이지에 게재한 경우에는 지체 없이 그 사실을 청구인에게 서면으로 통지하여야 한다.

※ 형사소송에 있어서 증인·감정인·통역인·번역인 또는 국선변호인에게 지급하는 제반 비용의 지급범위와 기준 등에 관하여는 형사소송비용 등에 관한 법률에 따라 정하고 있으므로 참고 바람

10.
범죄의 성립조건 및 처벌조건★★★★

　우리는 살아가면서 아주 많은 상황에 부딪히며 살고 있다. 사회 속에서 살아가면서 필요에 의한 행위든, 우연에 의한 행위든 의도치 않게 형사관계의 문제를 야기할 수 있다. 일반 사람은 형사사건이 발생하면 모두가 범죄인 줄 알고 불안해할 수 있다. 잘못된 행위라고 판단될지라도 그 행위는 범죄라는 형식을 갖추지 않으면 범죄가 아니다.

　아래 사항들을 참고하여 특별사법경찰이 조사할 때나 국민이 범죄 혐의를 받을 때 참고하여 억울한 범법자를 만들지 않도록 노력하여야 할 것이다.

1) 법률 위법(불법) 시 효과

구분	발생 효과
형법 위반 시	형벌
민법 위반 시	손해배상청구권, 계약해제권 등
행정법 위반 시	행정행위의 무효 또는 취소의 원인, 행정소송의 대상이 됨
헌법 위반 시	탄핵사유, 불신임결의의 사유가 됨

2) 불법성립 2요건

구성요건 해당성, 위법성, 책임성 중 2가지가 해당되어야 한다.
불법 성립은 구성요건 해당성과 위법성 및 책임성 중 하나만 있으면 되고 불법한 행위에 위법성이나 책임성(제재의 필요성)이 있으면 범죄가 된다.
즉, 불법은 법에 어긋남을 의미하는 것이고 범죄는 불법행위로 죄를 진 것을 의미한다.

3) 범죄성립 3요건

구성요건 해당성, 위법성, 책임성(★★)

① **구성요건 해당성**: 행위가 형벌법규에 정해 놓은 각종 죄목에 해당되어야 한다.
   - 살인죄, 절도죄 등
② **위법성**: 범죄는 위법한 행위여야 한다. 법에서 허용되는 범죄. 즉, **위법성 조각사유**(정당방위의 살인, 사형집행인 등)에 해당되지 않아야 한다.
③ **책임성**: 행위자에 대하여 **비난 가능성**이 있어야 한다. 위법한 행위라도 <u>비난이 가능한 것</u>(책임성)이 아니라면 또 <u>**기대가 불가능한 것**</u>이라면 범죄가 되지 않는다. 즉, 정신이상자나 14세 미만 아동 등의 책임무능력자, 강요에 의한 행위를 한 자, 법률의 착오에 의해 행위한 자 등이 아니어야 한다.

이 <u>3요건을 모두 충족했을 경우에만 범죄가 성립</u>이 되어 처벌이 가능하고 하나라도 빠지면 무죄가 되는 것이다.
※ 위법성 조각사유, 책임성 조각사유 참조

4) 범죄를 처벌하기 위하여는 8단계가 이루어져야 한다★★

> 고의성 있는 사람의 행위 → 구성요건에 해당 → 위법성 → 책임성 → 처벌조건 → 소추조건 → 기소 → 유죄판결

① **고의가 있는 사람의 행위가 있어야 한다.** (형법 제13조)

돌을 던졌는데 어떤 사람이 갑자기 뛰어가다 그 돌에 맞아 다쳤다면 그 다치게 한 행위는 고의가 있는 행위가 아님

② 이 행위가 형벌법규에 정해 놓은 죄목(형법의 법조항)에 해당하여야 한다.

③ 위법성이 있어야 한다. (위법성이 조각되면 안 됨)

④ 책임성이 있어야 한다. (책임이 조각되면 안 됨)

⑤ 처벌조건이 되어야 한다.

구성요건에 해당, 위법성, 책임성이 있는 경우 범죄는 성립되지만 형벌을 주기위해 처벌조건이 필요하다.

예로,

- 아들이 엄마의 지갑에서 몰래 돈을 가져간 것은 **친족상도례**로 처벌받지 않는다. (형법 제328조)
- 넘어져 남과 부딪쳐서 남이 다친 경우는 고의성이 없는 것으로 처벌받지 않는다. (형법 제13조)

* **친족상도례**: 가족끼리의 **재산범죄**는 그 죄를 면죄하는 형법상 특례(재산범죄가 아닌 폭행, 재물손괴 등은 해당되지 않으므로 처벌받는다)

⑥ **절차법상 소추조건이 되어야 한다.**

범죄가 성립되었고 처벌조건까지 있지만 검사가 공소를 제기하기 위해서 **소추조건**이 필요하다.

예로,

- **친고죄**: 피해자가 고소하여야 한다. (절도죄, 사자명예훼손죄, 모욕죄, 경제범죄, 경제범죄 등)
  - 친고죄는 6개월 이내에 고소해야 효력 있음.
- **반의사 불벌죄**: 피해자가 처벌을 원해야 공소제기할 수 있다. (존속폭행죄, 협박죄, 과실상해, 명예훼손죄)
  - 고소취하 또는 처벌불원서는 1심까지 제출해야 효력 있음.

* 소추: 검사가 특정한 형사사건에 관하여 공소를 제기하는 일.

⑦ **기소되어야 한다.**

무혐의나 불기소처분을 받지 않으면 기소되지 않는다.

⑧ **유죄판결이 되어야 한다.**

판사가 무죄판결하면 형벌을 받지 않는다.

①~⑥은 범죄자의 요건이고 ⑦⑧은 집행자의 권한에 해당하는 것으로서 피의자는 무죄를 받기 위하여 능력 있는 유능한 변호사를 선임하여 집행자인 검사나 판사의 판단을 바꾸도록 최선을 다할 필요가 있다.

처벌을 받기 위해서는 ⑧까지 유죄로 인정되어야 한다.

📖 잠시 쉬어 가기 - [법이란?]

우리는 늘 법이란 용어를 입에 달고 살면서 헌법, 법, 법률, 규칙 등등의 법 관련 용어가 많아 헷갈리는 경우가 종종 있다. 그래서 법 관련 용어를 좀 정리하여 이해하고 들어가려 한다.

1) 법령과 법률

- **법령(法令)**: 법률과 명령을 말하는 것으로서 작게는 국회에서 제정한 법률과 시행령(대통령령), 시행규칙(각 행정부처에서 만든 부령)를 말하고 넓게는 지방자치단체의 조례, 규칙, 대법원의 및 국회의 규칙 등 각종 법 형식을 갖춘 것을 포함하여 말한다.
- **법률(法律)**: 국회의 의결을 거쳐 대통령이 서명·공포한 법을 말한다.
- **법구조**: 헌법(상위)-법률(중위)-명령, 규칙(하위)

2) 법과 법률의 차이

효력이나 내용에 차이는 없으나,
- '**법**'은 헌법, 법률을 포함한 성문법 불문법 조약 그리고 국가 및 자치단체 등이 제정한 조례, 명령, 규칙 등 국가의 권력으로 규제할 수 있도록 하는 사회규범을 말한다.
- '**법률**'은 국회에서 제정한 규범을 말한다.

※ **법제명에 붙여 사용하는 때**의 '법률'은 법명에 '**하는**', '**위한**', '**의**', '**관한**' 등의 제한적 의미가 들어간 경우에 '법률'이라고 붙이고 있다.
(예: 국토의 계획 및 이용에 관한 법률)

3) 법의 종류

- 법: 헌법, 법(률), 령(대통령령), 부령(부처장관령), 조례, 조약, 판례, 관습법, 조리
- 법은 내부적 외부적으로 구속력이 있어야 한다.

※ 법원(法源)이나 판례가 없을 경우 **관습법**에 의하고 관습법이 없는 경우 **조리**에 의한다.

> ■ 조리(條理)
>
> - 조리는 자연의 이치, 도리(道理), 선량한 풍속, 사물의 본질적 법칙, 정의, 형평, 사회통념 등을 나타내는 것으로서 성문법이 아니어도 법으로 인정하고 있다.
> - 법원으로서 관습법처럼 법률에서 발생하는 흠결을 보충할 수 있다.
> * 민법 제1조(법원) 민사에 관하여 법률에 규정이 없으면 관습법에 의하고 관습법이 없으면 조리에 의한다.

- 법의 문서 형식 여부에 따른 분류
  - **성문법**: 문자로 작성된 것으로 헌법, 법(령, 부령), 조례, 조약, 판례
  - **불문법**: 문자로 작성되어 있지 않고 사회통념상 원칙, 자연의 섭리 등을 말할 수 있는 것으로 관습법, 판례법, 조리가 있다.
- **행정규칙**: 법규의 성질을 갖지 않은 행정내부의 일반 규정으로서 국민의 권리나 의무와 관련이 없고, 법규명령이 아닌 행정명령으로서 지침, 훈령, 예규 등을 말함
  - **지침**: 업무실시의 방법, 관리, 계획 등 업무추진에 따른 길잡이(업무처리 지침, 보조금 시행지침)
  - **훈령**: **법령의 해석과 운용방침의 통일을 목적**으로 상급관청이 하급 관청의 권한행사를 지휘, 감독하기 위하여 발하는 명

령(집무기준, 법령해석기준 등)

- **예규**: 상급청이 하급청에 대하여 그 <u>감독권의 발동으로서</u> **준수하고 적용해야 할 방법을 제시**하는 하나의 규정이나 지시 (근무규칙, 사무에 관한 기준 등)

제 4 장

행정법 일반

1.
기본적인 행정법 일반★★★

1) 행정행위
2) 행정작용
3) 행정행위 종류
4) 행정행위의 성립 및 효력
5) 행정행위의 하자(흠, 위법성)★★★★
6) 부관

　행정 관련 법규는 행정기본법, 행정규제기본법, 행정절차법, 행정조사기본법, 질서위반행위규제법, 행정소송법, 행정심판법이 있다. 몇년 전까지만 해도 행정에 중심이 되는 법이 없었다. 다행히 법제처에서 법안을 마련하여 국회를 거쳐 2021. 3. 23. 제정 시행되었다. 그럼으로써 학설 및 판례로 존재하던 행정법의 일반원칙 등이 명문화되어 행정법이 체계화되지 않았나 생각해 본다. 행정기본법에서는 기존에 사용하던 행정법, 일반원칙 등의 용어가 약간 변하였다. 그러나 구용어와 신용어가 혼용되어 사용된다 하더라도 내용은 같은 것이므로 문제는 없다고 생각한다. 법률원칙 등을 공부하다 보면 내용은 같지만 용어를 달리 표현하는 경우가 많다. 무엇보다 행정기본법이 제정된 것은 국민의 권익보호를 위한 것임을 알아야 한다.

1) 행정행위

- 행정기관이 행정권을 작용하여 법규를 적용하고 집행하는 구체적인 행위. 즉, 행정기관이 법을 집행하는 것
- 법을 집행하는 것(명령, 허가, 면제, 특허, 인가, 예산작성 및 집행, 처분 등)

2) 행정작용

(1) 뜻
행정작용은 행정주체가 행정작용의 대상이 있는 행정행위

(2) 설명
필자도 행정행위와 행정작용이 구분이 안 되어 헷갈렸다. 계속 보다 보니 이해가 되었다. 행정작용을 행정주체 관점에서 보면 행정행

위와 구분이 안 되었다. 그러나 작용과 반작용의 법칙을 생각해 보면 행정작용은 행정작용으로 인해 영향을 받는 상대가 있어야 한다. 그러므로 행정행위는 행정주체의 행위이고 이 행정행위가 어떤 상대에게 영향을 미치거나 이 행정행위로 인하여 어떤 현상이 발생한다면 그것은 행정주체의 행정작용이라고 말할 수 있다고 생각한다.

3) 행정행위 종류

(1) 재량행위★

행정청이 행정행위를 함에 있어 법으로 행정청에게 재량권(독자적인 판단)을 부여하고 있는 행정행위로서 그 기관의 재량에 따라 할 수 있는 처분(법규정에서 "할 수 있다."라고 적혀 있는 것)

(2) 기속(羈束)행위

羈: 재갈 또는 고삐 기, 束: 묶을 속.

법의 집행에 있어서 행정청에 재량이 전혀 허용되지 않는 행정처분. 부당한 기속행위는 위법행위로 행정소송의 대상이 될 수 있다. (법규정에서 "하여야 한다."라고 적혀 있는 것)

4) 행정행위의 성립 및 효력

(1) 행정행위의 성립 조건
행정행위가 **성립**되기 위해서는,
- 정당한 권한을 가진 행정청이
- 하자 없는 내용(사실이나 법적으로 실현 가능하여야 하고, 명확하여야 하고, 행정법의 일반원칙에 위배되지 않아야 하고, 행정법률의 적합성인 법률우위의 원칙과 법률유보의 원칙에 적합)을
- 형식(문서 또는 전자문서)을 갖춰
- 올바른 절차(결재라인, 동의 등)에 따라 시행하여야 한다.

(2) 행정행위 문서의 통지
성립조건을 갖춘 문서가 상대방에게 통지됨으로써 효력이 발생
- 통지: 송달, 고시, 공고
- 효력발생요건에 흠결이 있으면 행정행위는 무효

(3) 행정행위의 효력
행정행위의 **효력**은 상대방에게 구속력, 아무도 부정할 수 없는 공정력, 행정행위의 효력을 변경할 수 없는 존속력, 행정행위의 내용을 실현할 수 있는 집행력이 있다.

5) 행정행위의 하자(흠, 위법성)★★★★

행정행위는 효력발생을 위한 성립요건과 효력요건을 갖추지 못할 경우 하자가 발생되어 효력을 상실할 수 있다. 민원인은 행정청의 처분에 대하여 하자를 찾아내어 처분 등의 행정행위에 대한 효력을 상실시킬 수 있다.

공무원들도 처분의 행정행위가 하자가 없도록 행정행위의 성립요건과 효력요건을 잘 살펴 효력이 상실되는 일이 없도록 하여야 할 것이다.

(1) 하자의 원인과 무효, 취소, 철회

행정행위는 하자가 발생하면 무효이거나 취소가 되어 효력을 상실하게 된다. 여기서는 <u>무효, 취소, 철회</u>의 원인과 결과를 설명하고자 한다.

1) 무효★★★★

- 행정행위가 성립했으나 효력요건을 갖추지 못한 것, **처음부터 효력이 없는 것**
    * 무효의 성립원인
      - 주체에 하자 있을 때(권한 없는 자의 행위)
      - 내용에 하자가 있을 때(내용이 실현불가능, 불명확하거나 불법일 때)

- 절차에 하자가 있을 때(상대방의 신청 또는 동의를 받지 않는 경우, 공고 또는 통지를 하지 않은 경우)
- 형식에 하자가 있는 때(서면으로 하지 않는 행위, 행정청의 서명 날인이 없는 행위 등 행정행위의 본질적 부분에 하자가 있는 경우)
- 중대명백설에 해당하는 경우(내용상 중대하고 외관상 명백한 하자가 있는 경우)
- **무효**는 법률상 효과가 절대 발생시키지 않음(원천무효)

* 무효행위에 의하여 이미 이행된 경우, 부당이득금 반환청구할 수 있음

2) 취소(당초: 위법·부당한 행정행위)★★★

유효한 행정행위에 당초부터 성립에 하자가 있는 것으로 **소급하여 처음부터의 그 효력을 소멸**시키는 것이고, 취소(직권취소, 쟁송취소)권을 포기하거나 취소권이 소멸되면 행정행위는 유효
예) 하자 있는 자에게 미용사 면허 내주고 취소시키지 않음

3) 철회(당초: 적법한 행정행위)★★

하자 없이 유효하게 성립된 행정행위를 사후 새로이 발생된 사유에 의하여 **철회하고 그 이후의 효력을 소멸시키는 것(행정행위의 폐지)**
예) 허가조건을 지키지 않은 경우 허가 철회
※ 참조: 민법상 철회는 취소와 같은 것으로 봄

(2) 행정행위의 폐지★★★

행정행위를 하였다면 그 행정행위를 폐지할 경우도 있을 것이다. 행정행위에 하자가 있어 폐지시켜야 하는 경우도 있고 또 때로는 행정행위에 하자가 없는 적법한 행정행위에 대하여 공익상 폐지시켜야 할 어떤 사유가 발생했을 때 장래의 효력을 정지시키기 위하여 폐지하여야 할 때가 있을 것이다.

행정행위 폐지 방법으로는 전자와 같이 행정행위에 하자가 있어 폐지를 할 경우에는 행정청에서 직권으로 폐지하는 **직권취소**와 재판을 통하여 즉, 행정심판이나 행정소송을 통하여 폐지하는 **쟁송취소**가 있다. 후자와 같이 행정행위에 하자 없이 유효한 행정행위를 폐지하는 것은 **철회**라고 한다.

그럼 직권취소와 쟁송취소 그리고 철회에 대하여 간략히 설명코자 한다.

1) 행정행위의 폐지 종류

- 하자가 있는 행정행위 폐지
  - 직권취소: 행정청이 그 행위에 하자 있음 이유로 취소
  - 쟁송취소: 행정심판이나 행정소송 결과에 의해 취소

- 하자가 없는 행정행위
  - 철회: 행정청이 기 행정행위에 대한 미래의 효력을 소멸시키는 의사표시

2) 취소의 법적근거

- 직권취소: 법적근거 없고, 하자 있는 행정행위는 직권취소 가능하다는 학설과 판례에 의지
- 쟁송취소: 행정심판법 및 행정소송법

3) 직권취소의 자유와 제한

- **침익적 행정행위**(국민에게 이익을 침해하는 행정행위)에 대한 직권취소
  - 적법한 행정으로 회복되고 상대방에게 수익과 권익보호로 유익하기 때문에 직권취소는 자유롭다.
- **수익적 행정행위**(국민에게 이익을 주는 행정행위)에 대한 직권취소
  - 적법한 행정으로 회복된다 해도 상대방에게 행정행위에 대한 신뢰의 이익이 공익보다 크고 법적 안정을 침해할 수 있어 직권취소 제한되고 자유스럽지 않다.

  예) 건축허가 후 건축이 된 상태에서 건축허가에 하자 있음을 발견, 이때 직권취소할 경우, 적법한 행정으로의 회복에 대한 공익과 상대방이 입게 될 손해 비교하여 공익과 사익 중 사익이 크다면 취소불가(상당성의 원칙)

4) 철회

- 사례 1: 행정청이 박 씨에게 건축허가를 해 주고 나중에 건축허가해 준 구역을 포함하여 그 지역 전체를 포함하여 공익이 큰 종합경기장을 건설함으로써 건축허가 취소(이런 경우 손해보상)
- 사례 2: 허가조건에 다른 불법행위를 하면 허가철회한다는 조건 위반에 따른 영업허가 철회
- 사례 3: 허가하며 기한을 정하여 점용료를 납부토록 부담하였으나 납부불이행(부담불이행)에 따라 허가철회

5) 철회의 자유와 제한

직권취소의 침익적 행정행위에 대한 직권취소와 수익적 행정행위에 대한 직권취소 참조

6) 철회의 하자

철회처분에 하자가 있다면 그 철회처분은 무효

(3) 하자 있는 행정행위의 치유, 전환, 승계★★★

1) 치유

- 대상: 취소에 해당하는 행정행위로서 사후에 보완이 되거나 취소할 필요가 없어진 경우
- 효과: 처음부터 적법한 행위와 같은 효과(소급효, 처음의 하자로 효력을 다툴 수 없음)
- 근거: 민법 제143조 내지 제146조, 판례, 신뢰보호
- 사례
  - 행정청이 청문절차를 이행함에 있어 영업자에게 청문서 도달기간을 어겼지만 영업자는 이의를 제기하지 않고 청문일에 출석하여 의견진술과 변명 등의 방어 기회를 충분히 가진 경우(대법 1992. 10. 23. 선고 92누2844 판결)
  - 행정청은 행정절차법 제23조의 '처분이유 제시' 규정을 위반하여 처분이유를 적시하지 않고 불법행위 영업자에게 영업허가를 취소하여 절차상 하자가 있어 행정청의 처분은 위법한 것으로 영업자가 처분취소소송하기 전에 행정청이 처분이유를 문서로 보내면 당초 처분은 처음부터 적법한 것으로 된 경우(필요적 사전절차를 사후 이행으로 하자는 치유됨)

2) 전환

- 대상: 무효에 해당하는 행정행위로서 이를 다른 행정행위로 간주하면 유효의 요건을 갖추게 되는 경우

- 효과: 종전행위 당시로부터 소급(치유효력과 같음)
- 근거: 민법 제138조(무효행위의 전환), 판례, 신뢰보호
- 사례:
  - 과오 납세액을 다른 조세채무로 충당한 행위가 무효인 경우 이를 환급행위로 전환하는 경우
  - 장사 씨는 행정청에 영업허가 신청을 하고 사망. 행정청은 장사 씨가 죽은 후 영업허가함. 민법 제3조(권리능력의 존속기간)에 따라 죽은 사람은 권리와 의무주체가 되지 않으므로 행정청은 허가는 무효가 됨. 이런 경우 영업허가를 살아 있는 가족명의로 전환으로 치유, 처음부터 적법한 것으로 됨(죽은 사람에 대한 허가 또는 부과된 의무는 무효이므로 이것을 상속인에게 허가 또는 부과한 것으로 전환)

3) 승계

- 대상: 선행행위에는 취소사유의 하자가 있고 후행행위에는 하자가 없어야 하는 것으로 둘의 행위 모두 항고 소송(행정청의 위법한 처분 등을 취소 또는 변경하는 소송)의 대상이 되는 처분이어야 하므로 이것은 드문 경우이고 설명이 길어 여기서 다루지 않기로 하겠음.

6) 부관

우리는 행정청으로부터 허가 등을 받으면 허가서 뒤에 첨부된 허가조건을 받는다. 내용을 보면 무엇이 그리 많은지 이해도 되지 않

는 많은 조건들이 가득히 쓰여 있는 경우가 있다.

부관(허가조건)을 보면 나의 허가 내용과 관련 없는 것도 있고, 이해가 안 되는 것도 있고, 실효성이 없는 것도 있고, 하여튼 이해가 안 되는 조건도 많이 있다.

예로서, 산지일시사용신고를 하면 신고 내용이 다름에도 부관은 모두 똑같은 경우가 있다. 일시사용신고 관련한 모든 것들을 통틀어 부관을 만들고 그것을 공무원들의 편의를 위해 계속 반복적으로 이것저것에 부관을 붙이다 보니 신고내용과 관련 없는 부관들이 붙는 것이다.

또 다른 하나는 산지사업 관련하여 보조금 공모사업을 실시하며 보조금 조건으로 법에서 정한 작업로 폭을 축소하도록 하고 법에서 규제하지도 않은 경영관리사에 싱크대를 설치하지 못하도록 하는 조건을 붙인 경우가 있다. 그리고 이 조건을 따르지 않는다고 처분을 하는 경우를 보았다.

이러한 허가조건은 위헌 위법에 해당되고 위법한 조건을 따르지 않았다는 이유로 처분하는 것은 직권남용에 해당된다. 그리고 위법한 조건은 내용에 하자가 있는 것으로 무효일 수 있는 것이다.

이러한 것은 공무원들이 허가조건을 달 때 한 가지, 한 가지 법에 위반사항이 없는지, 또 허가내용과 부합하는지, 또 민원인의 권리와 자유를 침해하는 것이 없는지 따져 적어야 한다. 왜냐하면 허가조건

하나하나에 따라 허가가 죽느냐 사느냐, 허가받은 자의 권리가 죽느냐 사느냐, 또한 허가 받은 자가 범법자가 되느냐 안 되느냐가 결정될 수 있기 때문에 허가조건은 굉장히 중요한 것이다.

허가조건은 구속력이 있는 것이라서 공무원은 "무심코 던진 돌이 개구리에 맞아 개구리를 죽인다."라는 속담을 명심하여 허가조건을 세심히 따져 작성하고 피허가자인 민원인은 자기가 허가내용으로 인하여 침익당할 수 있는 조건이 있다면 이의를 제기하여 바로잡아 이후 허가조건으로 인하여 피해 보는 일이 없도록 하여야 할 것이다.

행정기본법 제17조(부관)을 보면 다음과 같다.

> **제17조(부관)** ① 행정청은 처분에 재량이 있는 경우에는 부관(**조건, 기한, 부담, 철회 권의 유보 등**을 말한다. 이하 이 조에서 같다)을 붙일 수 있다.
> ② 행정청은 처분에 재량이 없는 경우에는 **법률에 근거가 있는 경우에 부관**을 붙일 수 있다.
> ③ 행정청은 부관을 붙일 수 있는 처분이 다음 각 호의 어느 하나에 해당하는 경우에는 그 처분을 한 후에도 부관을 새로 붙이거나 종전의 부관을 변경할 수 있다.
> 1. 법률에 근거가 있는 경우
> 2. 당사자의 동의가 있는 경우
> 3. 사정이 변경되어 부관을 새로 붙이거나 종전의 부관을 변경하지 아니하면 해당 처분의 목적을 달성할 수 없다고 인정되는 경우
> ④ 부관은 다음 각 호의 요건에 적합하여야 한다.

> 1. 해당 처분의 목적에 위배되지 아니할 것
> 2. 해당 처분과 실질적인 관련이 있을 것
> 3. 해당 처분의 목적을 달성하기 위하여 필요한 최소한의 범위일 것

(1) 부관의 뜻

허가 등의 행정행위의 효력을 제한하기 위하여 부가되는 약관(일반적으로 '허가조건'이라 함)

(2) 부관의 가능 여부

㉮ 관련 법규에 부관을 달 수 있도록 규정하고 있는 경우: 가능

> 〈식품위생법〉
>
> 제37조(영업허가 등) ② 식품의약품안전처장……시장은 제1항에 따른 영업허가를 하는 때에는 **필요한 조건을 붙일 수 있다.**
>
> 〈도로교통법〉
>
> 제80조(운전면허) ③ 지방경찰청장은……행정안전부령으로……자동차 등의 구조를 한정하는 등 운전면허에 **필요한 조건을 붙일 수 있다.**

> **〈하천법〉**
>
> **제33조(하천의 점용허가 등)** ② 하천점용허가에는 하천의 오염으로 인한 공해, 그 밖의 보건위생상 위해를 방지함에 필요한 부관을 붙일 수 있다

㉴ 관련 법규에 부관을 달 수 있는 명문규정이 없는 경우★★
- 법률행위적 행정행위에만 조건, 기한, 부담, 취소권의 유보, 법률효과의 일부 제외 등 부관을 붙일 수 있지만, 이 경우도 재량행위에만 붙일 수 있고 기속행위에는 붙일 수 없다.
- 준법률행위적 행정행위에는 붙일 수 없다.

※ 법률행위적 행정행위, 준법률행위적 행정행위: 다음 설명 참조

📖 잠시 쉬어 가기 - [행정행위 종류]

　부관은 인·허가 등에 있어서 아주 중요한 사항으로 부관 역시 효력이 있느냐 없느냐를 따질 수 있다.
　부관이 제대로 효력을 발휘하려면 법적으로 하자가 없어야 하는 것이다. 하자가 있는 부관은 무효가 되기 때문이다. 부관을 붙일 수 있는 법적 권한도 없이 부관을 붙이는 행정행위는 무효이고 또한 무효한 부관이 허가권자나 민원인이 몰라 민원인에게 효력을 발생시켰다면 이 또한 민원인에게는 아주 큰 손해를 끼칠 수 있기 때문이다. 잘못 붙인 부관으로 인하여 허가취소 등을 당해 손해를 입었다면 민원인은 민사소송을 추진하여 손해에 대한 배상을 받아야 한다. 행정행위자인 공무원은 조직적으로 대응하여 손해가 없지만 민원인은 돌이킬 수 없는 손해를 입게 된다.
　따라서 **부관을 붙일 수 있는 경우, 없는 경우에 대하여 명확히 알려 주고자** 따지다 보니 **법률행위적 행정행위**와 **준법률행위적 행정행위**가 이해가 안 되어 독자들도 이해를 할 수 있게끔 이것저것 찾아 다음과 같이 설명해 보았다. 보고 있으면 선뜻 이해는 안 돼도 예시를 비교해 가며 자꾸 읽다 보면 이해가 갈 것으로 생각한다.

법률행위적 행정행위와 준법률행위적 행정행위는 행정행위가 효력이 발생하는 데에 행정행위자인 **공무원의 판단이 들어간 것이냐, 아니냐**에 따라 구분이 된다고 생각하면 되겠다. 쉬운 예로, 신고필증 교부를 요하는 **행위요건적 신고**(조건을 갖추어야 하는 허가에 준하는 신고)이냐, 아니면 신고필증을 요하지 않는 **자체완성적 신고**(출생신고, 결혼신고)이냐를 생각하면 이해될 것 같다.

〈용어해설〉

○ 행정행위 종류
- 행정행위의 요소인 정신작용이 **효과의사**냐, 아니냐에 따라 법률행위적 행정행위, 준법률행위적 행정행위로 구분됨

○ 효과의사
- 법률효과의 발생을 의도하는 생각
- 예: 사고팔려는 사람의 생각, 결혼하려고 하는 사람의 생각 등은 사고 팔고 또 결혼을 함으로써 법률효과가 발생한다.

○ **법률행위적 행정행위**(효과의사)
- 의사표시를 요소로 한다.(행정행위자의 판단을 요하는 것)
- 예) 명령적 행정행위(하명행위, 허가, 면제), 형성적 행정행위(특허, 대리, 인가)

○ 준법률행위적 행정행위(효과의사 아님)
- 의사표시를 요소로 하지 않는다.(행정행위자의 판단을 요하지 않는 것)
- 행위자의 의사 여하에 관계없이 직접 법규가 정하는 바에 따라 법률효과가 발생하는 행위
- 예) 확인행위, 공증행위, 통지행위, 수리행위

(3) 부관의 조건★★

- 법령을 위반하여서는 안 된다.
- 민원인에게 침익적 조건은 법적근거가 있어야 한다.
- 조건이 되는 사실은 장래에 불확실한 사실이어야 한다.
- 선량한 풍속 및 사회질서에 반하는 것이 아니어야 한다.
- 실현 불가능한 것이 아니어야 한다.
- 해당 처분의 목적에 위배되지 않아야 한다.
- 해당 처분과 실질적인 관련이 있어야 한다.
- 해당 처분의 목적을 달성하기 위하여 <u>필요한 최소한의 범위</u>이어야 한다.

(4) 부관의 종류

부관의 종류에는 조건, 기한, 철회권의 유보, 부담, 부담유보 등이 있다.

㉮ 조건의 부관

행정행위의 효력의 발생 또는 소멸을 앞으로 발생여부가 <u>불확실한</u> 사실에 종속시키는 것.

예) 1월 1일 A 지역의 하천점용을 허가한다. 단 1월 20일까지 진입로를 설치하여야 한다.

㉯ 기한의 조건

행정행위의 효력의 발생 또는 소멸을 앞으로 발생여부가 확실한 사실에 종속시키는 것.

예) 허가기간을 00년 00월까지로 한다.

㉰ 철회권(취소권)의 유보의 부관

정해 준 조건을 위반하면 행정행위를 철회할 수 있음을 알려 주고 철회를 그 상황 때까지 유보하는 것.

예) 피허가자가 아래 사항을 위반 시 허가 취소할 수 있습니다.

㉱ 부담의 부관(작위 부담과 부작위 부담)

수익적 행정처분 등의 행정행위에 작위, 부작위, 수인, 급부의 의무를 부과하는 것.

예) 하천점용을 허가한다.
- 단, 00일까지 진입로를 설치하여야 한다. (작위 부담)
- 하천제방을 훼손하여서는 아니 된다. (부작위 부담)
- 하천공사를 하는 동안 하천점용 경작금지[수인(受忍): 참다, 받아들이다]
- 하천점용료를 000원 납부하여야 한다. (급부)

㉮ 부담유보의 부관

미리 부담을 유보해 두는 것.

예) 점용을 허가합니다. 추후 점용료를 징수할 수 있습니다.

2.
행정처분의 구제

1) 이의신청
2) 소극행정 신고
3) 고충민원 신청
4) 행정심판법 요약 발췌
5) 행정소송법 요약 발췌

　행정처분에 대하여 불만을 가질 수 있다. 그리고 행정처분이 부당한 경우도 있다. 이러한 것을 그냥 받아들일 수 없는 것으로 구제를 받아야 한다.
　모르면 행정사나 변호사사무실에 가서 물어봐야 한다. 그러면 돈을 요구한다. 자문비를 요구한다. 자문비 내고 속 시원히 알려 주면 좋은데 그렇지 못하다. 그래서 여기에서 상식선에서 간략히 설명하고자 한다.

행정처분에 대하여 이의가 있거나 불복할 경우 구제받을 수 있는 방법은 이의신청을 하는 방법, 행정심판을 청구하는 방법, 행정소송을 제기하는 방법이 있다.

1) 이의신청

(1) 뜻

자치단체 등 국가기관의 위법하거나 부당한 처분에 대하여 취소나 변경을 신청하는 것.

(2) 근거

㉮ 민원처리에 관한 법률 제35조(거부처분에 대한 이의신청)

- 거부처분에 불복하는 민원인은 처분받은 날부터 **60일 이내 문서로 이의신청할 수 있음**.
- 행정기관은 이의신청 받은 날부터 10일 이내 인용여부 결정하고 즉시 문서로 통지하여야 함. 부득이한 경우 연장할 수 있고 연장사유를 민원인에게 통지.
- 민원인은 이의신청 여부와 관계없이 **행정심판**이나 **행정소송**을 제기할 수 있음.
- 이의신청서에 적어야 하는 내용(시행령 제40조)

- 신청인의 성명과 주소 및 연락처
- 이의신청의 대상이 되는 민원
- 이의 신청의 취지 및 이유
- 거부처분을 받은 날과 거부처분 내용

㉴ 행정기본법 제36조(처분에 대한 이의신청)
- 행정청의 처분(행정심판법 제3조에 따라 같은 법에 따른 행정심판의 대상이 되는 처분을 말한다)에 이의가 있는 당사자는 처분을 받은 날부터 **30일 이내에 해당 행정청에 이의신청을 할 수 있음**.
- 행정청은 이의신청 받은 날부터 14일 이내 이의신청에 대한 결과 통지. 부득이한 경우 10일 범위 내 연장할 수 있고 연장사유를 민원인에게 통지.
- 민원인은 이의신청 여부와 관계없이 **행정심판**이나 **행정소송**을 제기할 수 있음.
- 이의신청 결과를 통보받은 경우 행정심판 또는 행정소송은 90일 이내 제기하여야 함.

※ 형사는 형사소송법(제489조)에서 사항을 따르고 민사는 민사소송법(제470조), 민사집행법(제34조, 제151조, 제283조, 제301조)에 의거, 이의신청.

㉰ 행정기본법 제37조(처분의 재심사)

- 당사자는 처분이 행정심판, 행정소송 및 그 밖의 쟁송을 통하여 다툴 수 없게 된 경우라도 다음 각 호의 어느 하나에 해당하는 경우에는 해당 처분을 한 행정청에 처분을 취소·철회하거나 변경하여 줄 것을 신청할 수 있음.
  - 처분의 근거가 된 사실관계 또는 법률관계가 추후에 당사자에게 유리하게 바뀐 경우.
  - 당사자에게 유리한 결정을 가져다주었을 새로운 증거가 있는 경우.
  - 「민사소송법」 제451조에 따른 재심사유에 준하는 사유가 발생한 경우 등 대통령령으로 정하는 경우.
- 신청은 당사자가 위 3가지의 사유를 안 날부터 60일 이내에 하여야 한다. 다만, 처분이 있은 날부터 5년이 지나면 신청할 수 없음.

* 행정청은 90일 이내 재심사결과 통보.

* 재심사결과에 대하여 불복할 수 없음.

2) 소극행정 신고

(1) 운영
국민권익위원회 내 소극행정신고센터 운영.

(2) 신고
국민권익위원회 홈페이지 내 소극행정신고센터에 회원 가입 후 신고.

(3) 소극행정 유형(국민권익위원회 홈페이지 설명자료)
- 적당편의: 적당히 형식만 갖추어 업무를 처리하려는 행위
- 복지부동: 주어진 업무를 게을리 하거나 부주의하여 업무를 이행하지 않는 행태
- 탁상행정: 기존의 불합리한 업무 관행에 젖어 있거나, 현실과 동떨어진 행태
- 관 중심 행정: 공적인 권한을 부당하게 행사하거나 부서 간에 책임을 떠넘기는 행위

※ **적극행정 운영규정** 참조
- 적극행정 위원회 운영
- 적극행정 우수공무원 선발(인사상 우대조치, 징계면제 등)

- 소극행정 예방 및 근절 등

3) 고충민원 신청

- 운영: 국민권익위원회 내 고충처리위원회 운영
- 신청: 서면 신청, 우편, 인터넷, 팩스 등을 통하여 신청
- 처리절차: 신청→ 민원조사→ 심의·의결→ 처리결과 통보
- 결과 조치
    - 해당기관에 권고
    - 감사의뢰 등

다음의 법률들은 행정청으로부터 침해되었던 것, 손해된 것에 대하여 도와줄 수 있는 법들이다. <u>특사경 등 공무원은 숙지하여 필요 시 안내할 수 있도록 하자.</u>

4) 행정심판법 요약 발췌

제1조(목적)
- 행정청의 위법 또는 부당한 처분(處分)이나 부작위(不作爲)로 침해된 국민의 권리 또는 이익을 구제.

제3조(행정심판의 대상)

- 행정청의 처분 또는 부작위에 대하여는 다른 법률에 특별한 규정이 있는 경우 외에는 이 법에 따라 행정심판을 청구할 수 있음.

제5조(행정심판의 종류)
- 취소심판: 행정청의 위법. 부당한 처분을 취소하거나 변경하는 행정심판.
- 무효 등 확인심판: 행정청의 처분의 효력 유무, 존재 여부를 확인하는 행정심판.
- 의무이행심판: 당사자의 신청에 대한 행정청의 위법 또는 부당한 거부처분이나 부작위에 대하여 일정한 처분을 하도록 하는 행정심판.

제13조(청구인 자격)
- 취소심판은 처분의 취소·변경을 구할 법률상 이익이 있는 자가 청구. 처분의 효과가 기간의 경과, 처분의 집행, 그 밖의 사유로 소멸된 뒤에도 그 처분의 취소로 회복되는 법률상 이익이 있는 자의 경우에도 또한 같음.
- 무효등확인심판은 처분의 효력 유무. 존재 여부의 확인을 구할 법률상 이익이 있는 자가 청구할 수 있음.
- 의무이행심판은 처분을 신청한 자로서 행정청의 거부처분 또는 부작위에 대하여 일정한 처분을 구할 법률상 이익이 있는 자가 청구할 수 있음.
  (※ 신청권이 있어야 가능, 신청권은 제4장의 행정법의 일반원칙 중 신뢰보호의 원칙 및 신청권 설명 참조)

제18조(대리인 자격)
- 청구인의 배우자, 청구인 또는 배우자의 사촌 이내의 혈족
- 청구인이 법인이거나 사단 또는 재단인 경우 그 소속 임직원
- 변호사

- 다른 법률에 따라 심판청구를 대리할 수 있는 자
- 그 밖에 위원회의 허가를 받은 자

제23조(심판청구서 제출)
- 행정심판을 청구하려는 자는 심판청구서를 작성하여 피청구인이나 위원회에 제출하여야 함. 이 경우 피청구인의 수만큼 심판청구서 부본을 함께 제출하여야 함.

(※ 제출처: 기초자치단체의 행정처분 건은 광역자치단체의 위원회에, 광역자치단체의 행정처분은 중앙행정심판위원회에 제출)

제25조(피청구인의 직권취소 등)
- 심판청구서를 받은 피청구인은 그 심판청구가 이유 있다고 인정하면 심판청구의 취지에 따라 직권으로 처분을 취소·변경하거나 확인을 하거나 신청에 따른 직권취소 등의 처분을 할 수 있음. 이 경우 서면으로 청구인에게 알려야 함.

제27조(심판청구기간)
- 취소심판청구는 처분이 있음을 알게 된 날부터 90일 이내에 청구하여야 함.
- 무효 등 확인심판청구와 의무이행심판청구에는 90일 이내 기간을 적용하지 아니함.

제40조(심리의 방식)
- 행정심판의 심리는 구술심리나 서면심리로 한다. 다만, 당사자가 구술심리를 신청한 경우에는 서면심리만으로 결정할 수 있다고 인정되는 경우 외에는 구술심리를 하여야 함.

(※ 대부분 서면심리로 진행하려한다. 그러므로 내용이 긴 경우는 구술심리를 적극적으로 요구해 참석하여 적극적으로 진술하여야 함. 행정심판이 행정청에 더 기우는 경향 있음.)

제45조(재결기간)
- 재결은 제23조에 따라 피청구인 또는 위원회가 심판청구서를 받은 날부터 60일 이내에 하여야 함. 다만, 부득이한 사정이 있는 경우에는 위원장이 직권으로 30일을 연장할 수 있음.

제47조(재결의 범위)
- 위원회는 심판청구의 대상이 되는 처분 또는 부작위 외의 사항에 대하여는 재결하지 못함.
- 위원회는 심판청구의 대상이 되는 처분보다 청구인에게 불리한 재결을 하지 못함.

제51조(행정심판 재청구의 금지)
- 심판청구에 대한 재결이 있으면 그 재결 및 같은 처분 또는 부작위에 대하여 다시 행정심판을 청구할 수 없음.

제55조(증거서류 등의 반환)
- 위원회는 재결을 한 후 증거서류 등의 반환 신청을 받으면 신청인이 제출한 문서·장부·물건이나 그 밖의 증거자료의 원본(原本)을 지체 없이 제출자에게 반환하여야 함.

제58조(행정심판의 고지)
- 행정청은 행정처분을 할 때에는 처분의 상대방에게 다음의 사항을 알려야 함.
  - 해당 처분에 대하여 행정심판을 청구할 수 있는지
  - 행정심판을 청구하는 경우의 심판청구 절차 및 심판청구 기간
- 행정청은 이해관계인이 요구하면 다음의 사항을 지체 없이 알려 주어야 함. 이 경우 서면 요구 시 서면으로 알려 주어야 함.
  - 해당 처분이 행정심판의 대상이 되는 처분인지
  - 행정심판의 대상이 되는 경우 소관 위원회 및 심판청구 기간

5) 행정소송법 요약 발췌

제1조(목적)
- 행정청의 위법한 처분 그 밖에 공권력의 행사·불행사 등으로 인한 국민의 권리 또는 이익의 침해를 구제하고, 공법상의 권리관계 또는 법적용에 관한 다툼을 적정하게 해결함을 목적으로 함.

제3조(행정소송의 종류)
- **항고소송★**: 행정청의 처분 등이나 부작위에 대하여 제기하는 소송
- 당사자소송: 행정청의 처분 등을 원인으로 하는 법률관계에 관한 소송. 그 밖에 공법상의 법률관계에 관한 소송으로서 그 법률관계의 한쪽 당사자를 피고로 하는 소송
- 민중소송: 국가 또는 공공단체의 기관이 법률에 위반되는 행위를 한 때에 직접 자기의 법률상 이익과 관계없이 그 시정을 구하기 위하여 제기하는 소송
- 기관소송: 국가 또는 공공단체의 기관 상호 간에 있어서의 권한의 존부 또는 그 행사에 관한 다툼이 있을 때에 이에 대하여 제기하는 소송

제4조(항고소송★★)
- 취소소송: 행정청의 위법한 처분 등을 취소 또는 변경하는 소송
- 무효 등 확인소송: 행정청의 처분 등의 효력 유무 또는 존재 여부를 확인하는 소송
- 부작위위법확인소송: 행정청의 부작위가 위법하다는 것을 확인하는 소송

제9조(재판관할)
- 취소소송의 제1심 관할법원은 **피고의 소재지**를 관할하는 행정법원으로 함.

제12조(원고적격)
- 취소소송은 처분 등의 취소를 구할 법률상 이익이 있는 자가 제기할 수 있음.
- 처분 등의 효과가 기간의 경과, 처분 등의 집행 그 밖의 사유로 인하여 소멸된 뒤에도 그 처분 등의 취소로 인하여 회복되는 법률상 이익이 있는 자의 경우에는 또한 같음.

제13조(피고적격)
- 취소소송은 다른 법률에 특별한 규정이 없는 한 그 처분 등을 행한 행정청을 피고로 함.

제18조(행정심판과의 관계)
- **취소소송**은 법령의 규정에 의하여 당해 처분에 대한 행정심판을 제기할 수 있는 경우에도 이를 거치지 아니하고 제기할 수 있다. 다만, 다른 법률에 당해 처분에 대한 행정심판의 재결을 거치지 아니하면 취소소송을 제기할 수 없다는 규정이 있는 때에는 그러하지 아니함.
- 앞의 단서의 경우에도 다음의 4가지 중 1에 해당하는 사유가 있는 때에는 행정심판의 재결을 거치지 아니하고 취소소송을 제기할 수 있음.
  - 행정심판청구가 있은 날로부터 60일이 지나도 재결이 없는 때
  - 처분의 집행 또는 절차의 속행으로 생길 중대한 손해를 예방하여야 할 긴급한 필요가 있는 때
  - 법령의 규정에 의한 행정심판기관이 의결 또는 재결을 하지 못할 사유가 있는 때
  - 그 밖의 정당한 사유가 있는 때

제19조(취소소송의 대상)
- 취소소송은 처분 등을 대상으로 함. 다만, 재결취소소송의 경우에는 재결 자체에 고유한 위법이 있음을 이유로 하는 경우에 한함.

제20조(제소기간)
- 취소소송은 처분 등이 있음을 안 날부터 90일 이내에 제기하여야 함.

제27조(재량처분의 취소)
- 행정청의 재량에 속하는 처분이라도 재량권의 한계를 넘거나 그 남용이 있는 때에는 법원은 이를 취소할 수 있음.

제28조(사정판결)
- 원고의 청구가 이유 있다고 인정하는 경우에도 처분 등을 취소하는 것이 현저히 공공복리에 적합하지 아니하다고 인정하는 때에는 법원은 원고의 청구를 기각할 수 있음. 이 경우 법원은 그 판결의 주문에서 그 처분 등이 위법함을 명시하여야 함.
- 법원이 전항의 규정에 의한 판결을 함에 있어서는 미리 원고가 그로 인하여 입게 될 손해의 정도와 배상방법 그 밖의 사정을 조사하여야 함.
- 원고는 피고인 행정청이 속하는 국가 또는 공공단체를 상대로 손해배상, 제해시설의 설치 그 밖에 적당한 구제방법의 청구를 당해 취소소송 등이 계속된 법원에 병합하여 제기할 수 있음.

제35조(무효 등 확인소송의 원고적격)
- 무효 등 확인소송은 처분 등의 효력 유무 또는 존재 여부의 확인을 구할 법률상 이익이 있는 자가 제기할 수 있음.

제36조(부작위위법확인소송의 원고적격)
- 부작위위법확인소송은 처분의 신청을 한 자로서 부작위의 위법의 확인을 구할 법률상 이익이 있는 자만이 제기할 수 있음.

제5장

법 위에 군림하는 법률원칙들★★★★★

　법률관련 원칙들은 법을 해설해 주고 법률의 한계를 정하는 틀로서 법과 행정행위 등은 이들 원칙들을 벗어날 경우 불법이 되고 위헌이 되는 것이므로 법률행위를 통제하고 법 위에 군림한다고 볼 수 있다.

　공무원들의 행정행위를 볼 때 대부분 단위 즉 개별법령의 규정만 보고 자기가 주관적으로 판단하여 처리하므로 법률 관련 원칙들은 등한시해 버린다.

　그러다 보니 재량행위가 있는 법은 비례의 원칙을 따져 시행하여야 함에도 단순하게 담당자의 생각만으로 감정만으로 집행하여 문제가 야기되는 수가 종종 있다. 이해가 안 되는 것은 직원들의 이러한 검토 결과를 경험이 많은 결재자인 계장, 과장, 국장들이 걸러 주어야 하는데 그러지 않고 있다는 것이다. 앞에서도 말했듯이 관리자들이 그냥 담당자의 검토결과의 설명만 듣고 판단하여 결재를 해 버리니까 공직사회의 발전성이 없다고 할 수 있겠다.

그러므로 이 글을 읽는 공무원이나 국민은 이후 행정행위가 있을 경우 서로의 불이익을 줄이기 위해 원칙들을 적용하여 검토하여야 할 것이다.

행정처분 또는 특별사법경찰처럼 형사처분을 담당하는 공무원과 처분을 받는 국민은 필히 처분내용을 법률원칙을 적용 검토하여 억울하게 처분을 받는 국민이 없도록 하고 또한 국민은 공부하여 자기의 권리가 억울하게 침해당하는 일이 없도록 하여야 하겠다.

1.
행정의 법률 적합성의 원칙★★★

1) 법률의 법규창조력
2) 법률우위의 원칙
3) 법률유보의 원칙★★★★

행정행위는 법치행정이어야 한다는 원칙에서 행정행위를 규율하는 기본원칙으로서 **행정의 법률 적합성의 원칙**이 있다. 그리고 행정의 법률적합성의 원칙의 틀을 영역별 세분하면 법률의 법규 창조력, 법률우위의 원칙, 법률 유보의 원칙으로 나눌 수 있다.

〈행정의 법률 적합성의 원칙〉
사전적 의미로서,
- 행정행위와 그 과정은 법률에 적합하여야 한다는 뜻(국어사전)

- 행정은 법률의 범위 내에서 이루어져야 한다는 뜻(위키백과)

※ '법률'은 국회가 제정하는 것이라는 것을 염두에 두고 접근하면 이해가 쉽다.

1) 법률의 법규창조력

의회에서 제정한 법률만이 법규로서의 구속력을 가진다.(헌법 제40조)

'법률의 법규창조력'을 풀어 보면 '법규'라는 것을 이해하여야겠다.

'법규'의 뜻은 '일반국민의 권리와 의무에 관계되는 법규범(법규명령)으로서 헌법 제40조에 입법은 국회에서만 하도록 하고 있다.

종합할 때 '법률의 법규창조력'은 국회에서 제정한 법률만이 국민의 권리, 의무, 재산 등에 대해 침해를 가하는 행정작용을 할 수 있다는 것이다.

행정부는 국회가 제정한 법률의 위임이 있는 경우 또는 헌법이 인정한 경우에만 법규명령(시행령, 시행규칙 등)을 제정할 수 있다.

2) 법률우위의 원칙

국회에서 제정한 법률이 다른 기관에서 제정한 법규(행정명령 등)보다 우월한 효력을 가진다는 뜻. 행정행위는 의회가 만든 법률을 위반해서는 안 된다는 원칙.

즉, 모든 행정행위는 헌법과 법률을 따라야 한다.

※ **상위법 우선의 원칙**과 혼돈하지 말길.

3) 법률유보의 원칙★★★★

(1) 뜻

행정행위는 법률에 근거하여야 한다는 원칙으로서 즉, '법률상 근거가 있는가?'라는 뜻.

'국민의 권리를 제한하거나 의무를 부여할 때는 법률에 근거하여야 한다'는 뜻으로 기본권보장의 원리, 법치주의의 원리, 민주주의의 원리에서 나오는 원칙이다.

(2) 사례

산지관리법시행령에 "산지 작업로는 폭 3미터 이내로 하되 필요시 그 이상으로 할 수 있다."고 규정하고 있으나 산림경영계획서 작성 지침이나 산림청 보조금 사업 지침에는 작업로 폭을 2미터 내외로 하도록 하고 있고 이것을 자치단체에서는 2미터 이내로 개설하도록 하고 있다.

(3) 판단

이것은 법에서 위임받은 동법 시행령에서 '작업로는 폭을 3미터 이내로 하되 필요시 3미터 이상으로 할 수 있도록' 국민에게 권리를 주었다.

그러나 정부나 자치단체는 어떤 법에서도 위임하지 않았음에도 권한도 없이 직권을 남용하여 국민의 권리를 축소 제한하고 있다.

이것은 법률 유보의 원칙 위반이고, 법률 우위의 원칙 위반이고, 과잉금지의 원칙에 해당하고, 국민의 안전권을 침해하고, 권한남용 및 업무방해에 해당될 수 있으므로 위헌 및 위법이 될 수 있어 공무원은 형사처벌을 받을 수 있고 또한 손해배상청구의 당사자가 될 수 있다.

→ 작업로는 평지가 아닌 경사가 있고 굴곡이 있고 바위가 있는 울퉁불퉁한 산지에 개설하는 길로 아주 위험한 길이다. 그리고 작업로에 운행하는 최소한의 차량인 1톤 트럭의 차폭은 1.74미터, 02굴삭기는 폭이 1.9미터가 된다. 평지에서도 도로폭 2미터는 위험한 도로다. 그럼에도 불구하고 산지에 작업로를 2미터 이내로 하라는 것은 사고를 내라는 것이나 다름없다.

사고 발생 시 구난차나 구급차가 접근이 매우 어렵다. 또 불이 날 경우 차량 접근이 매우 어렵다. 이러한 행정으로 인한 피해는 국민의 몫이 된다.

2.
법적용의 원칙★★★

> 1) 상위법 우선의 원칙
> 2) 특별법 우선의 원칙
> 3) 신법 우선의 원칙
> 4) 법률불소급의 원칙★★

법률이 많아 적용하여야 할 내용이 다수의 법률에 중복하여 기록되어 있는 경우 법적용 시 충돌 또는 오류가 있어 각 법률의 적용에 순위상 원칙을 정한 것이다.

1) 상위법 우선의 원칙

하위법은 상위법을 위배할 수 없다는 뜻.

헌법 → 법률 → 대통령령, 각 부처장관의 명령(시행령, 시행규칙 등) → 지방자치단체 조례 등의 순위로 우선하여 적용.

2) 특별법 우선의 원칙

특별법은 특수한 사항이나 특정한 사람에게 적용되는 법으로 이 법은 일반법에 우선하여 적용한다는 뜻.
법의 효력은 지역, 사람, 사항에 미친다. 따라서 일반법과 특별법의 구분은 '법의 효력이 미치는 범위가 넓은가 좁은가?'가 기준이 된다.

일반법	특별법
전 지역, 모든 국민에게 적용	일정 지역, 일정 국민, 일정 사항에 적용
민법, 형법	소년법(일정 연령의 사람에게 적용)
민법, 형법	조례(일정 지역에 적용)
상법	은행법, 보험법
민법	상법
형법	군법

3) 신법 우선의 원칙

적용할 내용이 구법과 신법에 있는 경우 신법을 우선 적용한다는 뜻이다. 신법의 적용을 배제할 경우에는 경과규정을 두어 배제할 수 있다.

'유리한 조건 우선의 원칙'은 근로기준법 제3조의 "이 법에서 정하는 근로조건은 최저기준이므로 근로관계 당사자는 이 기준을 이유로 근로조건을 저하시킬 수 없다."는 규정에 근거해 노동관계를 규율하는 법은 헌법, 근로기준법이나 노동조합 및 노동관계조정법 등 법률 및 시행령, 단체협약, 취업규칙, 근로계약, 관행 등의 여러 법원이 있으므로 이 중 유리한 것을 우선으로 적용한다는 원칙으로 필요시 참조 바란다.

4) 법률불소급의 원칙★★

법률적용은 행위 당시의 법률을 적용한다는 원칙.

법률을 사후 제정이나 개정된 법률은 이전의 행위에 적용하여서는 안 된다는 뜻.

〈헌법〉

제13조 ① 모든 국민은 행위 시의 법률에 의하여 범죄를 구성하지 아니하는 행위로 소추되지 아니하며, 동일한 범죄에 대하여 거듭 처벌받지 아니한다.

② 모든 국민은 소급입법에 의하여 참정권의 제한을 받거나 재산권을 박탈당하지 아니한다.

〈형법〉

제1조(범죄의 성립과 처벌) ① 범죄의 성립과 처벌은 행위 시의 법률에 의한다.(법률불소급의 원칙, 소급효 금지의 원칙)
② 범죄 후 법률의 변경에 의하여 그 행위가 범죄를 구성하지 아니하거나 형이 구법보다 경한 때에는 신법에 의한다.(신법우선의 원칙)
③ 재판확정 후 법률의 변경에 의하여 그 행위가 범죄를 구성하지 아니하는 때에는 형의 집행을 면제한다.(신법우선의 원칙)

※ 법률불소급의 원칙 배제

법률불소급의 원칙은 절대적인 것이 아니다. 법의 안정성을 해칠 우려가 없거나 국민에게 유리하게 변경된 경우 불소급원칙은 배제될 수 있다.

예) 민법부칙 제2조, 형법 제1조제2항 및 제2항(제3항)

3.
행정법의 일반원칙★★★

1) 비례의 원칙★★★★★
2) 신뢰보호의 원칙★★★
3) 행정의 자기구속의 원칙(행정기본법 제11조)
4) 부당결부 금지의 원칙(행정기본법 제13조)
5) 평등의 원칙(행정기본법 제9조)★★★

그럼 먼저 행정법의 일반원칙부터 소개한다.

행정법의 일반원칙은 일반적으로 비례의 원칙, 신뢰보호의 원칙, 행정자기구속의 원칙, 부당결부금지의 원칙, 평등의 원칙의 원칙 5가지를 들 수 있다.

행정법의 일반원칙은 2021. 3. 23. '행정기본법'이 제정 시행되기 전에는 행정법의 기준이 되는 법이 없었다. 행정기본법 이전에는 행정법의 일반원칙이 불문법원으로서 학설을 근본으로 하고 판례로 정립되어져 왔다. 그러므로 용어가 현재의 행정기본법과 다를 수도 있다. 그리고 이 원칙들은 행정기본법에 풀이가 안 되어 있다. 그러므로 이해를 돕고자 다음과 풀이하여 설명드린다.

1) 비례의 원칙★★★★★

(1) 뜻

행정행위의 목적과 수단 간에는 합리적인 비례관계가 성립되어야 한다는 뜻으로 그 수단은 목적을 실현하는 데 있어서 적합하고 최소한 침해가 되어야 하고 공익이 있어야 한다는 것이다. 과잉금지의 원칙이라고도 하며, 법적근거는 헌법 제37조제2항, 행정기본법 제10조다.

헌법 차원의 원칙으로 위반 시 위헌, 위법한 행정행위가 되는 것이다.

① 적합성의 원칙: 행정행위는 목적을 달성하기 위한 수단(방법)이 적합·적절·적정하여야 한다.
② 필요성의 원칙(최소 침해의 원칙): 적합한 여러 가지 수단(방법) 중 가장 침해가 적은 수단을 선택하여야 한다.
③ 상당성의 원칙(법익의 균형 원칙): 행정행위 수단(방법)이 적합하고 개인에게 최소한의 침해를 주는 처분일지라도 상당한 균형성이 있어야 한다.

예로서, 달성하려는 공익과 개인이 입게 될 불이익(침익)을 비교하여 공익이 클 때만 처분하여야 한다는 원칙. 조치로 인해 공익보다 개인 불이익이 클 경우 처분하면 안 된다.(공익〉개인 불이익)

'적필상'으로 암기한다. 성은 '적'이요, 이름은 '필상'이다. 아니면 '적최균'으로 암기하자.

검토 시 ①②③단계적으로 검토해 나갈 것.

처벌을 위한 단위법 검토 시 필히 비례의 원칙을 적용하여 검토할 것★.

(2) 검토방법(순서대로 검토)

① 목적의 적합성: 행정조치나 법률의 목적이 헌법과 법률에 합치하고 적합한가?

② 수단(방법)의 적절·적정성: 국민의 기본권을 제한하는 수단. 방법은 유효(적절)하고 헌법과 법률 및 사회적 기준에 적정한가?

③ 침해의 최소성: 국민에게 가장 적게 침해하는 수단(방법)을 선택하였는가?

④ 법익의 균형성(계산을 하라): 행정처분을 함으로써 보호하려는 공익과 침해되는 개인의 불이익을 비교하여 균형이 맞는가?(공익이 적다면 처분금지)

↓

① 행정조치나 법률의 목적과 수단 방법이 헌법과 법률 등에 합치

되어 적합·적절·적정한 것인가?

예) 하려는 처분은 법에 근거하여 하는가?

하려는 처분은 유효한가?

하려는 처분은 사회적 기준에 적정한가?

② 처분이 적합하다면 그 목적에 맞는 적합한 수단(방법)을 선택.

③ 그 목적에 맞는 적합한 수단(방법)중에서 당사자에게 <u>침해가 가장 적은 필요한 수단(방법)을 고르고,</u>

④ 가장 피해가 적은 수단(방법)이 <u>상당성 있는 수단(공익과 개인의 불이익의 균형을 이루는 것)</u>인가를 검토하여,

⑤ **공익이(공익>개인의 침해되는 이익) 있다면 그 수단과 방법을 시행.** 공익이 없는데도 불구하고 시행한다거나, 또는 공익이 없는 법률은 위헌임.

※ **한 가지라도 충족이 안 되면 위법. 위헌이 되는 것임.**

(3) 판례

① 개수명령으로 목적달성이 가능한 위험건물에 대하여, 철거명령을 발하는 것은 비례원칙 중 필요성의 원칙에 반한다.

② 성년에 가깝고 성년자로 오인할 수 있는 미성년자를 유흥업소에 한번 입장 허가한 것에 대하여 가장 큰 벌칙인 영업취소 처분을 한 것은 비례의 원칙에 반한다. (필요성의 원칙, 상당성의 원칙)

③ 자기도 모르고 있던 청소년유해매체물 결정·고시 8일 후 고시 내용에 포함된 책을 청소년에게 대여한 도서대여업자에게 700만 원의 과징금을 부과한 처분은 비례의 원칙에 반한다.(필요성의 원칙, 상당성의 원칙)

④ 음주운전이 아닌 다른 혐의로 경찰서에 갔다가 생각지도 못했던 음주측정 요구를 경찰로부터 받게 된 사람에게 운전면허 취소처분을 한 것은 비례원칙에 반한다.(적합성의 원칙)

2) 신뢰보호의 원칙★★★

(1) 뜻

행정청이 국민에 대하여 행한 말과 행동(견해표명=선행행위)을 국민이 신뢰하였다면 그 국민의 신뢰를 보호하여야 한다는 원칙.

(2) 법적근거

행정기본법(제12조), 행정절차법(제4조), 국세기본법(제18조제3항) 등에서 명문으로 인정되며 판례상으로도 인정.

- **행정기본법 제12조(신뢰보호의 원칙)** ① 행정에 대한 국민의 정당하고 합리적인 신뢰를 보호하여야 한다.
  ② 행정청은 권한 행사의 기회가 있음에도 불구하고 장기간 권

한을 행사하지 아니하여 국민이 그 권한이 행사되지 아니할 것으로 믿을 만한 정당한 사유가 있는 경우에는 그 권한을 행사해서는 아니 된다.

- **행정절차법 제4조(신의성실 및 신뢰보호)** ② 행정청은 법령 등의 해석 또는 행정청의 관행이 <u>일반적으로 국민들에게 받아들여졌을 때에는</u> 공익 또는 제3자의 정당한 이익을 현저히 해칠 우려가 있는 경우를 제외하고는 새로운 해석 또는 관행에 따라 소급하여 불리하게 처리하여서는 아니 된다.

(3) 신뢰보호의 성립요건(판례★★★★)

첫째, 행정청이 개인에 대하여 신뢰의 대상이 되는 공적인 견해표명(선행조치)을 하여야 하고,

둘째, 행정청의 견해표명(선행조치)이 정당하다고 신뢰한 데에 대하여 그 개인에게 귀책사유가 없어야 하며,

셋째, 그 개인이 그 견해표명(선행조치)을 신뢰하고 이에 기초하여 어떠한 행위를 하였어야 하고,

넷째, 행정청이 위 견해표명(선행조치)에 반하는 처분을 함으로써 그 견해표명(선행조치)을 신뢰한 개인의 이익이 침해되는 결과가 초래되어야 하며,

다섯째, 위 견해표명(선행조치)에 따른 행정처분을 할 경우 이로 인하여 공익 또는 제3자의 정당한 이익을 현저히 해할 우려가 있는

경우가 아니어야 할 것.

(대법원 2001. 9. 28. 선고 2000두8684 판결)

위의 판례가 이해가 안 되어 여러 번 읽고 판례를 보고 하였다. 이해가 쉽도록 보충 설명하였다.

(4) 보충설명

㉮ 선행조치

선행조치는 판례에서 공적인 견해표명이라 하고 있다. 선행조치는 어떤 특별한 형식을 갖추고 있지 않아도 된다. 국가의 모든 명시적 의사표시(법규, 사실행위, 행정계획, 행정지도, 처분, 확약 등)와 소극적, 묵시적 의사표시가 선행조치가 될 수 있다.

묵시적 의사표시 예로서, 수출을 높여야 한다는 목적으로 비과세를 오랫동안 지속시킨 상태를 말할 수 있다.

㉯ 보호가치 있는 신뢰

개인의 신뢰는 보호가치가 있어야 한다. 보호가치 있는 신뢰는 상대방 개인에 대하여 귀책사유가 없는 신뢰를 말하는 것이다.

"행정청의 견해표명(선행조치)이 정당하다고 신뢰한 데에 대하여 <u>그 개인에게 귀책사유가 없어야</u>★ 한다."라는 뜻은 신뢰자인 개인이 행정기관의 선행조치를 신뢰하는 데 잘못이 없어야 한다는 뜻으로, **신뢰자인 개인이 행정기관의 선행조치가 이루어지는 데 사기나 허위, 사실은폐, 뇌물 등 부정행위와 악의, 과실 등이 없어야 한다는 것**을 의미한다.

〈사례〉

- 건축주와 건축주로부터 건축설계를 위임받은 건축사가 상세계획지침에 의한 건축한계선의 제한이 있다는 사실을 간과한 채 건축설계를 하고 이를 토대로 행정청으로부터 건축물의 신축 및 증축허가를 받고,
- 건축허가내용대로 상당한 정도로 공사가 진행된 상태에서 건축법이나 도시계획법에 위반되는 하자가 발견되어 행정청에서 건축 한계선을 넘은 건축물의 일부를 철거토록 명한 경우,
- 건축주는 건축허가를 행정청의 선행조치로 보고 선행조치를 신뢰하였으므로 신뢰를 보호하여야 한다고 주장하나
- 법원판례는 건축주의 건축한계선을 간과하여 설계한 **귀책사유가 있으므로 그 신뢰를 보호할 수 없다는 판례**.
- 단, 법에 위반되는 하자(귀책사유)가 있다는 이유로 ★그 일부분의 철거를 명할 수 있기 위해서는 그 건축허가를 기초로 하여 형성된 사실관계 및 법률관계를 고려하여 **건축주가 입게 될 불이익**과 건축행정이나 도시계획 **행정상의 공익**, 제3자의 이

익, 건축법이나 도시계획법 위반의 정도를 **비교·교량하여** 건축주의 이익을 희생시켜도 부득이하다고 인정되는 경우라야 한다. (상당성의 원칙)

(대법원 2002. 11. 8. 선고2001두1512 판결을 풀어 적음.)

㉢ 상대방의 처리행위

신뢰에 따른 개인의 행위가 있어야 한다.

즉, '신뢰에 따른 개인의 행위라 함'은 행정청의 선행조치를 신뢰하고 이와 관련하여 필요한 것을 행정청에 요구하였다든지 또는 행정청의 허가에 의하여 행정청의 허가를 신뢰하고 허가 사항을 실행하였다든지 등 행위를 말하는 것이다.

㉣ 상당한 인과관계 있는 손해

행정청의 선행조치와 개인의 처리행위 그리고 발생된 손해에는 서로 상당한 인과관계가 있어야 한다.

㉤ 선행행위에 반하는 후행처분

행정청의 견해표명으로서의 선행조치에 반하는 행정청의 후행처분이 있어야 하며 이 후행처분이 개인의 법익을 침해하여야 한다.

〈효과〉

　신뢰보호의 원칙을 어긴 행위는 무효 또는 취소가 된다. 이로 인해 발생된 손해에 대하여 손해배상청구가 가능하다. 이것이 성립되면 국가 또는 자치단체에 무엇을 해 달라고 할 수 있는 **신청권**이 된다.

📖 **잠시 쉬어 가기**

1) 신청권

과거에 행정청에서 수해복구를 하여 현황도로와 하천부지를 구분·정비해 준 길이 그 후 장마철에 다시 유실이 되어 헌법 제26조제1항 "모든 국민은 법률이 정하는 바에 의하여 국가기관에 문서로 청원할 권리를 가진다."라는 규정에 따라 수해복구를 청원하였으나 안해 주어 행정심판청구를 했다.

행정심판은 법령에 신청권이 없다 하여 각하시켜 버렸다.

복잡한 사회에서 많은 국민이 국가에 요구할 불편부당한 일이 많을 것으로 판단되는 바, **신청권**은 공무원들보다 국민이 알아야 할 사항인 것 같다. 모르고 대들면 시간과 돈만 낭비할 수 있다. 법규에 신청할 수 있는 권한이 명시되어 있다면 몰라도 그렇지 않는 경우 조리를 가지고 따져야 하므로 변호사와 상의하여 대응하는 것이 좋을 것 같다.

> ■ 참고사항
>
> 〈신청권〉
> 국민이 행정청에 대하여 행정행위를 하여 줄 것을 요구할 수 있는 <u>법규상 조리상의 권리</u>(대법 1996. 6. 11. 선고95누12460판결)
> - 법규상 신청권: 법규에 "~를 신청할 수 있다."라고 명시
> - 조리상 신청권: **조리상 인정되는 신청권**(보통 행정청이 신뢰보호의 원칙 등 행정법의 일반원칙을 위반한 경우 또는 판례에 명시된 경우 등)
> (헌법 제26조제1항에 "법률이 정하는 바에 의하여"라는 단서가 있어 법률에서 정하지 않은 신청권은 인정하지 않는 것으로 생각된다)

2) 신뢰의 원칙

신뢰의 원칙을 신뢰보호의 원칙과 유사한 것으로 판단하였으나 그렇지 않아 별도로 작성하여 보았다.

신뢰보호의 원칙은 행정법과 관련하여 국가기관 선행행위를 신뢰하는 것이고, 신뢰의 원칙은 형법상 관련으로 신뢰의 대상은 특정하지 않고 있다.

■ 참고사항

〈신뢰의 원칙〉
- 타인의 책무 수행에 대한 신뢰 하에 자기의 할 일을 다 한 경우에는 주의 의무를 이행하였다고 보는 것.
- 이것은 행정법의 신뢰보호의 원칙과 다른 형법 관련 원칙임.

〈판례〉
고속도로에서 차선을 따라 주행하는 운전자는 맞은편에서 오는 차량의 운전자가 중앙선을 침범하지 않으리라고 믿고 운행하는 것이므로, 상대방이 이러한 신뢰를 해치는 중앙선 침범 행위를 함으로써 부득이 충돌한 경우에 그 사고에 대해 형사 책임을 지지 않는다.(1984. 4. 11. 대법원 판결)

〈사례〉
① 자동차 전용도로인 고속 도로상에서의 보행자의 갑작스런 출현에 따른 충돌 사고
② 서울의 잠수교 상에서의 자전차와 충돌 사고
③ 교차로에서 큰길을 따라 주행하던 운전자가 좁은 길에서 빠른 속도로 교차로에 진입하던 운전자와 충돌한 사고에 대해서 운전자에게 예상 의무, 주의 의무가 없다고 하여 모두 과실 책임을 부정하고 있는 판례
※ 이런 경우 오히려 무단 보행자, 무단 자전차, 갑자기 진입한 운전자가 사고차량의 손괴 또는 운전자의 부상에 책임을 지게 될 수도 있다.

〈예〉

상기 사례와 같이 육교 또는 지하도가 있는 곳에서 대부분의 운전자는 보행자들이 육교 또는 지하도로 통행할 것이라고 인식한다. 이런 경우 피해자가 갑자기 차도로 뛰어들어 불가피하게 충돌 사고를 낸 경우에는 형사책임이 없다. 그러나 요즘은 블랙박스가 많아 자기의 주의의무를 소홀히 할 경우 달리 판결되는 경우도 있음을 염두에 두었으면 좋겠다.

출처: [네이버 지식백과] 신뢰의 원칙-정말 예상하지 못했소(재미있는 법률여행 3: 형법, 2014. 11. 14., 한기찬)

3) 행정의 자기구속의 원칙(행정기본법 제11조)

(1) 뜻

행정청의 재량행위에 있어서 그 재량행위에 관한 일정한 관행이 형성되어 있는 경우, 행정청은 동종의 같은 사안에 대해 이전에 제3자에게 한 것과 같은 동일한 처분을 상대방에게도 하도록 스스로 구속당하는 원칙이다. (신뢰보호의 원칙, 평등의 원칙, 권한남용금지의 원칙)

단, 기존의 선례와 달리 결정을 하여야 하는 명백한 이유가 있고 위법 부당한 선례를 바로잡을 필요가 있는 경우에는 자기구속의 원칙을 따르지 않아도 된다는 것이 일반적 판례이다.

(2) 효과

위반되었을 경우, 행정쟁송이나 손해배상청구가 가능하다.

(3) 판례

행정청에서 공표한 업무처리지침, 행정규칙 등 내부지침은 재량준칙으로서 행정조직 내부에서만 효력을 가지는 것이지만 이에 정해진 바에 따라 되풀이 시행되어 행정관행이 이루어지게 되면, 평등의 원칙이나 신뢰보호의 원칙에 따라 행정기관은 그 상대방에 대한 관계에서 그 규칙에 따라야 할 자기구속을 당하게 되어 대외적인 구속력을 갖게 되고, 특별한 사정이 없는 한 이에 위반한 처분은 재량권을 일탈·남용한 위법한 처분이 된다.

(대법원 2009. 12. 24. 2009두7967 판결 참조)

4) 부당결부 금지의 원칙(행정기본법 제13조)

(1) 뜻

행정기관이 계약, 허가조건, 인허가 등 행정행위를 할 때 시행하려는 행정행위와 관련이 없는 반대급부를 부과해서는 안 된다는 행정법상의 원칙이다.

(2) 판례

지방자치단체장이 사업자에게 주택사업계획승인을 하면서 그 주택사업과는 아무런 관련이 없는 토지를 기부채납하도록 하는 부관을 주택사업 계획승인에 붙인 경우, 그 부관은 부당결부금지의 원칙에 위반되어 위법에 해당한다.

(대법원 1997. 3. 11. 선고, 96다49650 판결 중 일부 발췌)

5) 평등의 원칙(행정기본법 제9조)★★★

(1) 뜻

행정기관이 행정행위를 함에 있어서 특별한 이유가 없는 한 국민을 공평하게 대우해야 한다는 원칙이다. '특별한 이유'가 있어 다르게 취급하는 것은 평등원칙 위반이 아니다.

(2) 근거

헌법 제11조제1항, 행정기본법 제9조 "모든 국민은 법 앞에 평등하다. 누구든지 성별·종교 또는 사회적 신분에 의하여 정치적·경제적·사회적·문화적 생활의 모든 영역에 있어서 차별을 받지 아니한다."

(3) 기타 평등원칙

① 주주평등의 원칙: 사람을 기준으로 한 평등이 아니라 주식을 기준으로 가지고 있는 주식의 수에 따른 가치를 기준으로 평등대우하는 것으로 주식평등의 원칙이라고도 한다.
② 조세평등의 원칙: 조세부담이 국민 모두에게 공평하게 부담이 되도록 하여야 한다.

(4) 위반효과

평등의 원칙은 헌법적 효력을 갖는 것으로서 이에 위반한 행정행위 및 법은 위헌이 되는 것이다.

■ 참고사항

- 자기구속의 원칙과 평등의 원칙은 무효인 행정행위나 위법한 경우 적용될 수 없음.
- 신뢰보호의 원칙은 선행조치가 위법하더라도 그것을 신뢰한 경우, 신뢰한 관계자의 이익이나 또는 공익 등의 가치가 더 클 경우 그 신뢰는 보호되어야 하므로 적용됨.

4.
형사 및 형사소송 관련 법률원칙★★★

1) 죄형법정주의(罪刑法定主義)
(1) 명확성의 원칙, (2) 유추해석 금지의 원칙, (3) 소급효 금지의 원칙★★★
(4) 관습형법 금지의 원칙, (5) 적정성의 원칙★★

2) 미란다 원칙

3) 위법수집증거배제 원칙★★

4) 자백배제의 법칙

5) 자백보강의 법칙★★

6) 증거재판주의★★★

7) 불고불리의 원칙★★★

8) 무기대등(평등)의 원칙(당사자 대등주의)

9) 무죄추정의 원칙

10) 일사부재리 원칙

11) 불이익변경 금지의 원칙(중형변경 금지의 원칙)★★

12) 형종상향 금지의 원칙

1) 죄형법정주의(罪刑法定主義)

어떤 행위의 범죄와 그에 대한 형벌은 법률로만 정할 수 있다는 뜻이다.

※ '법률이 없으면 범죄도 없고 법률이 없으면 형벌도 없다'는 원칙으로 나쁜 짓도 법률이 범죄로 규정하지 않았다면 처벌할 수 없다.

죄형법정주의의 파생원칙으로서 다음의 5가지 원칙이 있다.

(1) 명확성의 원칙

- 넓은 의미로서 국민의 기본권을 제한하는 법률은 내용이 명확하여야 한다는 원칙으로서 형벌 관련 법 외의 법까지 모두 포함하고 있다.
- 작은 의미로서 형벌법규는 범죄의 구성요건과 그 법적결과인 형벌을 명확하게 규정하여야 한다는 형법의 법리다. (위키백과)
- 행정행위자 또는 법관의 자의적 판단을 방지하고 국민으로서 미리 어떤 기본권 및 행위가 금지되고 어떤 처벌과 형벌이 과하여지 예측 가능토록 하는 것이다.

(2) 유추해석 금지의 원칙

- 형벌법규에 규정한 법규가 없는데도 불구하고 유사한 법규를 유추하여 적용하는 것을 금한다는 원칙이다.
- 형벌법규는 국민의 권리를 제한하는 것으로 유추해석토록 하여 탄력적으로 법을 적용할 경우 법적 안정성을 해할 염려가 있고 형벌권이 확대되어 죄형법정주의에 반하게 된다.

(3) 소급효 금지의 원칙★★★

㉮ 뜻

형벌법규는 법 시행 이전의 행위에 대해서 소급적용해서 처벌하여서는 안 된다는 원칙이다. (행정법의 법률불소급의 원칙, 헌법 제13조)

㉯ 근거

헌법 제13조제2항 "모든 국민은 소급입법에 의하여 참정권의 제한을 받거나 재산권을 박탈당하지 아니한다."

㉰ 판례: 소급적용이 가능한 사례
- 법에 경과규정을 두는 경우
- 대법원 판례(대법원 2005. 5. 13. 2004다8630)의 일부 인용

법령의 소급적용, (중략) 이를 인정하지 않는 것이 원칙이고(법률불소급의 원칙 또는 행정법규 불소급의 원칙), 다만 법령을 소급적용하더라도 일반국민의 이해에 직접 관계가 없는 경우, 오히려 그 이익을 증진하는 경우, 불이익이나 고통을 제거하는 경우 등의 특별한 사정이 있는 경우에 한하여 예외적으로 법령의 소급적용이 허용된다.

- 헌법재판소 판례(헌법재판소 1996. 2. 16. 96헌가2, 96헌바7, 96헌바13병합)

  기존의 법에 의하여 형성되어 이미 굳어진 개인의 법적 지위를 사후입법을 통하여 박탈하는 것 등을 내용으로 하는 진정소급입법은 개인의 신뢰보호와 법적 안정성을 내용으로 하는 법치국가원리에 의하여 헌법적으로 허용되지 않는 것이 원칙이지만,

  특단의 사정이 있는 경우, 즉 기존의 법을 변경하여야 할 공익적 필요는 심히 중대한 반면에 그 법적 지위에 대한 개인의 신뢰를 보호하여야 할 필요가 상대적으로 정당화될 수 없는 경우에는 예외적으로 허용될 수 있다.

  그러한 진정소급입법이 허용되는 예외적인 경우로는 일반적으로, 국민이 소급입법을 예상할 수 있었거나, 법적 상태가 불확실하고 혼란스러웠거나 하여 보호할 만한 신뢰의 이익이 적은 경우와 소급입법에 의한 당사자의 손실이 없거나 아주 경미한 경우, 그리고 신뢰보호의 요청에 우선하는 심히 중대한 공익상

의 사유가 소급입법을 정당화하는 경우를 들 수 있다. 이를 대별하면 진정소급입법이 허용되는 경우는 구법에 의하여 보장된 국민의 법적 지위에 대한 신뢰가 보호할 만한 가치가 없거나 지극히 적은 경우와 소급입법을 통하여 달성하려는 공익이 매우 중대하여 예외적으로 구법에 의한 법적 상태의 존속을 요구하는 국민의 신뢰보호이익에 비하여 현저히 우선하는 경우로 크게 나누어 볼 수 있다.

(4) 관습형법 금지의 원칙

㉮ 뜻

- 법률이 아닌 관습으로서 범죄를 규정하거나 형벌을 부과할 수 없다는 원칙이다.(성문법률주의)
- 범죄와 형벌은 성문법에 의하여야 하는 것으로 명확성의 원칙과 상통한다.

㉯ 근거

헌법 제12조제1항 "누구든지 법률에 의하지 아니하고는 체포·구속·압수·수색 또는 심문을 받지 아니하며, 법률과 적법한 절차에 의하지 아니하고 는 처벌·보안처분 또는 강제노역을 받지 아니한다."

(5) 적정성의 원칙★★

- 법률에 의해 범죄와 형벌이 규정되었다고 하더라도 그 형벌이 인간의 존엄성을 근본으로 삼고 있는 헌법의 가치에 부합되어야 한다는 원칙.
- 행위와 형벌 사이에 비례와 균형이 요구됨.(과한 징벌 방지)
- 예) 참새를 잡는 데 대포를 쏘는 경우.
- **헌법 제37조제2항** 단서의 과잉금지의 원칙(비례의 원칙)

2) 미란다 원칙

(1) 뜻

- 경찰이나 검찰이 피의자를 체포·구속하기 전 또는 자백을 받기 전에 피의자에게 체포·구속 이유와 피의자의 권리를 알려 주어야 한다는 원칙.
- 알려 주는 내용은 "당신은 당신에게 불리한 진술을 거부할 수 있는 권리(진술거부권)가 있고 당신은 변호사의 도움을 받을 수 있는 권리(변호사선임권)가 있고 당신이 하는 말은 당신에게 불리한 증거가 될 수 있습니다".
- 미란다 원칙을 알리지 않고 체포·구속을 당했을 경우: 피의자에 대한 혐의와 자백은 무효가 된다.

(2) 근거

- **헌법 제12조제5항** "누구든지 체포 또는 구속의 이유와 변호인의 조력을 받을 권리가 있음을 고지받지 아니하고는 체포 또는 구속을 당하지 아니한다. 체포 또는 구속을 당한 자의 가족 등 법률이 정하는 자에게는 그 이유와 일시·장소가 지체 없이 통지되어야 한다."
- **형법 제200조의5** "검사 또는 사법경찰관은 피의자를 체포하는 경우에는 피의사실의 요지, 체포의 이유와 변호인을 선임할 수 있음을 말하고 변명할 기회를 주어야 한다."
- **형사소송법 제72조** "피고인에 대하여 범죄사실의 요지, 구속의 이유와 변호인을 선임할 수 있음을 말하고 변명할 기회를 준 후가 아니면 구속할 수 없다. 다만, 피고인이 도망한 경우에는 그러하지 아니하다."

3) 위법수집증거배제 원칙★★

(1) 뜻

적법한 절차에 따르지 아니하고 수집한 증거는 증거로 할 수 없다는 원칙이다.

(2) 근거

형사소송법 제308조의2 "적법한 절차에 따르지 아니하고 수집한 증거는 증거로 할 수 없다."

(3) 판례

㉮ 판사의 날인이 없는 영장으로 압수수색한 증거의 효력? : 인정

"적법하지 않은 영장에 기초하여 수집되었다는 <u>절차상의 결함이 있지만</u>, 이는 법관이 공소사실과 관련성이 있다고 판단하여 발부한 영장에 기초하여 취득된 것이고, 이와 같은 결함은 <u>피고인의 기본적 인권보장 등 법익 침해 방지와 관련성이 적으므로</u> 이 사건 압수물품의 취득 과정에서 <u>절차 조항 위반의 내용과 정도가 중대하지 않고</u> 절차 조항이 <u>보호하고자 하는 권리나 법익을 본질적으로 침해하였다고 볼 수 없다.</u> (후략)"

"공소사실과 관련성이 높은 압수한 물품의 증거능력을 배제하는 것은 법 절차의 원칙과 실체적 진실규명의 조화를 도모하고 이를 통하여 형사 사법 정의를 실현하려는 취지에 반하는 결과를 초래할 수 있다. (중략) 영장이 「형사소송법」이 정한 요건을 갖추지 못하여 적법하게 발부되지 못하였다고 하더라도, 그 영장에 따라 수집한 이 사건 압수물품의 증거능력을 인정할 수 있다."

(대법원 2019. 7. 11. 선고 2018도 20504 판결)

㉯ 위법한 변호인 접견불허 기간 중 작성된 검사 작성의 피의자 신문조서의 증거 효력? : 부정

"변호인과의 접견교통권은 헌법상 보장된 변호인의 조력을 받을 권리의 중핵을 이루는 것으로서 변호인과의 접견교통이 위법하게 제한된 상태에서는 실질적인 변호인의 조력을 기대할 수 없으므로 위와 같은 변호인의 접견교통권제한은 헌법이 보장한 기본권을 침해하는 것으로서 그러한 위법한 상태에서 얻어진 피의자의 자백은 그 증거능력을 부인하여 유죄의 증거에서 배제하여야 하며, 이러한 위법증거의 배제는 실질적이고 완전하게 증거에서 제외함을 뜻하는 것이다."

(대법원 1990. 9. 25. 선고 90도1586 판결)

■ 참고사항

헷갈리는 말 제대로 알고 가자!

○ 신문(訊問: 물을 신, 물을 문)
- 알고 있는 사실을 캐어물음
  - (법률) 판사, 검찰, 경찰이 증인이나 피고인에게 사실관계를 조사하는 것
→ 밝혀내기 위해 따져 묻는 것(부정적, 강제적)

○ **심문(審問**: 살필 심, 물을 문)
  - 자세히 따져 물음
  - 판사가 피의자 권리보호를 위해 기회를 주는 것으로 당사자나 이해관계자에게 서면 또는 구두로 진술할 기회를 주는 것
  → <u>호소를 들어 주는 것</u>(긍정적, 자율적)

(4) 주의사항

㉮ 휴대전화의 임의제출?

요즘 휴대전화는 사건과 관련하여 증거로서 굉장히 유용하게 활용되고 있다. 따라서 검찰이나 경찰은 범죄혐의와 관련된 휴대전화를 압수하기 위하여 영장을 받아 휴대전화를 압수하여야 한다.

검사나 경찰이 수사를 하면서 휴대전화를 요구할 경우 겁이 나서든지 또는 패씸죄가 걸리면 형이 느는 것을 두려워하여 거부하지 못하고 줄 수가 있다. 이것은 영장 없이 수집된 증거로 증거로서의 효력이 없다. 검사나 경찰은 피의자가 임의제출하였기에 본 것이라 주장할 수 있다. 임의제출은 적법한 것이므로 주의가 필요하다. 그러므로 특사경은 적법 절차를 밟아 증거를 확보하고 용의자는 겁에 질려 얼떨결에 내주는 일이 없어야 하겠다.

㉰ 나의 소견

우리는 명백한 범인인데도 무죄를 주고 반대로 무죄인데도 유죄로 만드는 것을 뉴스를 통해 알고 있다. 무전유죄 유전무죄, 무권유죄 유권무죄를 실감한다.

예로서, 수사기관은 제 식구 감싸기로 일부러 위법한 수단으로 증거를 확보하여 증거로서의 효력을 상실되도록 하고 무죄판결을 받도록 한다. 그리고 항소를 하지 않는다. 깨끗하게 합법적으로 범죄를 세탁해 준다.

제 식구 감싸기로 모든 사람이 판단할 수 있는 동영상의 얼굴을 수사관은 식별이 곤란하다 하여 명백한 범인을 풀어 준다. 또는 수사를 미루어 공소시효를 넘기도록 한다. 반면 고소한 자는 심한 고통과 분노 등으로 인격 살인을 당한다.

죄도 없는 사람을 범법자로 만들기 위하여 다른 실제 범법자의 형량을 줄여 주는 조건으로 허위진술을 하도록 하여 증거로 만들고 그것을 증거로 선량한 사람을 고의로 범법자로 만든다.

거짓이 진실이 되고 진실이 거짓이 되는 것을 합법적으로 만드는 세상, 겁난다는 생각을 해 본다. 그것을 자행한 사람들은 진정한 범법자인데 그들은 떳떳하고 승승장구한다. 그들은 정의 실현자가 된다.

진정으로 특별사법경찰은 국민에 대한 사기꾼이 아닌 <u>진정한 정의의 수사관</u>이 되길 바란다.

4) 자백배제의 법칙

(1) 뜻

피고인의 자백이 고문, 폭행, 협박, 신체구속의 부당한 장기화 또는 기망, 기타의 방법으로 임의로 진술한 것이 아니라고 의심할 만한 이유가 있는 때에는 이를 유죄의 증거로 하지 못한다는 원칙이다.

(2) 근거

- **헌법 제12조제7항** "피고인의 자백이 고문·폭행·협박·구속의 부당한 장기화 또는 기망 기타의 방법에 의하여 자의로 진술된 것이 아니라고 인정될 때 또는 정식재판에 있어서 피고인의 자백이 그에게 불리한 유일한 증거일 때에는 이를 유죄의 증거로 삼거나 이를 이유로 처벌할 수 없다."
- **형사소송법 제309조** "피고인의 자백이 고문, 폭행, 협박, 신체구속의 부당한 장기화 또는 기망 기타의 방법으로 임의로 진술한 것이 아니라고 의심할 만한 이유가 있는 때에는 이를 유죄의 증거로 하지 못한다."

(3) 사례

- 자백을 하면 가벼운 벌로 해 주겠다는 수사관들의 말을 믿고 한 자백, 즉, 자백의 대가로 이익을 제공한다는 말을 믿고 한 자백

은 유죄의 증거로 할 수 없다는 판결.
- 8차 화성연쇄살인사건으로 옥살이를 20년간이나 했던 윤○○씨, '고문으로 인한 허위자백'에 따른 재심청구.

5) 자백보강의 법칙★★

(1) 뜻
- 신빙성 있는 자백에 의하여 법관이 유죄를 확신하는 경우에도 자백에 의한 **보강증거가 없으면** 유죄로 인정할 수 없다는 원칙이다. 즉, 본인의 자백만으로는 처벌할 수 없다는 뜻이다.
- 고문, 거래 등으로 인한 허위자백으로 인한 오판을 방지하고, 자백만으로 유죄를 인정하는 경우 수사관은 오로지 자백만을 받으려 할 것이다. 그러면 자백편중 수사로 발생할 수 있는 인권침해 등을 방지하기 위한 원칙이다.

(2) 근거
- 헌법 제12조제7항 "정식재판에 있어서 피고인의 자백이 그에게 불리한 유일한 증거일 때에는 이를 유죄의 증거로 삼거나 이를 이유로 처벌할 수 없다." 즉, 자백 외 증거가 있어야 유죄로 인정할 수 있다는 뜻이다.
- 형사소송법 제310조 "피고인의 자백이 그 피고인에게 불이익

한 유일의 증거인 때에는 이를 유죄의 증거로 하지 못한다."

(3) 사례

2019년 제주도에서 전 남편을 살해 후 사체 훼손하여 흔적을 찾을 수 없게 유기한 것은 자백보강의 원칙을 알고 완전범죄를 계획했던 것 같다.

IT기술이 발달하지 않았다면 증거를 없애는 것이 가능했겠지만 지금은 CCTV, 휴대전화, 개인 컴퓨터의 기기로 인해 많은 증거를 확보할 수가 있다. 이것으로 증거를 보강하여 유죄를 판결한 것 같다.

(4) 자백보강의 법칙 배제

- **즉결심판에 관한 절차법 제10조(증거능력)** "즉결심판절차에 있어서는 **형사소송법 제310조**(불이익한 자백의 증거능력), 제312조제3항 및 제313조(진술서 등)의 규정은 적용하지 아니한다."
- ***불이익한 자백의 증거능력**: 피고인의 자백이 그 피고인에게 불리한 유일의 증거인 때에는 이를 유죄의 증거로 하지 못한다. **(형사소송법 제310조, 헌법 제12조제7항 후단)**
- ***즉결심판**: 범증이 명백하고 죄질이 경미하고 20만 원 이하의 벌금, 구류 또는 과료에 해당하는 범죄사건을 신속·적정한 절차로 심판하는 것.

6) 증거재판주의★★★

(1) 뜻

- 재판에서 사실의 인정은 반드시 증거에 의하여야 한다는 원칙.
- 보충할 수 있는 말은
 "열 명의 도둑을 놓치더라도 한 명의 억울한 가짜 도둑을 만들어서는 안 된다."
 "증거가 없어 유죄가 의심스러울 때는 피고인에게 유리하게 무죄를"(형사재판의 대원칙)

(2) 근거

형사소송법 제307조(증거재판주의) "① 사실의 인정은 증거에 의하여야 한다."

(3) 사례

1996년 인기댄스그룹 듀스의 멤버였던 가수 김○○ 씨 살해사건 발생.

1심에서 여자친구가 졸레틸을 먹여 죽였다 하여 무기징역 선고.

항소심인 2심 재판부는 확실한 증거 없이 유죄를 인정할 수 없다 하여 무죄선고.

7) 불고불리의 원칙★★★

(1) 뜻
- 검사가 심판청구한 사실에 대해서만 판사가 심리·판결할 수 있다는 원칙으로, 검사가 공소제기해야 판사가 심리를 개시할 수 있고 검사가 공소장에 기재한 사건만 소송대상이 된다.
- '소추가 없으면 심판이 없다'고 하는 형사재판의 시작에 관한 원칙으로서 과거 사또가 수사하고 기소하는 소추권과 심판하는 재판권을 모두 가졌던 규문주의의 폐단을 막기 위하여 분리하였다. 그러나 지금 기소독점주의를 채택한 우리나라의 검사는 종종 불고불리의 원칙을 악용하는 사례가 있다.

(2) 근거
- **형사소송법 제246조(국가소추주의)** "공소는 검사가 제기하여 수행한다."
- **민사소송법 제203조(처분권주의)** "법원은 당사자가 신청하지 아니한 사항에 대하여는 판결하지 못한다."
- **행정심판법 제47조(재결의 범위)** "위원회는 심판청구의 대상이 되는 처분 또는 부작위 외의 사항에 대하여는 재결하지 못한다."

※ 주의
- **행정소송법 제26조(직권심리)** "법원은 필요하다고 인정할 때에는 직권으로 증거조사를 할 수 있고 당사자가 주장하지 아니한 사실에 대하여 판단할 수 있다."
  → **이해**: 행정소송에서는 형사소송이나 민사소송과 달리 원고가 원하는 것이 행정청에 '처분의 취소', '무효의 확인' 등으로 이미 한정되어 있기 때문에 불고불리의 원칙과 상관없이 직권조사주의, 직권심리주의를 규정한 것으로 이해된다.

(3) 사례
- 모 여인이 수백억 원의 통장 잔고증명을 위조를 하고 이것을 법원 소송서류로 제출한 것에 대하여 검찰이 수사·기소하면서 위조에 대하여만 기소하고 법원을 기만한 사문서 행사로서의 큰 벌인 소송사기는 기소하지 않아 사문서 위조에 대한 것만으로 가벼운 형을 받도록 한 사례.
- 모 여인의 도이치모터스 주가조작 사건과 관련하여 국민이나 법조인들의 판단과 달리 검사가 무혐의 처분하여 기소하지 않음으로서 재판을 받을 수 없게 한 사례.

8) 무기대등(평등)의 원칙(당사자 대등주의)

(1) 뜻

재판에서 양 당사자인 피고와 검사가 법적 다툼을 할 때 평등하다는 것으로서 실제 민사소송에서는 원고와 피고가 사인으로서 평등하지만 실제 형사소송에서는 검사가 막강한 자료와 많은 법률지식 그리고 수사권 등 무소불위의 권력으로 인식되는 권한을 가지고 있어 피고와 대등한 지위에 있다고 보기 어렵다. 이를 보완을 위하여 피고인은 변호사를 선임한다.

(2) 근거

국제법의 기본 원칙 중 하나로서 헌법 제6조제1항 "헌법에 의하여 체결·공포된 조약과 일반적으로 승인된 국제법규는 국내법과 같은 효력을 가진다."라는 규정에 따라 국제법이 국내법에 수용되는 것이다.

9) 무죄추정의 원칙

(1) 뜻

피고인 또는 피의자는 유죄판결이 확정될 때까지 무죄로 추정한다는 원칙이다.

(2) 근거

- **헌법 제27조제4항** "형사피고인은 유죄의 판결이 확정될 때까지는 무죄로 추정된다."
- **형사소송법 제275조의2(피고인의 무죄추정)** "피고인은 유죄의 판결이 확정될 때까지는 무죄로 추정된다."

(3) 판례

수사 및 재판단계에서 유죄가 확정되지 아니한 미결수용자에게 재소자용 의류를 입게 하는 것은 미결수용자로 하여금 모욕감이나 수치심을 느끼게 하고, 심리적인 위축으로 방어권을 제대로 행사할 수 없게 하여 실체적 진실의 발견을 저해할 우려가 있으므로, 도주방지 등 어떠한 이유를 내세우더라도 그 제한은 정당화될 수 없어 헌법 제37조제2항의 기본권 제한에서의 비례원칙에 위반되는 것으로서, 무죄추정의 원칙에 반하고 인간으로서의 존엄과 가치에서 유래하는 인격권과 행복추구권, 공정한 재판을 받을 권리를 침해하는 것이다.

(헌법재판소 1999. 5. 27. 선고 97헌마137)

10) 일사부재리 원칙

(1) 뜻

- 어떤 사건에 대하여 판결이 확정되면 그 사건에 대하여 다시 재판을 할 수 없다는 원칙. 즉, 이미 확정판결된 동일사건은 다시 심리, 재판을 할 수 없다는 뜻이다.
- 일사부재리원칙은 형사법상 원칙이고 민사소송법에는 '기판력'이 있다.

> ■ 참고사항
>
> - 면소판결: 형사사건에서 실체적 소송조건의 일부가 인정되지 않는 경우에 소송절차를 종결시키는 판결.
> - 기판력: 확정된 재판의 판단 내용이 소송 당사자 및 같은 사항을 다루는 다른 법원을 구속하여, 그 판단 내용에 어긋나는 주장이나 판단을 할 수 없게 하는 소송법적인 효력.(네이버 국어사전)
> - 민사소송법 제216조(기판력의 객관적인 범위)

(2) 근거

- **헌법 제13조제1항** "동일한 범죄에 대하여 거듭 처벌받지 아니한다."
- **형사소송법 제326조(면소의 판결)** 제1호 "확정판결이 있을 때"

- **군사법원법 제381조(면소의 판결)** 제1호 "확정판결이 있을 때"

(3) 사례

- 2020년 12월 어린이 성폭행범이 출소되면서 출소 후 재범이 두려워 많은 국민이 형량을 늘릴 수 있도록 청와대에 재심 청원을 했지만 '일사부재리 원칙' 때문에 받아들여지지 않았다.
- 일사부재리원칙이 배제되는 경우는 형사소송법 제420조(재심)에 해당되는 경우다. 8차 화성연쇄살인사건의 경우 형사소송법 제420조제1호, 제5호, 제7호에 의거 재심을 받아 무죄가 확정되었다.

11) 불이익변경 금지의 원칙(중형변경 금지의 원칙)★★

(1) 뜻

- <u>피고인</u>이 <u>상소(항소, 상고)한 사건</u>은 <u>원심판결의 형보다 더 높은 형을 선고할 수 없다</u>는 원칙이다.
- 형사소송 및 민사소송에서 적용된다.
- 이 제도는 피고인이 상소할 경우 더 높은 형량이 나올 것이 두려워 상소를 하지 않아 피해를 보는 것을 방지하기 위함이고 피고인의 상소권을 보장해 주기 위한 것이다.

(2) 근거

형사소송법 제368조(불이익변경의 금지) "피고인이 항소한 사건과 피고인을 위하여 항소한 사건에 대하여는 원심판결의 형보다 **중한 형**을 선고하지 못한다."

(3) 주요보충★★

- **피고인이** 항소한 경우에만 해당되고 **검사가 항소한 경우**에는 해당되지 않는다. 따라서 검사가 항소한 경우에는 더 높은 형량이 나올 수 있다.
- 불이익변경금지의 원칙은 원심보다 **중한 형만 금지**하는 것이다. 그러므로 원심보다 **중한 법령을 적용**하는 것과 **중한 사실을 인정**하는 것은 해당되지 않으므로 중한 법령이 적용될 수 있고 중한 사실을 인정하게 될 수 있다.
- 약식명령(벌금형)의 경우, 피고인이 정식재판 청구 시 **같은 형의 종류**에서 **가중처벌 가능**. 즉, 200만 원 벌금이 500만 원의 벌금으로 가중처벌이 가능하다는 것이다.
- ★ 약식명령을 정식재판 청구 시는 형사소송법 제457조의2 적용으로 '형종상향의 금지원칙'이 적용되므로 **벌금형인 경우 심사숙고하여 정식재판 청구하여야 한다.**

12) 형종상향 금지의 원칙

(1) 뜻

약식명령(벌금형)의 경우, 피고인이 **정식재판을 요구할 경우** 정식재판에서는 벌금형보다 중한 다른 형종(징역형, 금고형, 자격상실 등)을 선고할 수 없다는 원칙

(2) 근거

형사소송법 제457조의2(형종상향의 금지 등) ① 피고인이 정식재판을 청구한 사건에 대하여는 약식명령의 형보다 중한 종류의 형을 선고하지 못한다.
② 피고인이 정식재판을 청구한 사건에 대하여 약식명령의 형보다 중한 형을 선고하는 경우에는 판결서에 양형의 이유를 적어야 한다.

(3) 주요보충★★
- **형사소송법 제450조(보통의 심판)에 의거** 판사가 정식재판으로 회부한 경우 형종상향금지의 원칙이 적용되지 않는다. 이 경우 징역형으로 선고될 수 있다.
- 검사가 정식재판을 청구한 경우에도 형종상향 금지의 원칙이 적용되지 않는다.

- 피고인이 정식재판을 청구한 경우, 동일형의 종류에서 가중 처벌할 수 있다. (200만 원 벌금이 정식재판에서 500만 원으로 될 수 있음)

판사나 검사가 약식명령을 정식재판으로 청구 시 '불이익변경의 금지의 원칙'과 '형종상향의 금지' 원칙은 배제되어 가중 처벌할 수 있다.

■ 참고자료

- 과거 약식명령에서 정식재판 청구는 형사소송법 제368조에 따라 불이익변경 금지의 원칙을 적용함으로써 너무 많은 정식재판청구가 남발되었다. 이를 방지코자 형사소송법 제457조의2를 신설하여 약식명령에서 정식재판을 청구하는 경우 형종상향의 금지 원칙을 적용토록 하였다. 따라서 약식명령에서 정식재판 청구 시 같은 종류의 형인 벌금이 더 나올 수 있다.
- 형의 종류(형법 제41조)
  1) 사형, 2) 징역(노역복무), 3) 금고(노역복무 배제), 4) 자격상실, 5) 자격정지, 5) 벌금(5만 원 이상), 6) 구류(1일~30일 미만 교도소에 구치), 7) 과료(2천원 이상 5만 원 미만의 벌금), 8) 몰수(범죄수익 몰수)

5.
범죄를 무죄로 만드는 조각(阻却)사유★★★★

1) 위법성 조각사유★★★★

2) 책임 조각사유★★★★

3) 위법성 조각사유의 사회상규(社會常規, social rule)★★★★

■ **참고사항**

○ 조각(阻却): 방해하거나 물리침≒배척(排斥)≒면책(免責)
- 阻: 험할 조, 걱정하다
- 却: 물리치다, 멎다

※ 필자는 암기 시 **'죄를 조각조각 찢어서 없애 버린다.'**고 생각했음.

1) 위법성 조각사유★★★★

(1) 뜻

범죄성립의 요건(구성요건 해당성, 위법성, 책임성) 중 하나인 위법성을 조각(배척)하는 사유를 말한다. 즉, 위법성을 없애는 사유다. 위법성 조각사유는 두 가지로 나눈다.

- 형법상 조각사유: 형법에 규정되어 있는 조각사유다.
- 초법규적 조각사유: 형법에 규정되어 있지 않은 조각사유로 판사가 판단한다.. 즉, 형식상 범죄행위의 조건을 갖추었지만 실제로는 그것을 위법으로 인정하지 않는 것이다.

(2) 위법성 조각사유 행위(형법에 규정되어 있는 것)

정당행위(형법 제20조), 정당방위(형법 제21조), 긴급피난(형법 제22조), 자구행위(형법 제23조), 피해자의 승낙(형법 제24조) 이상과 같이 형법에서 정하여 벌하지 않는 이유 즉, 위법성 조각사유를 붙여 규정해 놓았다. 범죄행위를 하였더라도 형법의 해당 조항에 해당하면 위법성이 조각되어 처벌할 수가 없다.

■ 형법의 위법성 조각사유 행위

제20조(정당행위) 법령에 의한 행위 또는 업무로 인한 행위 기타 사회상규에 위배되지 아니하는 행위는 벌하지 아니한다.
제21조(정당방위) 자기 또는 타인의 법익에 대한 현재의 부당한 침해를 방위하기 위한 행위는 상당한 이유가 있는 때에는 벌하지 아니한다.
제22조(긴급피난) 자기 또는 타인의 법익에 대한 현재의 위난을 피하기 위한 행위는 상당한 이유가 있는 때에는 벌하지 아니한다.
제23조(자구행위) 법정절차에 의하여 청구권을 보전하기 불능한 경우에 그 청구권의 실행불능 또는 현저한 실행곤란을 피하기 위한 행위는 상당한 이유가 있는 때에는 벌하지 아니한다.
제24조(피해자의 승낙) 처분할 수 있는 자의 승낙에 의하여 그 법익을 훼손한 행위는 법률에 특별한 규정이 없는 한 벌하지 아니한다.
제310조(위법성의 조각) '공연히 사실을 적시하여 사람의 명예를 훼손한 자'의 행위가 진실한 사실로서 오로지 공공의 이익에 관한 때에는 처벌하지 아니한다.

(3) 초법규적 위법성 조각사유

위법행위가 상식적인 즉, 실제적, 사회적으로 상당하다고 인정되어 위법성을 조각할 수 있는 사유로, 개인이 판단하기는 어렵고 판례나 조리 또는 사회상규 등을 검토하여 판사가 판단하여야 할 사항으로 사료된다.

예) 불법적인 방법으로 사람을 살린 치료행위 등

2) 책임 조각사유★★★★

(1) 뜻

범죄의 성립요건 중의 하나인 책임의 성립을 조각하는 사유다. (면책사유)

※ 형법상의 위법행위를 안 할 것이라는 기대가 불가능하면 책임(비난)이 면책된다. 즉, 책임이 조각된다. 그리고 책임이 면책되면 처벌하지 않는다.

기대불가능 → 책임(비난)면책(조각) → 처벌불가

(2) 보충설명

㉮ 기대 불가능성(책임무능력, 금지착오)이란?

행위자가 적법한 행위를 할 것을 기대할 수 없는 것을 말한다. (기대 불가능)

예로서, 판단능력이 없는 아기가 저지른 불법행위(책임무능력)와 담당공무원의 말을 믿고 저지른 불법행위(금지의 착오)는 적법한 행위를 할 것으로 기대하기 불가능한 일들이다.

전자의 ㉠ 책임무능력은 판단능력이나 조종능력이 불가능한 아기나 심신장애자로 형사책임을 질 능력이 없는 상태이고, 후자의 ㉡ 금지의 착오는 착오로 인하여 자기의 행위가 위법성이라는 것을 인식하지 못하는 상태다.

책임무능력자의 행위나 금지의 착오로 인한 행위는 **기대가 불가능한 행위**로 <u>책임이 면책(조각)된다</u>.

㉯ 형법에서의 <u>책임</u>이란?

'위법한 행위가 비난받을 수 있는 것인지, 비난받지 않는 것인지'의 비난 가능성을 말하는 것이다.

불법행위로서 비난받을 만한 행위라면 책임을 져야 하는 것이고, 불가항력적으로 또는 판단력이 없는 아기가 저지른 일이라면 비난할 수 없는 행위이므로 책임을 물을 수 없는 것이다.

후자의 행위는 비난받을 수 없는 행위로 비난 가능성이 없는 행위다. 따라서 책임이 없다.

형법은 "책임이 없으면 형벌이 없다."는 원칙을 전제로 한다. 따라서 행위자에게 **비난 가능성(책임)이 없으면 벌하지 않는다**.

■ **형법의 책임 조각사유 행위**

제9조(형사미성년자) 14세 되지 아니한 자의 행위는 벌하지 아니한다.
제10조(심신장애인) ① 심신장애로 인하여 사물을 변별할 능력이 없거나 의사를 결정할 능력이 없는 자의 행위는 벌하지 아니한다.
제11조(농아자) 농아자의 행위는 형을 감경한다.

제12조(강요된 행위) 저항할 수 없는 폭력이나 자기 또는 친족의 생명, 신체에 대한 위해를 방어할 방법이 없는 협박에 의하여 강요된 행위는 벌하지 아니한다.

제15조(사실의 착오) ① 특별히 중한 죄가 되는 사실을 인식하지 못한 행위는 중한 죄로 벌하지 아니한다.

② 결과로 인하여 형이 중할 죄에 있어서 그 결과의 발생을 예견할 수 없었을 때에는 중한 죄로 벌하지 아니한다.

제16조(법률의 착오) 자기의 행위가 법령에 의하여 죄가 되지 아니하는 것으로 오인한 행위는 그 오인에 정당한 이유가 있는 때에 한하여 벌하지 아니한다.

제21조(정당방위) ① 자기 또는 타인의 법익에 대한 현재의 부당한 침해를 방위하기 위한 행위는 상당한 이유가 있는 때에는 벌하지 아니한다.

② 방위행위가 그 정도를 초과한 때에는 정황에 의하여 그 형을 감경 또는 면제할 수 있다.

③ 전항의 경우에 그 행위가 야간, 기타 불안스러운 상태하에서 공포, 경악, 흥분 또는 당황으로 인한 때에는 벌하지 아니한다.

제155조(증거인멸 등과 친족 간의 특례)
④ 친족 또는 동거의 가족이 본인을 위하여 친족 간의 증거인멸·은닉·위조·변조의 죄를 범한 때에는 처벌하지 아니한다.

3) 위법성 조각사유의 사회상규(社會常規, social rule)★★★★

(1) 뜻

국가 질서의 기초로서 국민 일반인이 공유하는 건전한 윤리 감정을 뜻한다.

※ 상규(常規): 1. 보통의 경우에 널리 적용되는 규칙이나 규정. 또는 사물의 표준. 2. 늘 변하지 아니하는 규칙.(네이버 국어사전)

(2) 근거

형법 제20조(정당행위) "법령에 의한 행위 또는 업무로 인한 행위, 기타 ★**사회상규에 위배되지 아니하는 행위**는 벌하지 아니한다."

(3) 판례

① 형법 제20조 소정의 '**사회상규에 위배되지 아니하는 행위**'라 함은 법질서 전체의 정신이나 배후에 놓여 있는 사회윤리 내지 사회통념에 비추어 용인될 수 있는 행위를 말하고, 어떠한 행위가 사회상규에 위배되지 아니하는 정당한 행위로서 위법성이 조각되는 것인지는 구체적인 사정 아래서 합목적적, 합리적으로 고찰하여 개별적으로 판단되어야 하므로, 이와 같은 정당행위를 인정하려면, **첫째,** 그 행위의 동기나 목적의 정당성, **둘째,** 행위의 수단이나 방법의 정당성, **셋째,** 보호이익과 침해

이익과의 법익균형성, **넷째,** 긴급성, **다섯째,** 그 행위 외에 다른 수단이나 방법이 없다는 보충성 등의 요건을 갖추어야 한다. (대법원 2001. 2. 23. 선고 2000도4415 판결)

② 형법상 처벌하지 아니하는 소위 **사회상규에 반하지 아니하는 행위라 함**은 법규정의 문언상 일응 범죄구성요건에 해당된다고 보이는 경우에도 그것이 극히 정상적인 생활형태의 하나로서 역사적으로 생성된 사회질서의 범위 안에 있는 것이라고 생각되는 경우에 한하여 그 위법성이 조각되어 처벌할 수 없게 되는 것. (대법원 1994. 11. 8. 선고 94도1657 판결)

③ 연립주택의 아래층에 사는 피해자가 피고인의 집으로 통하는 수도관 밸브를 잠그고 위층 피고인에게 알리지 않아 피고인이 하루 종일 고통을 겪고 피고인이 아래층의 피해자가 밸브를 잠근 것을 알고 밸브를 열기 위하여 어쩔 수 없이 피해자의 집에 들어간 행위는 사회상규에 위배되지 아니하는 행위로 피고인이 피해자의 집에 들어간 주거침입은 정당행위에 해당한다. (대법 2004. 2. 13. 선고 2003도7393 판결)

④ 피고인이 며느리와 아들이 부부 싸움하는 것을 보고 며느리를 훈계하던 중 도망가는 며느리의 양쪽 팔을 수회 잡아당겨 폭행

하였다는 내용으로 기소된 것에 대하여,

"폭행죄에서 말하는 **폭행이란** 사람의 신체에 대하여 육체적, 정신적으로 고통을 주는 유형력을 행사함을 뜻하는 것으로 반드시 피해자의 신체에 접촉함을 필요로 하는 것은 아니고, 그 불법성은 행위의 목적과 의도, 행위 당시의 정황, 행위의 태양과 종류, 피해자에게 주는 고통의 유무와 정도 등을 종합하여 판단하여야 한다."(대법원 2016. 10. 27. 선고 2016도9302 판결 참조)

그리고 "**형사재판에서 범죄사실**은 법관이 합리적 의심을 할 여지가 없을 만큼 확신을 가지는 정도의 증명력을 가진 엄격한 증거로 인정하여야 하므로 ★**검사가 그만한 확신을 가지게 하는 정도로 증명하지 못한 경우**에는 설령 피고인의 주장이나 변명이 모순되거나 석연치 않은 면이 있어 ★**유죄의 의심이 가는 등의 사정이 있다고 하더라도 피고인의 이익으로 판단**하여야 한다."(대법원 2012. 6. 28. 선고 2012도231 판결 참조)

"살피건대, (중략) 시어머니는 아들과 며느리의 싸움이 일어나자 중재하고자 아들과 며느리를 훈계했던 점, 술에 취한 며느리가 시어머니에게 욕설을 하여 시어머니의 언성이 높아졌고 이에 며느리가 경찰에 신고하려고 하여 시어머니가 제지하고자 며느리의 팔 또는 옷깃을 잡았던 것으로 보이는 점, 그럼에도 불구하고 며느리가 집 밖으로 나가 경찰에 신고하였던 점

등을 종합하면,

시어머니의 행위가 폭행죄에서 말하는 불법적인 폭행의 범의를 가진 폭행에 해당한다고 단정하기 어렵고 나아가 위 행위는 형법 제20조가 규정하고 있는 **사회상규에 위배되지 아니하는 행위의 범위 내에 있다**고 봄이 **타당하므로 위법성 조각이 된다고 할 것**이다."(울산지방법원 2018. 11. 30. 선고 2018고정619 판결)

⑤ 모욕죄에서 말하는 모욕이란, 사실을 적시하지 아니하고 사람의 사회적 평가를 저하시킬 만한 추상적 판단이나 경멸적 감정을 표현하는 것으로, 어떤 글이 특히 모욕적인 표현을 포함하는 판단 또는 의견의 표현을 담고 있는 경우에도 그 시대의 건전한 사회통념에 비추어 그 표현이 사회상규에 위배되지 않는 행위로 볼 수 있는 때에는 형법 제20조에 의하여 예외적으로 위법성이 조각된다.

골프클럽 경기보조원들의 구직편의를 위해 제작된 인터넷 사이트 내 회원 게시판에 특정 골프클럽의 운영상 불합리성을 비난하는 글을 게시하면서 위 클럽담당자에 대하여 한심하고 불쌍한 인간이라는 등 경멸적 표현을 한 사안에서, 게시의 동기와 경위, 모욕적 표현의 정도와 비중 등에 비추어 사회상규에 위배되지 않는다고 보아 모욕죄의 성립을 부정한 사례.(대법원

2008. 7. 10. 선고 2008도1433)

■ 참고사항

〈법원의 재판 구분〉

- 법원의 재판(심판)은 판결, 결정, 명령으로 나눔
- 상소: 하급법원의 심판에 불복하여 상급법원에 재심을 청구하는 것(항소, 상고, 항고)
- 판결에 대한 상소: 항소, 상고
  - 항소: 제1심 판결에 불복하여 제2심 법원에 상소하는 것
  - 상고: 제2심 판결에 불복하여 제3심 법원에 상소하는 것
- 항고: 판결이 아닌 결정, 명령에 대한 상소(항고, 재항고, 특별항고)
  - 항고: 1심의 결정, 명령에 불복하여 상급법원인 2심에 신청
  - 재항고: 형사소송의 대법원에 항고하는 것(형사소송법 제415조)
  - 특별항고: 민사소송의 대법원에 항고하는 것(민사소송법 제449조)
- 항고소송: 행정소송의 하나로서 행정청의 행정처분에 대한 소송
  - 취소소송, 무효 등 확인소송, 부작위위법확인소송
- 판결, 결정, 명령
  - 판결(선고): 유죄판결, 무죄판결, 면소판결
  - 결정: 가처분·가압류 결정, 보석허가 결정
  - 명령: 집행정지명령, 압류명령, 지급명령

6.
형사사건에서 무죄를 만드는 것들★★★★

1) 형사재판의 대원칙★★★★
2) 형법에서 무죄 되는 것들★★★

1) 형사재판의 대원칙★★★★

(1) 뜻

억울한 죄인을 만드는 것을 방지하기 위한 것으로서 피고인에게 유죄를 주기에는 애매하다, 미심쩍다 할 경우 무죄로 판결하라는 것이다. 이것은 <u>형사재판의 대원칙</u>으로 통한다.

(2) 보충

'열 명의 범인을 놓치더라도 한 명의 억울한 범죄자를 만들지 마라.'라는 말이 있다.

예로서, 우리는 8차 화성 연쇄 살인 사건의 범인으로 20여 년간 옥살이를 하다 풀려나 재심청구하여 범인이 아닌 것으로 2020년에 판결된 것을 보았다. 이 건은 다행히 진범이 살아 있어 자기가 저지른 범죄임을 실토했기에 누명을 벗을 수 있었다.

명예에 눈먼 수사관들에 의해 누명을 써 범죄자가 된 분을 텔레비전 영상으로 보면서 '참으로 천사 같구나.'라고 생각했다. 일반 사람 같으면 너무 분노에 차서 복수하고 싶고 또 정신적 갈등으로 아마 살아 있질 못할 것 같은데….

잊지 못할 그의 말 한마디, **"그때 허위 자백을 안 했으면 지금 내가 이 세상에 없었을 거예요."**

수사관들의 신문을 받으며 당사자는 얼마나 공포스러웠을까? 얼마나 고통스러웠을까?

역사적으로 범인이라는 누명을 쓴 많은 사람들을 다시 생각하게 된다. 억울하게 누명을 씌운 수사관이나 검사, 판사, 정권은 후에 극형에 처하여야 한다. 그러나 그들은 호의호식하며 잘살고 있다.

경찰, 검사, 판사가 선서문을 생각한다면 이러한 일들이 발생할 수 없다.

한 명의 억울한 죄인을 만들지 않도록 하기 위하여 헌법상 무죄추정의 원칙이 있고 자백보강의 원칙, 명확성의 원칙이 있고 증거재판주의가 있다.

그리고 형사소송에서는 검사가 모든 입증 책임을 지도록 하고 있다.

영화 '배심원들'에서의 명언들이 생각난다.

"법은 사람을 처벌하지 않기 위하여 있는 것입니다."

판사 김준겸의 파일에 쓰여 있던 글, "의심스러울 때는 피고인에게 유리한 입장에서". 또 "유죄라는 증거가 없다면 유죄라고 할 수 없다."

필자는 이 영화를 보고 '법을 모르는 배심원들이 정말 상식이 통하는 판결을 하는구나.'라고 느끼며 감동을 받았다.

우리 보통 사람은 범죄의 탈을 벗기 위하여 잘 알아들을 수도 없는 법률용어를 탁상 위에 올려놓고 판사, 검사, 변호사들의 논쟁을 보아야 하고 100% 이긴다는 보장도 없이 이 돈 저 돈 끌어모아 많은 돈을 주고 변호사를 선임하여야 한다.

모든 재판을 변호사를 선임하지 않아도 되는 또는 우리가 이해할 수 있는 상식으로 판단하는 배심원이 했으면 좋겠다.

8차 화성 연쇄 살인 사건의 수사관이나 검사는 가짜 증거를 완벽하게 만들어 검사에게 주고 검사는 입증책임자로서 확실한 증거를 기소 증거로 제시하여 판사가 "유죄가 의심스러우면 피고인에게 유리하게" 판결을 못 하도록 했다. 피고인에게는 얼마나 압력을 넣었으면 피고인이 살기 위해서 가짜 사실을 자백했을까, 하는 생각이 든다.

📖 잠시 쉬어 가기 - [재심청구하기]

    지금도 누명을 쓰고 범죄인이라는 딱지를 달고 사는 분이 있다면 다음의 재심 청구 조건 7가지를 확인하고 검토해 보시기 바란다.
    예로서, 화성연쇄살인 사건의 누명을 쓰고 20년간 억울한 옥살이를 한 그의 재심청구 이유는 형사소송법 제420조 제5호(새롭고 명백한 증거), 제1호 및 제7호(수사기관의 직무상 범죄)를 들었다.

■ 참고사항

형사소송법 제420조(재심이유)
1. 원판결의 증거된 서류 또는 증거물이 확정판결에 의하여 위조 또는 변조인 것이 증명된 때
2. 원판결의 증거된 증언, 감정, 통역 또는 번역이 확정판결에 의하여 허위인 것이 증명된 때
3. 무고로 인하여 유죄의 선고를 받은 경우에 그 무고의 죄가 확정판결에 의하여 증명된 때
4. 원판결의 증거된 재판이 확정재판에 의하여 변경된 때

5. 유죄의 선고를 받은 자에 대하여 무죄 또는 면소를, 형의 선고를 받은 자에 대하여 형의 면제 또는 원판결이 인정한 죄보다 경한 죄를 인정할 명백한 증거가 새로 발견된 때
6. 저작권, 특허권, 실용신안권, 의장권 또는 상표권을 침해한 죄로 유죄의 선고를 받은 사건에 관하여 그 권리에 대한 무효의 심결 또는 무효의 판결이 확정된 때
7. 원판결, 전심판결 또는 그 판결의 기초된 조사에 관여한 법관, 공소의 제기 또는 그 공소의 기초된 수사에 관여한 검사나 사법경찰관이 그 직무에 관한 죄를 범한 것이 확징판결에 의하여 증명된 때. 단, 원판결의 선고 전에 법관, 검사 또는 사법경찰관에 대하여 공소의 제기가 있는 경우에는 원판결의 법원이 그 사유를 알지 못한 때에 한한다.

2) 형법에서 무죄 되는 것들★★★

(1) 고의성 부재
고의가 없으면 무죄다. (비난 가능성이 있다면 과실로 처벌될 수도 있음)

㉮ 형법 제13조(범의)
죄의 성립요소인 사실을 인식하지 못한 행위는 벌하지 아니한다. (위법이 된다는 사실을 모르고 발생시킨 위법행위)

㉯ 판례
2016년 서울지방법원은 판결을 보면 A 씨는 알콜농도 0.131%의 상태에서 자가용을 3m 운전하였다 하여 약식기소되었다. A 씨의 주장은 대리운전자가 차를 운전하여 집 앞의 주차장에 주차를 해 놓고 갔고 A씨는 정차된 차 안에서 추워서 히터를 트는 과정에서 <u>의도치 않게 브레이크나 기어를 잘못 건드려</u> 경사진 주차면을 차가 스스로 굴러가 앞차에 막히어 섰다고 주장했다.
판사는 현장과 A 씨가 제출한 동영상 및 진술내용을 모두 검토한 결과 경사진 주차장에서 그러한 일이 발생할 수 있다고 판단하고 '**운전할 의사**로 가속페달을 밟았다는 점을 인정할 증거가 부족하다.'고 밝히고 음주운전 혐의로 기소된 A 씨에게 **무죄를 선고**했다.

㉰ 판례에 대한 필자 생각

형사재판에서는 입증책임이 검사에게 있다. 아마 검사가 A 씨가 고의로 운전했다는 것을 입증하지 못했나 보다. 따라서 판사는 "의심스러울 때는 피고인에게 유리하게"라는 즉, "애매하면 무죄로 판단하라."는 형사소송의 대원칙에 따라 무죄로 판결한 것이라 생각한다.

필자가 법에 대하여 공부하며 감명 깊게 본 영화 '배심원들', 배심원들에 의해 무죄가 되는 상황은 정말로 참 멋있었다. 나도 배심원 한번 해 보고 싶은 데 불러 주질 않는다. 그리고 '부러진 화살', '변호인'에서의 법리 논쟁 등은 나에게 법에 대한 관심을 증폭시켰다.

(2) 강요된 행위

㉮ 형법 제12조(강요된 행위)

저항할 수 없는 폭력이나 자기 또는 친족의 생명, 신체에 대한 위해를 방어할 방법이 없는 협박에 의하여 강요된 행위는 벌하지 아니한다.

㉯ 예
- 약자가 강자의 폭력에 의해 마약을 복용한 행위
- 자기 또는 친족을 살해하겠다는 협박으로 인한 위법행위

(3) 법률에 규정이 없는 과실

과실은 법률에 규정이 있는 경우에만 처벌한다.

㉮ 형법 제14조(과실)

정상의 주의를 태만함으로 인하여 죄의 성립요소인 사실을 인식하지 못한 행위는 법률에 특별한 규정이 있는 경우에 한하여 처벌한다.

과실이라도 교통방해의 죄(형법 제185조 및 제187조)의 경우는 법률에 특별한 규정이 있는 경우로 처벌을 받는다.

과실이라도 사람을 다치게 하거나 죽게 한 경우에는 형법 제266조 내지 제268조의 특별한 규정에 따라 처벌을 받는다. 그러나, 불가항력의 상태 즉, 어쩔 수 없는 상태에서의 과실치사상의 범죄는 무죄를 받을 수 있다.

㉯ 예

컴컴한 상태에서 무단횡단으로 건널목을 건너던 사람을 차량으로 치어 사망케 한 사건의 무죄 판례. 운전자는 전방주시의무를 다하여 운전하였으나 피해자가 어두운 밤 어두운 색의 옷을 입어 발견이 어려웠다는 어쩔 수 없는 상황에서의 사고로 무죄판결을 받았다.

과실일지라도 사람을 죽게 한 경우에는 형법 제266조 내지 268조에 의거 유죄를 인정하여야 하나 불가항력적인 어쩔 수 없는 상황을 고려하여 무죄판결한 예다.

유사사례로 밤에 운전 중 길가에서 갑자기 뛰어 들어온 사람을 치어 사망케 한 사고가 무죄를 받은 것이 있다.

(4) 오인한 행위

위법이 아니라고 **오인한 행위**는 무죄다.

㉮ 형법 제16조(법률의 착오)

자기의 행위가 법령에 의하여 죄가 되지 아니하는 것으로 오인한 행위는 그 오인에 정당한 이유가 있는 때에 한하여 벌하지 아니한다.

법률의 착오는 금지의 착오로 "오인에 정당한 이유가 있는 때"는 그냥 '법 자체를 모르는 것'이 아니라 '법을 알긴 아는데 그 법을 해석상 잘못 이해하여 일으킨 행위'를 말하는 것이다.

㉯ 예

부대장의 지시를 받아 벌목을 한 경우. 이 사례는 불법인 줄 알았지만 부대장이 법적 허가를 득하고 지시한 행위로 오인하여 발생된 행위다. 이러한 행위는 '신뢰의 원칙'에도 부합할 수 있다.

(5) 결과에 영향을 주지 않은 행위

어떤 행위가 **결과에 영향을 미치지 않았다**면 무죄다.

㉮ 형법 제17조(인과관계)

어떤 행위라도 죄의 요소가 되는 **위험발생에 연결되지 아니한 때**에는 그 결과로 인하여 벌하지 아니한다. 이것은 어떤 행위를 했을 때 그 결과가 범죄와 연결되지 않았다면 벌을 받지 않는다는 뜻이다. (상당인과관계)

㉯ 판례

A와 B의 차량이 사람을 연달아 치고 가 피해자가 사망한 경우, B에게 대한 판결로서 "B가 일으킨 후행 교통사고 당시에 피해자가 생존해 있었다는 증거가 없다면 설령 B에게 유죄의 의심이 있다고 하더라도 B의 이익으로 판단할 수밖에 없어 후행 교통사고와 피해자의 사망 사이의 인과관계를 인정할 수 없고 유죄를 인정할 수 없다."(대법 2014. 6. 12. 선고 2014도 3163 판결)

이 판결은 인과관계의 판결이지만 "의심스러울 때는 피고인에게 유리하게"라는 **형사소송의 대원칙**도 들어가 있다.

(6) 위법하지 않은 행위 또는 비난 가능성이 없는 행위

㉮ 형법 제20조(정당행위)

법령에 의한 행위 또는 **업무로 인한 행위** 기타 **사회상규에 위배되지 아니하는 행위**는 벌하지 아니한다.

④ 정당행위 사례

- 쟁의 행위의 목적이 적법하고 시위를 업무개시 전 또는 점심시간을 이용하여 하였고 쟁의행위 방법이 비폭력으로 업무방해죄의 성립을 인정하지 않은 것은 **법령에 의한 행위**에 해당한다.
- 가처분의 판결에 따라 건물을 철거한 것은 업무로 인한 정당행위에 해당한다.
- 교사가 훈계 목적으로 교칙위반 학생의 뺨을 몇 차례 때린 경우 기타 사회상규에 위배되지 아니하는 행위에 해당한다.

(7) **정당방위**

㉮ 형법 제21조(정당방위)

① 자기 또는 타인의 법익에 대한 현재의 부당한 침해를 **방위하기 위한** 행위는 **상당한 이유가 있는 때**에는 벌하지 아니한다.
② 전항의 방위행위가 과잉방위이면 벌을 받을 수 있다.
③ 제2항의 과잉방위가 야간 또는 불안한 상태에서 공포, 경악, 흥분, 당황으로 인한 경우는 무죄다.

제1항은 위법한 침해의 행위로부터 자신을 방위하는 것을 허용하는 자기 보호의 원리와 '법은 불법에 양보하지 않는다.'는 법질서 수호의 원리를 표방한 것이며, 제1항의 정당방위는 위법성 조각사유

에 해당한다.

제2항의 과잉방위는 상당성이 결여된 과잉방위로서 책임 경감사유에 해당한다.

제3항은 기대 가능성이 없는 즉, 비난 가능성이 없는 책임 조각사유에 해당하므로 무죄다.

형법 제21조의 정당방위(위법성 조각사유)에서 위법성을 조각하는 객관적 상황이 없음에도 있는 것으로 오인하여 일으킨 행위를 <u>오상방위</u>라고 한다.

※ **오상방위의 예**: 컴컴한 밤에 마실 온 옆집 친구를 도둑으로 오인하고 두들겨 팬 경우(객관적 상황 없음: 도둑 없음)

㉯ 판례

2014년 뉴스를 듣고 '왜 정당방위가 되지 않는가?'라고 했던 사건을 보자.

2014년 3월 8일 한 아파트에 도둑(55세)이 침입해 훔칠 물품을 물색하던 중 집주인(20)이 발견하고 구타하여 넘어뜨리고, 도둑이 도망치려 하자 계속 구타하고 이어 빨래건조대로 수회 구타하는 등 심한 구타로 도둑은 외상성 경막하 출혈 등의 상해로 식물인간이 되었고 약 10개월 후 사망하였다. 대법 판결은 징역 1년 6월에 집행유예 3년의 원심 확정이었다.

그 이유는 도망가려는 자를 붙잡아 머리를 장시간 폭행해 식물인간으로 만든 것은 정당방위를 넘어선 행위이기 때문이다. 항상 과잉은 있어서는 안 되는 것이다.

(8) 긴급피난
위법행위라도 상당한 이유가 있는 긴급피난은 무죄다.

㉮ 형법 제22조(긴급피난)
① 자기 또는 타인의 법익에 대한 현재의 위난을 피하기 위한 행위는 상당한 이유가 있는 때에는 벌하지 아니한다.

㉯ 판례
김 씨는 음주 후 노래방에 가기 위해 대리운전자를 이용했고 가던 중 대리운전자와 실랑이가 붙어 대리운전자가 도로에 차를 세워 두고 가 버렸다. 차는 노란차선에 세워져 있고 노래방까지는 10m 정도 되어 김 씨가 노래방 주차장까지 운전하여 주차했고 이것을 대리운전자가 사진을 찍어 음주 운전으로 신고한 사건이다.
판사는 차량이 오가는 도로에 주차되어 있어 다른 차량의 통행에 많은 지장을 초래하고, 야간인지라 위험도 크고, 또 술 취한 일행에게나 주변의 누구에게 운전을 부탁하는 것은 불가능한 상황에서 김 씨가 운전을 하고 일행이 수신호 등을 하여 안전하게 주차장까지 이동하여 주차한 것은 김 씨의 운전행위로 타인의 생명과 안전에 대한 위험이 크지 않았고 이 행위로 인하여 확보되는 **공적 이익이 침익보다 더욱 우월한 것**이라 판단하여 무죄를 선고하였다. (2020. 12. 23, 서울동부지방법원)

(9) 긴급한 상황에서의 자구행위

공권력의 도움을 받을 수 없는 긴급한 상황에서 자기의 손해를 회복하기 위해 과잉되지 않은 폭력 등은 무죄다.

㉮ 형법 제23조(자구행위)
① 법정절차에 의하여 청구권을 보전하기 불능한 경우에 그 청구권의 실행불능 또는 현저한 실행곤란을 피하기 위한 행위는 상당한 이유가 있는 때에는 벌하지 아니한다.

㉯ 보충
- 자구행위: 공권력을 빌지 않고 자기의 힘으로 자기의 손해를 구제하는 행위. (자력구제행위, 위법성 조각사유)
- 예로서, 금반지를 훔쳐 간 놈을 길에서 마주쳤다. 경찰의 도움을 받다 보면 이놈을 놓쳐 버린다. 긴급히 직접 팔을 꺾고 몇 대 때려서 금반지를 회수했다. 이때 폭력은 자력구제행위로 무죄다.
- 제1항에서의 청구권 보전은 가압류 가처분 기타의 사법절차를 법원에 청구하는 것이다.

- 개인의 폭력에 상당한 이유가 있으면 무죄이나 너무 지나치면 벌을 받는다. (제2항: 과잉자구행위)

㉰ 판례

피 씨가 화랑주인에게 석고를 납품한 대금을 받지 못하고 있던 중 화랑주인이 화랑을 폐쇄하고 도주하자, 피 씨가 야간에 폐쇄된 화랑의 문을 드라이버로 뜯어내고 화랑주인의 물건을 몰래 가지고 나왔다면, 피 씨의 행위는 형법 제23조 소정의 자구행위라고 볼 수 없다. (대법원 1984. 12. 26. 선고 84도2582)

이 판례의 사례는 고소, 고발, 가압류 등 법정절차에 의하여 청구권을 보전이 가능한 것이고 몰래 가져온 행위는 상당한 이유가 있다고 볼 수 없다.

(10) 피해자가 침해를 허용한 경우

피해자가 피해자에 대한 침해를 허용한 경우의 가해자의 행위는 무죄다.

㉮ 형법 제24조(피해자의 승낙)

처분할 수 있는 자의 승낙에 의하여 그 법익을 훼손한 행위는 법률에 특별한 규정이 없는 한 벌하지 아니한다.

㉯ 보충

생명이나 신체의 훼손에 대한 침해는 허용되지 않고, 피해자에게 처분권이 있는 재산에 대한 침해의 행위를 허용하는 것이다. (위법성 조각사유)

㉰ 판례

피 씨가 밍크 소유자에게 밍크 45마리에 대한 권리는 자기에게 있다고 주장하며 가져간 데 대하여 밍크 소유자의 묵시적인 동의가 있었다면 피 씨의 주장이 훗날 거짓을 밝혀졌더라도 피 씨의 행위는 밍크 소유자의 <u>동의가 있었으므로 절도죄의 절취행위에 해당하지 않는다</u>. (대법원 1990. 8. 10. 선고 90도1211판결)

제6장

보호되어야 할 국민의 권리

　사람은 살아가면서 자유와 권리를 누리며 살아야 한다. 이 지구상에 혼자만 산다면 개인의 자유와 권리를 맘껏 누릴 수 있을 것이다. 누가 뭐라 할 사람도 없고, 방해 놓을 사람도 없다. 맘껏 자유와 권리를 누리니 얼마나 행복하랴. 하지만 혼자 살면서 자유와 권리를 맘껏 누리는 것이 정말 행복할까?

　이 지구상에 혼자 존재한다는 것은 자유와 권리를 맘껏 누리는 행복도 있겠지만 그보다 더 고통스러운 외로움, 쓸쓸함, 고독, 무서움이 있을 것이다. 조물주는 지혜롭게도 혼자 살면서 자유와 권리를 맘껏 누리는 것이 꼭 행복한 것은 아니라는 것을 알고 여자에게는 남자를 남자에게는 여자를 만들어 주었다. 그리고 아이들을 낳고 하다 보니 지구상에는 사람이 늘어나게 되고 많은 사람이 왁자지껄하게 부대끼며 어울려 살아야 하는 상황이 되었다.

　어느샌가 사람은 혼자 존재할 때의 외로움, 쓸쓸함, 고독의 고통을 잊고 사회로부터 떨어져 살고 싶어지고 또 자기만의 행복한 자유와 권리를 원하게 되었다. 결국 혼자 사는 것도, 여럿이 사는 것도 행복과 고통이 공존한다는 것을 깨닫게 되었다.

현명한 인간은 슬기롭게 해결하는 방법을 알고 그 방법으로서 법을 만들어 공동사회에서 한 인간이 행복하고 또 남을 위하여 절제를 할 수 있도록 하였다. 그 결과 헌법과 법률로 국민이 기본적으로 보장되어야 하는 권리와 의무를 만들어 개인이 누릴 모든 권리를 일부 제한하며 또한 꼭 누릴 수 있는 권리는 획고히 보상해 주었다.

대한민국은 자유민주국가다. 자유민주국가의 가치는 국민이 얼마나 행복하게 살 수 있느냐, 즉 얼마나 많은 권리를 보장받느냐, 또 그 권리를 국가 즉, 공권력이 얼마나 보호해 주느냐가 척도가 될 것이다. 이에 권리를 보장받는 것만큼 국민은 의무를 지켜야 할 것이다. 그래야 보장된 권리가 질서 있게 개개인에게 행복을 추구하게 해 줄 것이다.

이제 문제는 국민을 위하여 봉사를 하라고 준 공권력이 얼마나 착실하게 국민을 위하여 봉사를 하느냐이다. 그러나 현실은 국민의 봉사자가 공권력을 가지고 고의 또는 게으름으로 인한 실수로 국민 위에 군림하여 국민에게 피해를 주는 것을 쉽지 않게 본다. 또 스스로 자신이 맞닥뜨리게 되는 경우도 있다. 따라서 공권력을 가진 공무원은 국민의 권리를 침해하지 말고 국민은 스스로 자기의 권리를 지키도록 하기 위하여 보호되어야 하는 권리에 대하여 적어 본다.

1. 기본권

헌법상의 기본권의 종류

인간의 존엄과 가치 행복추구권(헌법 제10조)	
평등권	헌법 제11조 국민은 모두 법 앞에 평등
자유권	헌법 제12조 국민은 신체의 자유를 가짐
사회권	헌법 제34조 인간다운 생활을 할 권리 등
참정권	헌법 제24, 25조 선거권, 공무담임권 등
청구권	헌법 제26, 28조 청원할 권리, 보상청구권 등

1) 인간의 존엄과 가치 및 행복 추구권

기본권의 이념으로서 인간으로서의 존엄과 가치를 가지며 행복을 추구할 권리를 말한다.

2) 개별적 기본권

개별적 기본권으로는 평등권, 자유권, 사회권, 참정권, 청구권으로 나눌 수 있다.

(1) 평등권

㉮ 뜻

모든 사람은 법 앞에 평등하고 기회가 균등하며 불합리한 차별을 받지 않을 권리.

㉯ 종류

사회적 신분평등(헌법 제11조), 교육받을 권리의 균등(헌법 제31조), 남녀근로권의 평등(헌법 제32조), 가정에서의 남녀평등(헌법 제36조) 등.

㉰ 판례

헌법은 그 전문에 "정치, 경제, 사회, 문화의 모든 영역에 있어서 각 인의 기회를 균등히 하고"라고 규정하고, 제11조 제1항에 "모든 국민은 법 앞에 평등하다"고 규정하여 기회균등 또는 평등의 원칙을 선언하고 있는바, **평등의 원칙**은 국민의 기본권 보장에 관한 우리

헌법의 최고 원리로서 국가가 입법을 하거나 법을 해석 및 집행함에 있어 따라야할 기준인 동시에, 국가에 대하여 합리적 이유 없이 불평등한 대우를 하지 말 것과, 평등한 대우를 요구할 수 있는 모든 국민의 권리로서, **국민의 기본권 중의 기본권인 것**이다.(헌재 1989. 1. 25. 88헌가7)

(2) 자유권

㉮ 뜻

국가로부터 침해나 간섭을 받지 않고 자유롭게 행동할 수 있는 권리.

㉯ 종류

신체의 자유(헌법 제12조), 거주·이전의 자유(헌법 제14조), 직업선택의 자유(헌법 제15조), 사생활비밀의 자유(헌법 제17조), 통신비밀의 불가침(헌법 제18조), 양심의 자유(헌법 제19조), 종교의 자유(헌법 제20조), 언론출판의 자유, 집회결사의 자유(헌법 제21조), 학문과 예술의 자유(헌법 제22조) 등.

(3) 사회권

㉮ 뜻

국민이 인간다운 생활을 위하여 사회적으로 필요한 것을 국가에 요구할 수 있는 적극적 권리.

■ 참고사항

- 적극적 권리: 국가의 적극적 역할이 있어야 보장되는 권리
  - 참정권, 청구권, 사회권
- 소극적 권리: 국가의 적극적 역할 없이도 보장되는 권리
  - 자유권, 평등권
※ 국가의 개입 여부에 따라 적극적, 소극적 권리 구분

㉯ 종류

행복추구권(헌법 제10조), 교육을 받을 권리(헌법 제31조), 일할 권리(헌법 제32조), 노동3권(단결권, 단체교섭권, 단체행동권(헌법 제33조), 환경권(헌법 제35조) 등.

(4) 참정권

㉮ 뜻

국민이 국가정치에 참여할 수 있는 권리.

※ 소급입법으로 인한 참정권 제한 금지(헌법 제13조제2항)

㉯ 종류

선거권(헌법 제24조), 피선거권 및 공무담임권(헌법 제25조), 국민투표권(헌법 제72조, 130조제2항) 등.

(5) 청구권

㉮ 뜻

일반적으로 사인 간 타인에 대하여 작위. 부작위의 행위를 요구할 수 있는 권리를 말하나, 헌법에서의 청구권은 국가와 국민 간의 청구권을 말하는 것으로 국민의 권리가 침해되었을 때 국민이 국가에 대하여 요구를 할 수 있는 권리.

㉯ 종류

청원권(헌법 제26조), 재판 청구권(헌법 제27조), 형사보상청구권(헌법 제28조), 국가 보상 및 배상 청구권(헌법 제29조), 범죄피해자구조청구권(헌법 제30조) 등이 있다.

* 청원권: 국민이 원하는 것을 국가기관에 <u>문서로 요구할 수 있는</u> 권리
* 국가 배상청구권: 국가의 정책이나 잘못으로 피해를 입은 국민이 국가에 대해 손해배상을 청구할 수 있는 권리
* 신청권: 다음 표 참조

> 〈신청권〉
> 국민이 행정청에 대하여 행정행위를 하여 줄 것을 요구할 수 있는 <u>법규상 조리상의 권리</u>(대법 1996. 6. 11. 선고95누12460판결)
> - 법규상 신청권: 법규에 "~를 신청할 수 있다."라고 명시
> - 조리상 신청권: **조리상 인정되는 신청권**(보통 행정청이 신뢰보호의 원칙 등 행정법의 일반원칙을 위반한 경우 또는 판례에 명시된 경우 등)
>   (헌법 제26조제1항에 "법률이 정하는 바에 의하여"라는 단서가 있어 법률에서 정하지 않은 신청권은 인정하지 않는 것으로 생각된다)

3) 기본권의 제한(헌법 제37조제2항)

국가는 국민의 자유와 권리를 국가의 안전보장, 질서유지, 공공복리를 위하여 <u>법률로써</u> 제한할 수 있다. (법률유보의 원칙)

※ **제한의 한계**
- 자유와 권리의 본질적인 부분까지 제한해서는 안 됨.(국가권력 남용 방지)
- **기본권 제한 원칙**: 제한 시 <u>목적이 정당</u>하여야 하고 제한<u>방법이 적절</u>하여야 하고, 제한 시 <u>피해가 최소</u>로 하여야 하고, 제한 결과 <u>공익과 사익의 균형에서 공익이 커야 한다</u>.(비례의 원칙)

※ **기본권 제한 원칙에 부합되지 않는 법률은 위헌이 된다.**

4) 기본권 침해 시 구제방법

(1) 국가 기관에 의해 침해된 경우
- 헌법소원: 국민이 헌법재판소에 신청(변호사 선임 필수)
- 행정심판, 행정소송: 행정기관이 법집행 잘못한 경우 제기 가능
- 상소제도: 사법기관이 법 잘못 적용 시 상급법원에 재심 청구
- 국가 인권위원회에 진정: 국가기관이 국민의 기본권을 침해할 경우 제기

(2) 개인이나 단체에 의해 기본권이 침해된 경우
- 고소 고발: 수사기관에 기본권 침해관련 처벌 요청
- 진정(陳情): 국가, 지방자치단체, 경찰에 사정을 진술하고 어떤

조치를 취해 줄 것을 요구하는 것
- 경찰이나 검찰에 고소 고발하는 것은 무고죄로 역고소될 수 있으므로 경찰에 진정을 해서 경찰이 조사하여 혐의가 있을 경우 입건토록 함이 좋다.
- 민사소송: 재산적 손해나 정신적 피해에 대해 손해배상 청구

5) 기본권 보장을 위해 국가기관이 하는 일

(1) 법원
국민의 권리와 이익을 구제, 위헌법률심판을 헌재에 신청

(2) 헌법재판소
헌법소원심판, 위헌법률심판 통해 헌법위배, 기본권 침해 여부 심판

(3) 국가인권위원회
- 인권침해 사례 조사 및 구제
- 인권침해에 대한 개선 권고

(4) 국민권익위원회
- 국민고충 민원처리: 잘못된 법 집행과 제도 조사하여 고치도록 함
- 행정심판 기능: 행정기관의 위법한 행정처분 조사 및 잘못된 처

분을 취소하거나 무효로 함

(5) 검찰, 경찰
기본권 침해 사례에 대하여 수사 및 기소

📖 잠시 쉬어 가기 - [헌법에 명시되지 않은 권리를 보장받을 수 있는가?]

헌법에는 많은 권리와 자유 그리고 의무가 규정되어 있다. 그러나 사람들이 살아가는 데 수많은 권리들을 헌법에 모두 명시할 수 없다. 그러면 헌법에 명시되지 아니한 권리들은 과연 보호받을 수 있는 것인가?

답은 '헌법에 명시되지 아니한 권리도 보호받을 수 있다.'이다

그러면 보호받을 수 있는 근거를 찾아보자.

〈헌재 판례〉

헌법에는 '개인정보자기결정권(주민등록증 발급 시 지문날인제도)'이 없다. 헌법에 명시되지 아니한 '개인정보자기결정권'이 헌법의 기본권에 포함하는지에 대하여 헌법재판소의 판례를 보면,

"개인정보자기결정권의 헌법상 근거로는 헌법 제17조의 사생활의 비밀과 자유, 헌법 제10조제1항의 인간의 존엄과 가치 및 행복추

구권에 근거를 둔 일반적 인격권 또는 이 조문들과 동시에 우리 헌법의 자유민주적 기본질서 규정 또는 국민주권원리와 민주주의원리 등을 고려할 수 있으나 '개인정보자기결정권으로 보호하려는 내용을 위 각 기본권들 및 헌법원리들 중 일부에 완전히 포함시키는 것은 불가능하다고 할 것이므로, 그 헌법적 근거를 굳이 어느 한두 개에 국한시키는 것은 바람직하지 않은 것으로 보이고, 오히려 개인정보자기결정권은 이들을 이념적 기초로 하는 독자적 기본권으로서 헌법에 명시되지 아니한 기본권이라고 보아야 할 것이다.'

개인정보자기결정권은 자신에 관한 정보가 언제 누구에게 어느 범위까지 알려지고 또 이용되도록 할 것인지를 그 정보주체가 스스로 결정할 수 있는 권리로 국가기능의 확대와 정보통신기술의 발달에 따라서 초래된 위험으로부터 개인의 결정의 자유를 보호하기 위하여 승인된 헌법에 명시되지 아니한 기본권이다."[헌재 2005. 5. 26. 99헌마513, 2004헌마190(병합)]

이상과 같이 헌재에서는 헌법에 명시되지 않은 개인정보자기결정권을 헌법적 근거로서 헌법 제10조제1항의 '인간의 존엄과 가치, 행복추구권'에서 도출되는 일반적 인격권과 헌법 제17조의 '사생활의 비밀과 자유'에서 찾고 있다. 그리고 헌법 제37조 제1항에 "국민의 자유와 권리는 헌법에 열거되지 아니한 이유로 경시되지 아니한다."를 명시하여 **헌법은 헌법에 명시되지 않은 국민의 기본권을 인정**하고 있다.

또한 헌법 제37조제2항에 "국민의 모든 자유와 권리는 국가안전보장·질서유지 또는 공공복리를 위하여 필요한 경우에 한하여 법률로써 제한할 수 있으며, (후단 생략)"라는 내용은 **법률로서 제한하지 않은 '국민의 모든 자유와 권리'를 기본권으로 인정하고 있다**고 생각된다.

2. 인권

1) 인권과 기본권

(1) 인권
- 인권은 천부적으로 사람이 태어나면서부터 주어지는 것으로 사람이 사람답게 살 수 있도록, 또 행복하게 살 수 있도록 누려야 할 권리(천부적 권리)
- 헌법 제10조에서는 인권에 대하여 포괄적으로 규정하고 있다. "모든 국민은 <u>인간으로서의 존엄과 가치</u>를 가지며, <u>행복을 추구할 권리</u>를 가진다."

(2) 기본권
헌법에서 규정하여 보장하는 국민의 권리

2) 인권의 종류

인권은 기본권처럼 구분하여 나열하기 어려운 것이다. 태어날 때부터 저절로 주어지는 것이고 살면서 사람답게 또 행복하게 삶을 누릴 수 있는 권리다.

그래서 인권에는 무엇, 무엇이 있느냐고 묻는다면 "사람이 행복하고 사람다운 삶을 누리는 데 필요한 정신적, 육체적 모든 권리"라고 정의하고 싶다.

그렇다면 그 권리 표현은 만들기 나름으로 무수히 만들 수 있을 것이다.

○○권, ○○권, ○○권…

3) 인권의 제한과 판단

개인에게 부여되는 인권은 무수히 많고 개인의 성향에 따라서 욕구도 다르다. 그렇다면 개인에 따라 인권도 다를 수 있을 것이다. 이 사회는 혼자 사는 것이 아니고 다수가 섞여 산다. 각자 다른 것을 인권이라고 요구하다 보면 개개인간 충돌이 생길 것이다.

예로서, 단체여행가는 버스에서 개인마다 소변이 마려울 때 소변 배출권을 요구한다면 그 차는 개인이 요구 시마다 수시로 아무 곳에서 서야한다. 이런 경우 같이 합승한 많은 사람에게 피해가 가고 도로에는 무질서하게 소변이 뿌려질 것이다.

그러므로 사회 속에서의 개인의 인권은 <u>사회구성원들 간 합의는 안 되었더라도 사회구성원들이 보편적으로 인정하는 권리</u>여야 할 것이다.

우리나라에서는 사회에서 인권침해사건이 많이 발생하고 있다. 인권침해의 발생을 보면 개인 간 인권침해, <u>공권력에 의한 인권침해</u>가 있다.

이것을 판단해 주기 위하여 우리나라에는 국가인권위원회가 있다. 국민 누구나 인권침해를 받았다면 국가인권위원회에 진정을 하면 공정하게 따져 판단을 해 줄 것이다. 판단결과 필요한 경우 침해원인행위자에게는 권고를, 처벌이 필요한 경우에는 고발조치도 하는 것으로 알고 있다.

공권력에 의한 인권침해는 수사기관에서 많이 발생한다. 예로서, 성고문사건, 다양한 고문에 의한 수사 등이 있다.

국가의 이름으로 자행하는 고문 등의 파렴치한 인권침해자들은 엄하게 벌을 해야 한다. 경기도 지사는 공권력을 이용한 파렴치한 인권침해 범죄자는 공소시효를 폐지하여야 한다고 주장하였다. 독일의 전범들처럼 공권력을 이용한 인권침해의 피해자는 대부분 약자다. 돈 있고 힘 있는 자에게는 거의 인권침해를 가하지 못한다. 공권력의 인권침해 범죄자는 <u>영구히 자기가 책임을 지도록</u> 하여야 할 것이다.

※ 제3장 특별사법경찰이 알아야 할 법률에서 '1. 헌법'을 참조 바란다. 헌법 제1조, 제7조, 제10조~제39조 는 국민의 권리를 지켜 주는 것으로 **특사경은 물론 국민이면 누구나 알아야 할 내용**이다.

부록

특별사법경찰관리에 대한
검사의 수사 지휘 및 특별사법경찰관리의
수사준칙에 관한 규칙
(형사소송법 제245조의10제4항의 법무부령)

제1장 총칙

제1조(목적) 이 규칙은「형사소송법」제245조의10제4항에 따른 검사의 수사지휘에 관한 구체적인 사항과「사법경찰관리의 직무를 행할 자와 그 직무범위에 관한 법률」에 따라 사법경찰관리의 직무를 행하는 자의 **범죄수사에 관한 집무상의 준칙**을 규정함으로써 수사과정에서 **국민의 인권을 보호**하고, 수사절차의 투명성과 수사의 효율성을 **보장함**을 목적으로 한다.

제2조(특별사법경찰관리의 직무) ①「사법경찰관리의 직무를 행할 자와 그 직무범위에 관한 법률」에 따라 사법경찰관의 직무를 행하는 자는 사법경찰직무법에 따른 **직무의 범위에서 범인과 범죄사실을 수사**하고 그에 관한 **증거를 수집하는 것을 그 직무**로 한다.
② 법에 따라 **사법경찰리의 직무를 행하는 자**는 특별사법**경찰관의 수사를 보조하는 것을 그 직무**로 한다.
③ 특별사법경찰관 및 특별사법경찰리(이하 "특별사법경찰관리"라 한다)는 범죄를 수사하거나 그 수사를 보조하는 경우에는 검사의 지휘를 받아야 한다.

제3조(수사의 기본원칙) ① 특별사법경찰관리는 모든 수사과정에서 헌법과 법률에 따라 보장되는 피의자와 그 밖의 피해자·참고인

등(이하 "사건관계인"이라 한다)의 권리를 보호하고, 적법한 절차에 따라야 한다.

② 특별사법경찰관리는 예단(豫斷)이나 편견 없이 신속하게 수사해야 하고, 주어진 권한을 자의적으로 행사하거나 남용해서는 안 된다.

③ 특별사법경찰관리는 다른 사건의 수사를 통해 확보된 증거 또는 자료를 내세워 관련이 없는 사건에 대한 자백이나 진술을 강요해서는 안 된다.

제4조(불이익 금지 및 기밀엄수) 특별사법경찰관리는 피의자나 사건관계인이 인권침해 신고나 그 밖에 인권 구제를 위한 신고, 진정, 고소, 고발 등의 행위를 했다는 이유로 부당한 대우를 하거나 불이익을 주어서는 안 된다.

제5조(수사사건의 공개금지 등) ① 특별사법경찰관리는 범죄를 수사할 때에는 기밀을 엄수해야 하며, 수사의 모든 과정에서 피의자와 사건관계인의 사생활의 비밀을 보호하고 그들의 명예나 신용이 훼손되지 않도록 노력해야 한다.

② 특별사법경찰관리는 수사 관련 사항, 피의자와 사건관계인의 개인정보, 그 밖에 직무상 알게 된 사실을 누설(구체적 사건의 수사와 관련하여 수사권한이나 수사지휘 권한이 없는 상급자

에게 누설하는 것을 포함한다)해서는 안 된다.

제2장 수사

제1절 통칙

제6조(관할) ① 특별사법경찰관리는 법령에 따라 정해진 관할구역에서 직무를 수행한다. 다만, 관할구역의 사건과 관련성이 있는 사실을 발견하기 위해 필요한 때에는 관할구역 밖에서도 그 직무를 수행할 수 있다.

② 특별사법경찰관리는 관할구역 밖에서 수사하려는 경우에는 관할 지방검찰청 검사장 또는 지청장에게 미리 보고해야 한다. 다만, 「형사소송법」(이하 "법"이라 한다) 제200조의3, 제212조, 제214조, 제216조 및 제217조에 따른 수사를 하는 경우로서 긴급을 요구하여 미리 보고할 시간적 여유가 없을 때에는 사후에 보고할 수 있다.

제7조(임의수사 우선의 원칙과 강제수사 시 유의사항) ① 특별사법경찰관리는 수사를 할 때 수사 대상자의 자유로운 의사에 따른 임의수사를 원칙으로 해야 하고, 강제수사는 법률에서 정한 바에 따라 필요한 경우에만 최소한의 범위에서 하되, 수사 대상자의 권익

침해의 정도가 더 적은 절차와 방법을 선택해야 한다.

② 특별사법경찰관리는 피의자를 체포·구속하는 과정에서 피의자 및 현장에 있는 가족 등 지인들의 인격과 명예를 침해하지 않도록 유의해야 한다.

③ 특별사법경찰관리는 압수·수색 과정에서 사생활의 비밀, 주거의 평온을 최대한 보장하고, 피의자 및 현장에 있는 가족 등 지인들의 인격과 명예를 침해하지 않도록 유의해야 한다.

제8조(회피) 특별사법경찰관리는 피의자나 사건관계인과 친족관계 또는 이에 준하는 관계가 있거나 그 밖에 수사의 공정성을 의심 받을 염려가 있는 사건에 대해서는 소속 기관의 장의 허가를 받아 그 수사를 회피해야 한다.

제9조(수사 진행상황의 통지) 특별사법경찰관리는 수사의 진행상황을 사건관계인에게 적절히 통지하도록 노력해야 한다.

제10조(변호인의 피의자신문 등 참여) ① 특별사법경찰관은 법 제243조의2제1항에 따라 피의자 또는 그 변호인·법정대리인·배우자·직계친족·형제자매의 신청이 있는 경우에는 변호인의 참여로 인하여 신문이 방해되거나, 수사기밀이 누설되는 등 정당한 사유가 있는 경우를 제외하고는 피의자에 대한 신문에 변호인을 참

여하게 해야 한다.

② 피의자 또는 그 변호인·법정대리인·배우자·직계친족·형제자매가 법 제243조의2제1항에 따른 피의자에 대한 신문의 변호인 참여를 신청하는 경우에는 별지 제1호서식의 변호인·변호사 참여신청서 또는 구술로 할 수 있다.

③ 특별사법경찰관은 변호인의 참여로 증거를 인멸·은닉·조작할 위험이 구체적으로 드러나거나, 신문 방해, 수사기밀 누설 등 수사에 현저한 지장을 초래하는 경우에는 피의자신문 중이라도 변호인의 참여를 제한할 수 있다. 이 경우 특별사법경찰관은 피의자와 변호인에게 변호인 참여를 제한하는 처분에 대해 법 제417조에 따른 준항고를 제기할 수 있다는 사실을 고지하고, 피의자에게 다른 변호인을 참여시킬 기회를 주어야 한다.

④ 특별사법경찰관은 피의자신문에 참여한 변호인이 피의자의 옆자리 등 실질적인 조력을 할 수 있는 위치에 앉도록 해야 하고, 정당한 사유가 없으면 피의자에 대한 법적인 조언·상담을 보장해야 하며, 법적인 조언·상담을 위한 변호인의 메모를 허용해야 한다.

⑤ 특별사법경찰관은 피의자에 대한 신문이 아닌 단순 면담 등이라는 이유로 변호인의 참여·조력을 제한해서는 안 된다.

⑥ 제1항부터 제5항까지의 규정은 특별사법경찰관의 사건관계인에 대한 조사·면담 등의 경우에도 적용한다.

⑦ 특별사법경찰관은 변호인이 여럿 있을 때에는 법 제32조의2에 따른 대표변호인의 지정, 지정의 철회 또는 변경을 별지 제2호 서식의 대표변호인 지정 등 건의서로 검사에게 건의할 수 있다.

제11조(변호인의 의견진술) ① 피의자신문에 참여한 변호인은 신문 후 조서를 열람하고 의견을 진술할 수 있다. 이 경우 변호인은 별도의 서면으로 의견을 제출할 수 있으며, 특별사법경찰관은 해당 서면을 사건기록에 편철한다.

② 피의자신문에 참여한 변호인은 신문 중이라도 특별사법경찰관의 승인을 받아 의견을 진술할 수 있다. 이 경우 특별사법경찰관은 정당한 사유가 있는 경우를 제외하고는 변호인의 의견진술 요청을 승인해야 한다.

③ 피의자신문에 참여한 변호인은 제2항에도 불구하고 부당한 신문방법에 대해서는 특별사법경찰관의 승인 없이 이의를 제기할 수 있다.

④ 특별사법경찰관은 제1항부터 제3항까지의 규정에 따른 의견진술 또는 이의제기가 있는 경우 해당 내용을 조서에 적어야 한다.

제12조(피해자 보호) ① 특별사법경찰관리는 피해자의 명예와 사생활의 평온을 보호하기 위해 「범죄피해자 보호법」 등 피해자 보호 관련 법령의 규정을 준수해야 한다.

② 특별사법경찰관리는 피의자의 범죄수법, 범행 동기, 피해자와의 관계, 언동 및 그 밖의 상황으로 보아 피해자가 피의자 또는 그 밖의 사람으로부터 생명·신체에 위해를 입거나 입을 염려가 있다고 인정되는 경우에는 직권 또는 피해자의 신청에 따라 신변보호에 필요한 조치를 강구해야 한다.

제13조(수사의 협조) 특별사법경찰관리는 직무를 수행하면서 다른 사법경찰관리와 서로 성실하게 협조해야 한다.

제14조(사건의 단위) 다음 각 호의 어느 하나에 해당하는 범죄사건은 1건으로 처리한다.
1. 법 제11조에 따른 관련사건. 이 경우 이미 검찰청 또는 이에 상응하는 관서에 송치하거나 이송한 후에 수리한 사건도 포함한다.
2. 불기소처분을 한 사건과 그 처분을 한 후 검사의 지휘에 따라 다시 수사를 개시한 사건
3. 1건으로 함께 수사하도록 검사의 수사지휘를 받은 사건
4. 다른 기관이나 다른 관서로부터 1건으로 이송된 사건

제15조(사법경찰관리 지명서 휴대의무) 사법경찰직무법 제5조에 따라 지명된 특별사법경찰관리는 압수수색·조사 등 수사업무를 수행할 때에는 사법경찰관리로 지명된 사람임을 증명하는 서류를

항상 지니고 있어야 한다.

제16조(합동단속반의 설치·운영 등) ① 지방검찰청 검사장이나 지청장은 범죄의 태양(態樣), 범죄가 미치는 사회적 영향 등을 고려하여 특정 범죄(사법경찰직무법 제8조 및 제9조에 따른 사법경찰관리의 직무범위에 속하는 범죄는 제외한다)를 중점적으로 단속할 필요가 있거나 특정사범에 대한 일반사법경찰관리와 특별사법경찰관리의 중복단속을 피하기 위해 필요한 때에는 관계 행정기관의 장과 협의하여 합동단속반을 설치·운영할 수 있다.

② 지방검찰청 검사장 또는 지청장은 합동단속이나 실태조사 또는 특별사법경찰관리의 전문지식과 인권의식 함양 등을 위해 필요한 때에는 특별사법경찰관리가 소속된 행정기관의 장에게 특별사법경찰관리의 파견, 특별사법경찰관리의 직무를 소관으로 하는 부서에서의 일정기간 근무, 수사실무나 수사 관계 법률 또는 인권에 관한 교육의 수강 등 필요한 사항의 협조를 요청할 수 있다.

제2절 수사의 개시

제17조(내사) ① 특별사법경찰관은 직무범위에 속하는 범죄에 관한 신문·방송이나 그 밖의 보도매체의 기사, 익명의 신고 또는 풍문이

있는 경우에는 특히 출처에 주의하여 진상을 내사하고, 내사 결과 범죄의 혐의가 있다고 인정할 때에는 즉시 수사를 개시해야 한다.

② 특별사법경찰관은 내사 결과 범죄의 혐의가 없다고 인정될 때에는 즉시 내사를 종결해야 한다.

③ 특별사법경찰관은 익명이나 가공인물의 이름으로 이루어진 진정·탄원 및 투서의 내용을 정확히 판단하여 수사 단서로서 가치가 없다고 인정할 때에는 내사하지 않을 수 있다.

④ 특별사법경찰관은 진정·탄원 및 투서의 내용이 소관으로 하는 형벌법규에 저촉되지 않는 것이 명백하다고 인정할 때에는 진정인·탄원인 및 투서인에게 그 뜻을 통지하고 내사하지 않을 수 있다.

제18조(범죄인지서) ① 특별사법경찰관이 수사를 개시한 경우에는 별지 제3호서식의 범죄인지서를 작성해야 한다.

② 제1항에 따른 범죄인지서에는 피의자의 성명·주민등록번호·직업·주거·범죄경력, 수사경력, 죄명, 범죄사실 및 적용될 법조문을 적어야 하며, 범죄사실에는 범죄의 일시·장소·방법 등을 명시하고 특히 수사의 단서와 범죄사실을 인지하게 된 경위를 구체적으로 적어야 한다.

제19조(수사의 개시) ① 특별사법경찰관이 다음 각 호의 어느 하나

에 해당하는 행위에 착수한 때에는 수사를 개시한 것으로 본다. 이 경우 특별사법경찰관은 해당 사건을 즉시 입건해야 한다.

1. 피혐의자의 수사기관 출석조사
2. 피의자신문조서의 작성
3. 긴급체포
4. 체포·구속영장의 신청
5. 사람의 신체, 주거, 관리하는 건조물, 자동차, 선박, 항공기 또는 점유하는 방실에 대한 압수·수색 또는 검증영장(부검을 위한 검증영장은 제외한다)의 신청

② 특별사법경찰관은 수사 중인 사건의 범죄 혐의를 밝히기 위한 목적으로 관련 없는 사건의 수사를 개시하거나 수사기간을 부당하게 연장해서는 안 된다.

③ 특별사법경찰관은 입건 전에 범죄를 의심할 만한 정황이 있어 수사 개시 여부를 결정하기 위한 사실관계의 확인 등 필요한 조사를 할 때에는 적법절차를 준수하고 사건관계인의 인권을 존중하며, 조사가 부당하게 장기화되지 않도록 신속하게 진행해야 한다.

④ 특별사법경찰관은 제3항에 따른 조사 결과 입건하지 않는 결정을 한 때에는 피해자에 대한 보복범죄나 2차 피해가 우려되는 경우 등을 제외하고는 피혐의자 및 사건관계인에게 통지해야 한다.

제20조(사건기록의 관리) ① 특별사법경찰관리는 다음 각 호의 어느 하나에 해당하는 행위를 한 후 제18조에 따른 범죄인지서를 작성하지 않은 사건에 대해서는 매 분기마다 해당 사건의 목록과 요지를 검사에게 제출해야 한다.

1. 압수·수색·검증(법에 따른 사람의 신체, 주거, 관리하는 건조물, 자동차, 선박, 항공기 또는 점유하는 방실에 대한 압수·수색·검증은 제외한다) 영장, 「통신비밀보호법」 제6조 및 제8조에 따른 통신제한조치허가서 및 같은 법 제13조에 따른 통신사실 확인자료제공요청 허가서 등 법원으로부터 법 및 다른 법률에 따라 발부받은 영장 또는 허가서에 의한 대물적(對物的) 강제처분의 집행
2. 현행범인의 체포 또는 인수

② 검사는 제1항 각 호의 행위가 다음 각 호의 어느 하나에 해당하는 경우에는 구체적 사건을 특정하여 특별사법경찰관리에게 관계 서류와 증거물을 제출할 것을 서면으로 지시할 수 있다. 이 경우 특별사법경찰관리는 그 지시에 따라야 한다.

1. 사건관계인이 검사에게 이의를 제기한 경우
2. 검사가 사건관계인의 인권이 침해되었다고 인정할 만한 현저한 이유가 있다고 판단하는 경우

제21조(변사자의 검시) ① 특별사법경찰관은 변사자 또는 변사한

것으로 의심되는 시체가 있으면 변사사건 발생사실을 즉시 관할 지방검찰청 또는 지청의 검사에게 보고하고 지휘를 받아야 한다.
② 특별사법경찰관이 검사의 명령으로 법 제222조제1항 및 제3항에 따라 검시를 했을 때에는 별지 제4호서식의 검시조서를 작성해야 한다.

제22조(검시할 때의 주의사항) ① 특별사법경찰관리는 검시에 착수하기 전에 변사자의 위치·상태 등이 변하지 않도록 현장을 보존해야 한다.
② 특별사법경찰관리는 변사자의 소지품이나 그 밖에 변사자가 남겨 놓은 물건이 수사에 필요하다고 인정될 때에는 이를 주의하여 보존해야 한다.
③ 특별사법경찰관리는 검시를 할 때에는 잠재지문과 변사자의 지문을 주의하여 채취하고, 의사로 하여금 사체검안서를 작성하게 해야 한다.

제23조(검시의 참여) 특별사법경찰관은 검시에 특별한 지장이 없다고 인정할 때에는 변사자의 가족·친족·이웃사람·친구, 공무원 또는 그 밖에 필요하다고 인정하는 사람을 검시에 참여시켜야 한다.

제24조(자살자의 검시) 특별사법경찰관은 자살한 사람을 검시할 때

에는 자살을 교사하거나 방조한 사람이 있는지를 조사해야 하며, 유서가 있을 때에는 그 진위 여부를 조사해야 한다.

제3절 수사사무의 보고

제25조(수사개시 보고) 특별사법경찰관은 사법경찰직무법 제6조에서 부여한 직무범위에서 다음 각 호의 어느 하나에 해당하는 범죄에 대하여 수사를 개시했을 때에는 즉시 관할 지방검찰청 검사장 또는 지청장에게 별지 제5호서식의 수사개시 보고서로 보고해야 한다.

1. 내란의 죄(「형법」 제2편제1장에 따른 죄 및 다른 법률에 따라 가중처벌되는 죄를 말한다)
2. 외환의 죄(「형법」 제2편제2장에 따른 죄 및 다른 법률에 따라 가중처벌되는 죄를 말한다)
3. 공안(公安)을 해하는 죄(「형법」 제2편제5장에 따른 죄 및 다른 법률에 따라 가중처벌되는 죄를 말한다)
4. 폭발물과 방화 및 실화에 관한 죄(「형법」 제2편제6장 및 제13장에 따른 죄 및 다른 법률에 따라 가중처벌되는 죄를 말한다)
5. 살인의 죄(「형법」 제2편제24장에 따른 죄 및 다른 법률에 따라 가중처벌되는 죄를 말한다)
6. 상해치사·폭행치사죄(「형법」 제259조 및 제262조에 따른 죄

및 다른 법률에 따라 가중처벌되는 죄를 말한다)
7. 공무원의 직무에 관한 죄 및 공무방해에 관한 죄(「형법」 제2편 제7장·제8장에 따른 죄 및 다른 법률에 따라 가중처벌되는 죄를 말한다)
8. 「국가보안법」 제3조부터 제12조까지의 규정에 따른 범죄
9. 「군형법」 제2편제1장에 따른 반란의 죄, 같은 법 제81조에 따른 암호부정사용죄, 「군사기밀보호법」 제10조, 제11조, 제11조의2, 제12조, 제13조, 제13조의2, 제14조부터 제18조까지의 규정에 따른 범죄 및 「군용물 등 범죄에 관한 특별조치법」 제3조·제4조에 따른 범죄
10. 다음 각 목의 어느 하나에 해당하는 범죄 중 피해규모, 광역성, 연쇄성, 범죄 태양 등에 비추어 사회적 이목을 끌만한 중대한 범죄

　가. 「관세법」 위반범죄

　나. 「자본시장과 금융투자업에 관한 법률」 위반범죄

　다. 「철도법」 위반범죄

　라. 「출입국관리법」 위반범죄

　마. 「특허법」, 「부정경쟁방지 및 영업비밀보호에 관한 법률」 및 「디자인보호법」 위반범죄

　바. 「근로기준법」 위반범죄 및 같은 법 제102조제5항의 노동 관계 법령 위반범죄

11. 지방검찰청 검사장 또는 지청장이 특별히 지휘한 사항

제26조(직무범위 외의 범죄발생에 대한 보고) 특별사법경찰관은 그 직무범위에 속하지 않는 범죄나 이에 대한 증거자료를 발견한 경우에도 다음 각 호의 어느 하나에 해당할 때에는 발견한 범죄사실이나 증거자료를 검사의 지휘를 받아 수사기관에 통보해야 한다.
1. 해당 범죄가 진행 중에 있는 등 시급한 조치가 필요한 때
2. 해당 범죄의 법정형에 징역형이 포함되어 있을 때

제27조(범죄통계원표 등) ① 특별사법경찰관은 사건마다 범죄통계원표(발생사건표, 검거사건표 및 피의자표를 말한다)를 작성하여 검찰총장이나 관할 지방검찰청 검사장 또는 지청장에게 제출해야 한다.
② 특별사법경찰관은 사건을 인지할 때에는 피의자의 지문을 채취하여 별지 제6호서식의 수사자료표 송부서에 따라 지문대조조회를 해야 한다.
③ 특별사법경찰관이 고소·고발을 받은 사건을 직접 수사할 때에는 피의자의 지문을 채취하여 별지 제6호서식의 수사자료표 송부서에 따라 지문대조조회를 해야 한다. 다만, 고소·고발을 받은 사건이 다음 각 호의 어느 하나에 해당하는 경우로서 피의자가 「지문을 채취할 형사피의자의 범위에 관한 규칙」 제2조제

2항제1호·제2호 또는 제4호의 어느 하나에 해당하지 않는 경우에는 피의자에 대한 지문채취 및 지문대조조회를 하지 않을 수 있다.
1. 혐의 없음
2. 공소권 없음
3. 죄가 안 됨
4. 각하
5. 참고인중지

제4절 수사지휘

제28조(수사지휘의 원칙) 검사는 특별사법경찰관을 존중하고, 법률에 따라 특별사법경찰관의 모든 수사를 적정하게 지휘한다.

제29조(수사지휘 일반) ① 검찰총장, 지방검찰청 검사장 또는 지청장은 국민의 인권을 보호하고 수사절차의 투명성과 수사의 효율성을 보장하기 위해 특별사법경찰관리에게 필요한 일반적 수사준칙 또는 지침을 마련하여 시행할 수 있다.
② 지방검찰청 검사장 또는 지청장이 제1항에 따라 일반적 수사지휘를 하거나 세부 지침 등을 마련하여 시행하는 경우에는 법무부장관과 검찰총장에게 일반적 수사지휘 또는 세부 지침 등의

내용을 보고해야 한다.

제30조(수사지휘 건의) ① 특별사법경찰관은 사건을 수사할 때 검사의 지휘가 필요하면 검사에게 별지 제7호서식의 수사지휘 건의서로 건의하여 구체적 지휘를 받아 수사할 수 있다. 다만, 범법자 출입국 규제 요청과 관련하여 지휘건의를 하는 경우에는 별지 제8호서식의 범법자 출입국 규제 요청 지휘 건의서에 따른다.

② 특별사법경찰관은 사건 수사와 관련하여 일반사법경찰관리 또는 다른 기관의 특별사법경찰관리와 업무권한의 충돌이나 분쟁이 생겨 기관 간의 업무 조정이 필요한 경우에도 별지 제7호서식의 수사지휘 건의서로 건의하여 구체적 지휘를 받아 수사할 수 있다.

제31조(수사지휘의 방식) ① 검사는 특별사법경찰관리에게 사건에 대한 구체적 지휘를 할 때에는 서면 또는 「형사사법절차 전자화 촉진법」에 따른 형사사법정보시스템(이하 "형사사법정보시스템"이라 한다)을 이용하여 지휘해야 한다. 다만, 천재지변, 긴급한 상황, 이미 수사지휘한 내용을 보완하거나 지휘 내용이 명확한 경우, 수사 현장에서 지휘하는 경우 등 서면 또는 형사사법정보시스템에 의한 지휘가 불가능하거나 필요 없다고 인정되는 경우에는 구두나 전화 등 간편한 방식으로 지휘할 수 있다.

② 특별사법경찰관은 검사가 제1항 단서에 따라 간편한 방식으로 지휘하였을 때에는 서면 또는 형사사법정보시스템을 이용하여 지휘해 줄 것을 요청할 수 있다.

③ 검사는 수사지휘를 위해 필요할 때에는 특별사법경찰관리에게 모든 관계 서류와 증거물을 송부할 것을 지시할 수 있다.

④ 검사는 사건이 복잡하여 설명이 필요한 경우 특별사법경찰관에게 대면하여 설명할 것을 요구할 수 있고, 특별사법경찰관은 수사 중인 사건에 관하여 필요할 때에는 검사에게 대면하여 보고할 수 있다.

제32조(수사지휘에 대한 재지휘 건의) ① 특별사법경찰관은 다음 각 호의 어느 하나에 해당하는 경우에는 해당 검사에게 의견을 밝히고 재지휘를 건의할 수 있다.

1. 구체적 사건과 관련된 검사의 수사지휘의 적법성 또는 정당성에 이견이 있는 경우
2. 구체적 사건과 관련된 검사의 수사지휘 내용이 명확하지 않아 이행하기 어려운 경우

② 검사는 제1항에 따른 재지휘 건의를 받은 때에는 재지휘 여부를 결정하고, 필요한 조치를 해야 한다.

제33조(신속한 수사지휘) 검사는 특별사법경찰관으로부터 제30조

에 따른 수사지휘 건의나 제32조에 따른 재지휘 건의를 받은 경우에는 지체 없이 지휘해야 한다. 다만, 사안이 복잡하거나 장기간 검토해야 할 특별한 사정이 있을 때에는 그렇지 아니하다.

제34조(수사지휘 기한 준수) ① 특별사법경찰관은 검사가 기한을 지정하였을 때에는 그 기한 내에 지휘 사항을 이행해야 한다.
② 특별사법경찰관이 검사가 지휘한 기한 내에 지휘 사항을 이행하지 못하였을 때에는 그 사유를 소명하여 검사에게 별지 제9호서식의 수사기일 연장지휘 건의서로 수사기일 연장지휘를 건의해야 한다.

제35조(중요범죄의 입건 등) ① 특별사법경찰관은 다음 각 호의 어느 하나에 해당하는 범죄에 대하여 수사를 개시했을 때에는 검사에게 지휘를 건의하고 입건 여부에 대한 검사의 의견에 따라야 한다.
1. 내란의 죄(「형법」 제2편제1장에 따른 죄 및 다른 법률에 따라 가중처벌되는 죄를 말한다)
2. 외환의 죄(「형법」 제2편제2장에 따른 죄 및 다른 법률에 따라 가중처벌되는 죄를 말한다)
3. 공안을 해하는 죄(「형법」 제2편제5장에 따른 죄 및 다른 법률에 따라 가중처벌되는 죄를 말한다)
4. 「국가보안법」 제3조부터 제12조까지의 규정에 따른 범죄

5. 「군사기밀보호법」 제10조, 제11조, 제11조의2, 제12조, 제13조, 제13조의2 및 제14조부터 제18조까지의 규정에 따른 범죄

   ② 특별사법경찰관은 제1항 각 호 외의 범죄에 대해서도 사안의 중대성 등을 고려하여 필요한 경우 검사에게 입건 여부에 대한 지휘를 받을 수 있다.

   ③ 특별사법경찰관은 제20조제2항에 따라 관계 서류와 증거물을 제출한 사건을 입건하거나 사건을 종결하려면 미리 검사의 지휘를 받아야 한다.

제5절 임의수사

제36조(출석요구) ① 특별사법경찰관은 피의자에게 출석요구를 할 때에는 다음 각 호의 사항을 유의해야 한다.
  1. 출석요구를 하기 전에 우편·전자우편·전화를 통한 진술 등 출석을 대체할 수 있는 방법의 선택 가능성을 고려할 것
  2. 출석요구의 방법, 출석의 일시·장소 등을 정할 때에는 피의자의 명예 또는 사생활의 비밀이 침해되지 않도록 주의할 것
  3. 출석요구를 할 때에는 피의자의 생업에 지장을 주지 않도록 충분한 시간적 여유를 두도록 하고, 피의자가 출석 일시의 연기를 요청하는 경우 특별한 사정이 없으면 출석 일시를 조정할 것
  4. 불필요하게 여러 차례 출석요구를 하지 않을 것

② 특별사법경찰관은 피의자에게 출석요구를 하려는 경우 피의자와 조사의 일시·장소에 관하여 협의해야 한다. 이 경우 변호인이 있는 경우에는 변호인과도 협의해야 한다.

③ 특별사법경찰관은 피의자에게 출석요구를 하려는 경우 피의사실의 요지 등 출석요구의 취지를 구체적으로 적은 별지 제10호서식의 출석요구서를 발송해야 한다. 다만, 신속한 출석요구가 필요한 경우 등 부득이한 사정이 있는 경우에는 전화, 문자메시지, 그 밖의 상당한 방법으로 출석요구를 할 수 있다.

④ 특별사법경찰관은 제3항 본문에 따른 방법으로 출석요구를 했을 때에는 출석요구서의 사본을, 같은 항 단서에 따른 방법으로 출석요구를 했을 때에는 그 취지를 적은 수사보고서를 각각 사건기록에 편철한다.

⑤ 특별사법경찰관은 피의자가 치료 등 수사관서에 출석하여 조사를 받는 것이 현저히 곤란한 사정이 있는 경우에는 수사관서 외의 장소에서 조사할 수 있다.

⑥ 제1항부터 제5항까지의 규정은 피의자가 아닌 사람에 대한 출석요구의 경우에도 적용한다. 이 경우 피의자가 아닌 사람에 대한 출석요구는 별지 제11호서식의 참고인 출석요구서에 따른다.

⑦ 특별사법경찰관은 제3항 또는 제6항에 따라 피의자 또는 피의자가 아닌 사람에게 출석요구를 한 경우에는 별지 제12호서식

의 출석요구통지부에 해당 사항을 적어야 한다.

제37조(수사상 임의동행 시의 고지) 특별사법경찰관은 임의동행을 요구하는 경우 상대방에게 동행을 거부할 수 있다는 것과 동행하는 경우에도 언제든지 자유롭게 동행 과정에서 이탈하거나 동행 장소에서 퇴거할 수 있다는 것을 알려야 한다.

제38조(심야조사 제한) ① 특별사법경찰관은 조사, 신문, 면담 등 그 명칭을 불문하고 피의자나 사건관계인에 대해 오후 9시부터 오전 6시까지 사이에 조사(이하 "심야조사"라 한다)를 해서는 안 된다. 다만, 이미 작성된 조서의 열람을 위한 절차는 자정 이전까지 진행할 수 있다.
② 제1항에도 불구하고 다음 각 호의 어느 하나에 해당하는 경우에는 심야조사를 할 수 있다. 이 경우 심야조사의 사유를 조서에 명확하게 적어야 한다.
1. 피의자를 체포한 후 48시간 이내에 구속영장의 청구 또는 신청 여부를 판단하기 위해 불가피한 경우
2. 공소시효가 임박한 경우
3. 피의자나 사건관계인이 출국, 입원, 원거리 거주, 직업상 사유 등 재출석이 곤란한 구체적인 사유를 들어 심야조사를 요청한 경우(변호인이 심야조사에 동의하지 않는다는 의사를 명시한

경우는 제외한다)로서 해당 요청에 상당한 이유가 있다고 인정되는 경우

제39조(장시간 조사 제한) ① 특별사법경찰관은 조사, 신문, 면담 등 그 명칭을 불문하고 피의자나 사건관계인을 조사하는 경우에는 대기시간, 휴식시간, 식사시간 등 모든 시간을 합산한 조사시간(이하 "총조사시간"이라 한다)이 12시간을 초과하지 않도록 해야 한다. 다만, 다음 각 호의 어느 하나에 해당하는 경우에는 예외로 한다.
1. 피의자나 사건관계인의 서면 요청에 따라 조서를 열람하는 경우
2. 제38조제2항 각 호의 어느 하나에 해당하는 경우
② 특별사법경찰관은 특별한 사정이 없으면 총조사시간 중 식사시간, 휴식시간 및 조서의 열람시간 등을 제외한 실제 조사시간이 8시간을 초과하지 않도록 해야 한다.
③ 특별사법경찰관은 피의자나 사건관계인에 대한 조사를 마친 때부터 8시간이 지나기 전에는 다시 조사할 수 없다. 다만, 제1항제2호에 해당하는 경우에는 예외로 한다.

제40조(휴식시간 부여) ① 특별사법경찰관은 조사에 상당한 시간이 소요되는 경우에는 특별한 사정이 없으면 피의자 또는 사건관계인에게 조사 도중에 최소한 2시간마다 10분 이상의 휴식시간을 주

어야 한다.

② 특별사법경찰관은 조사 도중 피의자, 사건관계인 또는 그 변호인으로부터 휴식시간의 부여를 요청받았을 때에는 그때까지 조사에 소요된 시간, 피의자 또는 사건관계인의 건강상태 등을 고려해 적정하다고 판단될 경우 휴식시간을 주어야 한다.

③ 특별사법경찰관은 조사 중인 피의자 또는 사건관계인의 건강상태에 이상 징후가 발견되면 의사의 진료를 받게 하거나 휴식하게 하는 등 필요한 조치를 해야 한다.

제41조(신뢰관계인의 동석) ① 법 제244조의5에 따라 피의자와 동석할 수 있는 신뢰관계에 있는 사람과 법 제221조제3항에서 준용하는 법 제163조의2에 따라 피의자 또는 피해자와 동석할 수 있는 신뢰관계에 있는 사람은 피의자 또는 피해자의 직계친족, 형제자매, 배우자, 가족, 동거인, 보호·교육시설의 보호·교육담당자 등 피의자 또는 피해자의 심리적 안정과 원활한 의사소통에 도움을 줄 수 있는 사람으로 한다.

② 피의자, 피해자 또는 그 법정대리인이 제1항에 따른 신뢰관계에 있는 사람(이하 "신뢰관계인"이라 한다)의 동석을 신청한 경우 특별사법경찰관은 그 관계를 포함하는 별지 제13호서식 또는 별지 제14호서식의 동석신청서를 제출받거나 조서 또는 수사보고서에 그 관계를 적어야 한다.

③ 제2항의 경우 특별사법경찰관은 신뢰관계인으로 동석할 사람과 피의자 또는 피해자와의 관계를 소명할 수 있는 자료를 제출받아 기록에 편철한다. 다만, 조사의 긴급성 또는 동석의 필요성 등이 현저한 경우에는 예외적으로 동석 조사 이후에 해당 자료를 제출받아 기록에 편철할 수 있다.

④ 특별사법경찰관은 신뢰관계인의 동석으로 인하여 신문이 방해되거나, 수사기밀이 누설되는 등 정당한 사유가 있는 경우에는 동석을 거부할 수 있으며, 신뢰관계인이 피의자신문 또는 피해자 조사를 방해하거나 그 진술의 내용에 부당한 영향을 미칠 수 있는 행위를 하는 등 수사에 현저한 지장을 초래하는 경우에는 피의자신문 또는 피해자 조사 중에도 동석을 제한할 수 있다.

제42조(자료·의견의 제출기회 보장) ① 특별사법경찰관은 피의자 또는 사건관계인을 조사하기에 앞서 조사 대상자에게 조사의 경위 및 이유를 설명해야 하고, 유리한 자료를 제출할 기회를 주거나, 조사 대상자로부터 피의사실에 대한 의견 및 조사 요구 사항 등을 들을 수 있다.

② 특별사법경찰관은 조사과정에서 피의자, 사건관계인 또는 그 변호인이 사실관계 등의 확인을 위해 자료를 제출하는 경우 그 자료를 수사기록에 편철한다.

③ 특별사법경찰관은 조사를 종결하기 전에 피의자, 사건관계인 또는 그 변호인에게 자료 또는 의견을 제출할 의사가 있는지를 확인하고, 자료 또는 의견을 제출받은 경우에는 해당 자료 및 의견을 수사기록에 편철한다.

제43조(수사과정의 기록) ① 특별사법경찰관은 법 제244조의4에 따라 조사(신문, 면담 등 명칭을 불문한다. 이하 이 조에서 같다) 과정의 진행경과를 다음 각 호의 구분에 따른 방법으로 기록해야 한다.
1. 조서를 작성하는 경우: 조서에 기록(별지 제15호서식의 수사 과정 확인서에 기록한 후 조서의 끝부분에 편철하는 것을 포함한다)
2. 조서를 작성하지 않는 경우: 별지 제16호서식의 수사 과정 확인서에 기록한 후 수사기록에 편철

② 제1항에 따라 조사과정의 진행경과를 기록할 때에는 다음 각 호의 구분에 따른 사항을 구체적으로 적어야 한다.
1. 조서를 작성하는 경우에는 다음 각 목의 사항
   가. 조사 대상자가 조사장소에 도착한 시각
   나. 조사의 시작 및 종료 시각
   다. 조사 대상자가 조사장소에 도착한 시각과 조사를 시작한 시각에 상당한 시간적 차이가 있는 경우에는 그 이유
   라. 조사가 중단되었다가 재개된 경우에는 그 이유와 중단 시각 및 재개 시각

2. 조서를 작성하지 않는 경우에는 다음 각 목의 사항

　　가. 조사 대상자가 조사장소에 도착한 시각

　　나. 조사 대상자가 조사장소를 떠난 시각

　　다. 조서를 작성하지 않는 이유

　　라. 조사 외에 실시한 활동

　　마. 변호인 참여 여부

제44조(피의자에 대한 조사사항) 특별사법경찰관리는 피의자를 조사할 때에는 다음 각 호의 사항을 유의해야 한다.

1. 피의자의 성명·연령·주민등록번호·등록기준지·주거 및 직업

2. 피의자가 법인 또는 단체인 경우에는 그 명칭·설립목적·소재지 및 기구와 대표자의 성명 및 주거

3. 피의자가 외국인인 경우에는 국적·주거·출생지·입국연월일·입국목적 및 외국인등록번호

4. 피의자의 전과 유무와 기소유예·선고유예 등을 받은 사실의 유무

5. 피의자가 자수하거나 자복한 때에는 그 동기와 경위

6. 피의자의 훈장·기장·포장 및 연금의 유무

7. 피의자의 병역관계

8. 피의자의 환경·교육·경력·가족상황·재산 정도 및 생활수준

9. 범죄의 동기·원인·성질·일시·장소·방법 및 결과

10. 피해자의 주거·직업·성명 및 연령
11. 피의자와 피해자가 친족관계이거나 그 밖의 특수한 관계인 경우에는 죄가 성립하는지의 여부 및 형의 가중 또는 감경에 관한 사항
12. 피의자의 처벌로 그 가정에 미치는 영향
13. 범죄로 피해자와 사회에 미치는 영향
14. 피해의 상태 및 손해액, 피해 회복의 여부와 피해자의 처벌 희망 여부
15. 피의자에게 이익이 될 만한 사항
16. 제1호부터 제15호까지의 규정에 따른 사항을 증명할 수 있는 사항

제45조(조서와 진술서) ① 특별사법경찰관이 피의자를 신문하고 조서를 작성하는 경우에는 별지 제17호서식 및 별지 제18호서식(피의자를 추가로 신문하는 경우로 한정한다)의 피의자신문조서에 따른다.
② 특별사법경찰관이 피의자가 아닌 사람의 진술을 듣고 조서를 작성하는 경우에는 별지 제19호서식 및 별지 제20호서식(피의자가 아닌 사람의 진술을 추가로 듣는 경우로 한정한다)의 진술조서에 따른다.
③ 제1항의 피의자신문조서 및 제2항의 진술조서는 진술을 한 피

의자 또는 피의자가 아닌 사람(이하 "진술인"이라 한다)에게 열람하게 하거나 읽어 들려주어야 하며, 진술한 대로 기재되지 않았거나 사실과 다른 부분이 있는지를 물어 진술인이 기재 내용의 증감 또는 변경을 청구하는 등 이의를 제기하거나 의견을 진술했을 때에는 이를 조서에 추가로 적어야 한다. 이 경우 진술인이 이의를 제기하였던 부분은 읽을 수 있도록 남겨두어야 한다.

④ 진술인이 조서에 대하여 이의나 의견이 없음을 진술한 때에는 진술인으로 하여금 그 취지를 별지 제21호서식 또는 제22호서식(진술인이 외국인인 경우로 한정한다)에 따라 자필로 기재하게 한 후 조서에 편철하고, 간인(間印)을 한 후 기명날인 또는 서명하게 해야 한다.

⑤ 법 제243조의2제4항에 따라 변호인의 의견을 기재한 피의자신문조서는 변호인에게 열람하게 한 후 변호인이 그 조서에 기명날인 또는 서명하게 해야 한다.

⑥ 특별사법경찰관은 변호인의 신문참여 및 그 제한에 관한 사항을 피의자신문조서에 적어야 한다.

⑦ 특별사법경찰관은 피의자 또는 피의자가 아닌 사람의 진술을 들어야 하는 경우에 다음 각 호의 어느 하나에 해당할 때에는 피의자 또는 피의자가 아닌 사람에게 별지 제23호서식에 따라 진술서를 작성하도록 할 수 있다.

1. 피의자 또는 피의자가 아닌 사람이 서면 진술을 원할 때

2. 진술 사항이 복잡하고 피의자 또는 피의자가 아닌 사람이 서면 진술에 동의할 때
3. 그 밖에 서면 진술을 하도록 하는 것이 상당하다고 인정되는 때

⑧ 특별사법경찰관은 제7항의 경우 피의자 또는 피의자가 아닌 사람이 자필로 진술서를 작성하도록 해야 하고, 특별사법경찰관리가 대신 진술서를 작성해서는 안 된다.

제46조(진술거부권 등의 고지 확인) 특별사법경찰관은 피의자신문조서 작성을 갈음하여 피의자에게 진술서를 작성하도록 하는 경우 등 피의자신문조서를 작성하지 않은 경우에는 법 제244조의3에 따라 진술거부권 등을 고지한 사실과 진술거부권 등의 고지에 대한 피의자의 답변에 대하여 피의자로부터 별지 제24호서식의 진술거부권 및 변호인 조력권 고지 등 확인서를 제출받아 기록에 편철해야 한다.

제47조(사건관계인의 조사) ① 특별사법경찰관은 사건관계인이 출석한 경우 지체 없이 조사하고, 부득이한 사유로 조사의 시작이 늦어지거나 조사를 하지 못할 경우에는 그 사유를 설명해야 한다.

② 특별사법경찰관은 조사 과정을 녹음 또는 녹화하거나 같은 날 여러 명에 대해 출석요구하는 경우에는 시차를 두고 출석을 요구하는 등 불필요한 출석 요구나 장시간 대기를 방지해야 한다.

③ 특별사법경찰관은 피의자와 사건관계인의 대질조사는 불가피한 사정이 있고 사건관계인이 동의한 경우에만 할 수 있다.

④ 특별사법경찰관은 사건관계인을 조사할 때에는 폭언 또는 강압적이거나 모멸감을 주거나 공정성을 의심받을 수 있는 언행을 해서는 안 되고, 사생활에 대한 조사는 수사상 반드시 필요한 경우만 할 수 있다.

제48조(조서 및 자료의 편철) 특별사법경찰관은 조서, 수사보고서 등 수사관계 서류를 작성하거나 해당 사건에 관한 자료를 접수했을 때에는 작성 또는 접수 순서에 따라 사건기록에 편철하고, 이를 기록목록에 적어야 하며, 사건기록에는 매 장마다 장수를 적어야 한다. 다만, 범죄사실과 직접 관련이 없거나 중복하여 작성 또는 접수된 자료는 별도의 기록으로 분리하여 편철할 수 있다.

제49조(영상녹화) ① 특별사법경찰관은 피의자 또는 참고인에 대한 조서를 작성할 때에는 필요한 경우 그 조사과정을 영상녹화할 수 있다.

② 특별사법경찰관은 조사과정을 영상녹화하는 경우 해당 조사의 시작부터 피조사자가 조서에 기명날인 또는 서명을 마치는 시점까지의 전 과정을 영상녹화해야 하며, 조사를 시작한 후에 영상녹화를 할 필요가 있게 된 경우에는 그 시점에서 진행 중

인 조사를 종료하고, 그 다음 조사의 시작부터 조서에 피조사자가 서명날인 또는 서명을 마치는 시점까지의 전 과정을 영상녹화해야 한다.

③ 제2항에도 불구하고 특별사법경찰관은 조사를 마친 후 조서 정리에 장시간을 요하는 경우에는 조서정리과정을 영상녹화하지 않고, 조서 열람 시부터 영상녹화를 재개할 수 있다.

④ 특별사법경찰관은 피의자에 대한 조사과정을 영상녹화하는 경우 피의자에게 다음 각 호의 사항을 고지해야 한다.

1. 조사자 및 법 제243조에 따른 참여자(이하 "참여자"라 한다)의 성명과 직책
2. 영상녹화 사실 및 장소, 시작 및 종료 시각
3. 법 제244조의3에 따른 진술거부권 등
4. 조사를 중단·재개하는 경우 중단 이유와 중단 시각 및 중단 후 재개하는 시각

⑤ 특별사법경찰관은 참고인에 대한 조사과정을 영상녹화하는 경우 별지 제25호서식의 영상녹화 동의서에 따라 영상녹화에 대한 동의 여부를 확인하고, 제4항제1호, 제2호 및 제4호의 사항을 고지해야 한다.

⑥ 특별사법경찰관은 영상녹화를 할 때에는 조사실 전체를 확인할 수 있도록 하고, 피조사자의 얼굴과 음성을 식별할 수 있도록 해야 한다.

⑦ 특별사법경찰관은 피의자에 대한 조사과정을 영상녹화하는 경우 법 제243조에 따라 참여자를 참여하게 해야 한다. 이 경우, 참여자는 반드시 조사실에 동석해야 한다.

제50조(영상녹화물의 제작 등) ① 특별사법경찰관은 영상녹화를 실시한 경우 영상녹화용 컴퓨터에 저장된 영상녹화파일을 이용하여 영상녹화물(CD, DVD 등) 1개를 제작하고, 피조사자의 기명날인 또는 서명을 받아 피조사자 또는 변호인의 면전에서 봉인하여 수사기록에 편철한다.
② 특별사법경찰관은 영상녹화물을 제작한 후 영상녹화용 컴퓨터에 저장되어 있는 영상녹화파일을 데이터베이스 서버에 전송하여 보관할 수 있다.
③ 특별사법경찰관은 제1항의 영상녹화물이 손상 또는 분실 등으로 인하여 사용될 수 없게 된 경우에는 데이터베이스 서버에 저장되어 있는 영상녹화파일을 이용하여 다시 영상녹화물을 제작할 수 있다.

제51조(임상조사) 특별사법경찰관리는 치료중인 피의자나 참고인을 상대로 임상신문(臨床訊問)을 하려는 경우에는 상대방의 건강상태를 충분히 고려해야 하며, 수사에 중대한 지장이 없는 한 가족이나 의사, 간호사 또는 해당 의료기관의 관리자를 참여시켜야 한다.

제52조(실황조사) ① 특별사법경찰관은 수사상 필요하다고 인정되는 경우에는 범죄현장이나 그 밖의 장소에 가서 실황을 조사해야 한다.
② 특별사법경찰관은 제1항의 조사를 하였을 때에는 별지 제26호서식에 따라 실황조사서를 작성해야 한다.

제53조(수사관계사항의 조회) 특별사법경찰관은 법 제199조제2항에 따라 공무소 기타 공사단체에 필요한 사항의 보고를 요구하는 경우에는 별지 제27호서식의 수사사항조회서에 따른다.

제6절 강제수사

제54조(영장의 집행) ① 특별사법경찰관리는 영장, 감정유치장, 허가장, 허가서 및 요청서 등(이하 "영장등"이라 한다)을 신속하고 정확하게 집행해야 한다.
② 특별사법경찰관리가 영장등을 집행할 때에는 피의자나 사건관계인의 신체와 명예를 보전(保全)하는데 유의해야 한다.
③ 영장은 검사의 서명·날인 또는 집행지휘서에 따라 집행한다.
④ 특별사법경찰관리는 법 제81조제1항 단서에 따라 재판장·수명법관 또는 수탁판사가 구속영장의 집행을 지휘할 때에는 즉시 구속영장을 집행해야 한다.

⑤ 특별사법경찰관은 피의자를 체포하거나 구속할 때에는 법 제200조의5(법 제209조에서 준용하는 경우를 포함한다)에 따라 피의자에게 피의사실의 요지, 체포·구속의 이유와 변호인을 선임할 수 있음을 말하고, 변명할 기회를 주어야 하며, 진술거부권을 알려주어야 한다.

⑥ 제5항에 따라 피의자에게 알려주어야 하는 진술거부권의 내용은 법 제244조의3제1항제1호부터 제3호까지의 사항으로 한다.

⑦ 특별사법경찰관은 제5항에 따라 피의자에게 진술거부권 등의 권리를 알려준 경우에는 피의자로부터 별지 제28호서식의 권리 고지 확인서를 받아 사건기록에 편철해야 한다. 다만, 피의자가 확인서에 기명날인 또는 서명하기를 거부할 때에는 별지 제28호서식의 권리 고지 확인서의 끝부분에 그 사유를 기재하고 기명날인 또는 서명해야 한다.

⑧ 특별사법경찰관리는 영장을 집행할 때에는 법 제89조 및 제90조를 준수해야 한다.

⑨ 특별사법경찰관은 제1항에 따라 체포·구속영장을 집행한 때에는 별지 제29호서식의 체포·구속영장 집행원부에 해당 사항을 기재해야 한다.

제55조(체포영장의 신청) ① 특별사법경찰관은 법 제200조의2에 따라 검사에게 체포영장을 신청하려는 경우에는 별지 제30호서식의

체포영장신청서로 신청해야 한다.

② 특별사법경찰관은 제1항에 따라 체포영창을 신청하는 경우에는 해당 사항을 별지 제31호서식의 체포영장신청부에 기재해야 한다.

제56조(영장의 재신청) 특별사법경찰관은 다음 각 호의 어느 하나에 해당하는 경우 동일한 범죄사실로 다시 영장 등의 발부를 신청할 때에는 그 취지를 검사에게 보고하고, 영장 등의 신청서에 적어야 한다.
1. 영장을 신청하였으나 발부받지 못한 경우
2. 영장을 신청하여 이미 발부받았으나 다시 영장을 신청하는 경우

제57조(긴급체포) ① 특별사법경찰관이 법 제200조의3제1항에 따라 긴급체포를 하는 경우에는 피의자의 연령·경력·범죄성향, 범죄의 경중·양상, 그 밖의 여러 사정을 고려하여 인권의 침해가 없도록 신중을 기해야 한다.

② 특별사법경찰관이 피의자를 긴급체포한 때에는 즉시 별지 제32호서식의 긴급체포서를 작성하고 별지 제33호서식의 긴급체포원부에 그 내용을 적어야 한다.

③ 특별사법경찰관은 긴급체포 후 12시간 이내에 관할 지방검찰청 또는 지청의 검사에게 긴급체포를 승인하여 줄 것을 건의해

야 한다. 다만, 기소중지된 피의자를 해당 기관 또는 관서가 위치하는 특별시·광역시·특별자치시·도 또는 특별자치도 외의 지역이나 「연안관리법」 제2조제2호나목의 바다에서 긴급체포한 때에는 긴급체포 후 24시간 내에 긴급체포에 대한 승인건의를 할 수 있다.

④ 특별사법경찰관이 제3항에 따라 긴급체포에 대한 승인을 건의할 때에는 범죄사실의 요지, 긴급체포의 일시·장소, 긴급체포의 사유, 체포를 계속해야 하는 사유 등을 포함하는 별지 제34호서식의 긴급체포승인건의서에 따른다. 다만, 긴급한 경우에는 형사사법정보시스템 또는 팩스를 이용하여 긴급체포에 대한 승인건의를 할 수 있다.

⑤ 특별사법경찰관은 긴급체포한 피의자를 석방했을 때에는 별지 제33호서식의 긴급체포원부에 석방일시와 석방사유를 적어야 한다.

⑥ 특별사법경찰관이 피의자를 긴급체포하는 경우의 진술거부권 등 권리 고지에 관하여는 제54조제5항부터 제8항까지의 규정을 준용한다.

제58조(현행범인의 체포) ① 특별사법경찰관리가 현행범인을 체포한 때에는 체포의 경위를 상세히 적은 별지 제35호서식의 현행범인체포서를 작성해야 한다.

② 특별사법경찰관리가 현행범인을 인도받은 경우에는 현행범인을 체포한 사람으로부터 그의 성명·주민등록번호·직업·주거, 체포의 일시·장소·사유를 듣고 별지 제36호서식의 현행범인인수서를 작성해야 한다.

③ 특별사법경찰관리가 현행범인을 체포하거나 현행범인을 인도받는 경우에는 특히 인권의 침해가 없도록 신중을 기해야 한다.

④ 특별사법경찰관이 현행범인을 체포하거나 인수하는 경우의 진술거부권 등 권리 고지에 관하여는 제54조제5항부터 제8항까지의 규정을 준용한다.

제59조(현행범인의 조사와 석방) ① 특별사법경찰관리는 현행범인을 체포하거나 체포된 현행범인을 인수한 경우에는 조사가 현저히 곤란하다고 인정되는 경우가 아니면 지체 없이 조사하고, 계속 체포하거나 구금할 필요가 없다고 인정될 때에는 즉시 석방해야 한다.

② 특별사법경찰관은 제1항에 따라 현행범인을 석방했을 때에는 지체 없이 검사에게 보고하고, 석방일시와 석방사유를 기재한 별지 제37호서식의 피의자 석방보고서를 작성하여 수사기록에 편철해야 한다.

③ 체포한 현행범인을 석방할 때에는 별지 제38호서식의 현행범인체포원부에 석방일시와 석방사유를 적어야 한다.

제60조(구속영장의 신청 등) ① 특별사법경찰관이 검사에게 구속영장을 신청하는 경우에는 다음 각 호의 구분에 따른 신청서와 서류를 제출해야 한다.

1. 법 제200조의2에 따른 체포영장으로 체포한 피의자에 대하여 구속영장을 신청하는 경우: 별지 제39호서식의 구속영장신청서 및 체포영장

2. 법 제200조의3에 따라 긴급체포한 피의자에 대하여 구속영장을 신청하는 경우: 별지 제40호서식의 구속영장신청서 및 제57조제2항의 긴급체포서

3. 법 제201조에 따라 구속영장을 신청하는 경우: 별지 제41호서식의 구속영장신청서

4. 법 제212조에 따라 현행범인으로 체포한 피의자에 대하여 구속영장을 신청하는 경우: 별지 제42호서식의 구속영장신청서, 제58조제1항의 현행범인체포서 및 같은 조 제2항의 현행범인인수서

② 특별사법경찰관은 피의자에 대하여 구속영장을 신청할 때 법 제209조에서 준용하는 법 제70조제2항의 필요적 고려사항이 있는 경우에는 제1항 각 호의 구속영장신청서에 이를 기재한다.

③ 특별사법경찰관은 검사로부터 법 제201조의2제3항 전단에 따른 심문기일과 장소를 통지받은 때에는 검사의 지휘를 받아 지정된 기일과 장소에 체포된 피의자를 출석시켜야 한다.

④ 특별사법경찰관은 제1항에 따라 구속영장을 신청한 경우에는 별지 제43호서식의 구속영장신청부에 해당 사항을 기재해야 한다.

제61조(체포·구속의 통지 등) ① 특별사법경찰관은 법 제200조의6 또는 제209조에서 준용하는 법 제87조에 따라 체포·구속의 통지를 하는 경우에는 별지 제44호서식의 체포·구속 통지서에 따른다.
② 특별사법경찰관은 제1항에 따른 통지를 하는 경우에는 각 호의 구분에 따른 사람에게 체포·구속한 때부터 늦어도 24시간 내에 서면으로 사건명, 체포·구속의 일시·장소, 범죄사실의 요지, 체포·구속의 이유와 변호인을 선임할 수 있음을 통지해야 한다.
1. 변호인이 있는 경우: 변호인
2. 변호인이 없는 경우: 법 제30조제2항에서 규정한 사람 중 피의자가 지정한 사람
③ 특별사법경찰관은 제2항제2호의 경우에 법 제30조제2항에서 규정한 사람이 없어 체포·구속의 통지를 할 수 없는 경우에는 그 취지를 수사보고서에 적어 수사기록에 편철해야 한다.
④ 특별사법경찰관은 긴급을 요할 때에는 전화·모사전송 또는 이에 상응하는 방법으로 체포·구속의 통지를 할 수 있다. 이 경우 체포·구속한 때부터 늦어도 24시간 내에 다시 서면으로 체

포·구속의 통지를 해야 한다.

⑤ 제1항에 따른 체포·구속의 통지서 사본은 수사기록에 편철해야 한다.

⑥ 법 제214조의2제2항에 따라 법 제214조의2제1항에서 규정한 사람 중에서 피의자가 지정한 사람에게 적부심사를 청구할 수 있음을 통지하는 경우에도 제1항부터 제3항까지의 규정을 준용한다.

제62조(체포·구속영장등본의 교부) ① 특별사법경찰관은 법 제214조의2제1항에서 규정한 사람이 체포·구속영장의 등본을 교부하여 줄 것을 청구하는 경우에는 그 등본을 교부해야 한다.

② 특별사법경찰관은 제1항에 따라 체포·구속영장 등본을 교부했을 때에는 별지 제45호서식의 체포·구속영장등본교부대장을 작성해야 한다.

제63조(피의자의 접견 등) ① 특별사법경찰관리는 변호인 또는 변호인이 되려는 사람이 체포·구속된 피의자와의 접견, 서류·물건의 수수(授受) 또는 의사에 의한 피의자의 진료를 요청할 때에는 친절하게 응해야 한다.

② 특별사법경찰관리는 변호인 또는 변호인이 되려는 사람이 아닌 사람이 체포·구속된 피의자와의 접견, 서류·물건의 수수

또는 의사에 의한 피의자의 진료를 요청하는 경우 법 제200조의6에서 준용하는 법 제91조에 따라 피의자 접견 등을 금지하는 결정이 없는 때에는 제1항에 준하여 처리해야 한다.

③ 제1항에 따른 접견 등은 접촉차단시설이 없는 장소에서 하도록 해야 하며, 제2항에 따른 접견 등은 접견 장소 부족, 접견시설의 질서 유지, 접견 사무의 장애 등 특별한 사유가 없으면 유치장 외의 방실에서 하도록 해야 한다.

④ 특별사법경찰관리는 제1항 및 제2항에 따른 접견 등의 신청을 받아 접견 등을 하도록 했을 때에는 다음 각 호의 구분에 따른 서류를 작성해야 한다.
1. 접견: 별지 제46호서식의 체포·구속인 접견부
2. 교통: 별지 제47호서식의 체포·구속인 교통부
3. 진료: 별지 제48호서식의 체포·구속인 진료부

제64조(피의자 유치 시 유의사항) ① 특별사법경찰관은 피의자를 유치할 때에 위험물 또는 휴대금품을 보관하는 경우에는 유치인에게 별지 제49호서식의 임치증명서를 교부해야 한다.

② 특별사법경찰관은 피의자를 유치한 경우에는 별지 제50호서식의 임치 및 급식상황표에 임치금품의 처리현황, 급식상황 등을 기재해야 한다.

③ 특별사법경찰관은 유치인에게 자기 용도를 위한 차입물품을

사용하는 것을 허가하는 경우에는 별지 제51호서식의 물품차 입부에 해당 사항을 기재해야 한다.

제65조(구금된 피의자의 처우) 특별사법경찰관리는 구금된 피의자에 대해서는 구금생활에 필요한 의류·침구, 그 밖의 생활용품과 식량 등을 지급해야 하며, 위생·의료 등에 있어서 상당한 처우를 해야 한다.

제66조(구금과 건강상태) 특별사법경찰관은 피의자를 구금할 때에는 그의 건강상태를 조사하고 체포·구속으로 인하여 현저하게 건강을 해칠 염려가 있다고 인정할 때에는 그 사유를 검사에게 보고해야 한다.

제67조(피의자의 석방) ① 특별사법경찰관은 법 제200조의2 또는 제212조에 따라 체포한 피의자나 법 제200조의3에 따라 긴급체포한 피의자 또는 구속한 피의자를 석방할 때에는 미리 검사의 지휘를 받아야 한다.
② 특별사법경찰관은 제1항에 따른 검사의 석방지휘가 있을 때에는 즉시 체포 또는 긴급체포한 피의자나 구속한 피의자를 석방해야 한다.
③ 특별사법경찰관은 피의자를 석방했을 때에는 그 사실을 다음

각 호의 구분에 따른 서식에 따라 검사에게 지체 없이 보고해야 하며, 석방일시와 석방사유를 기재한 서면을 작성하여 수사기록에 편철해야 한다.

1. 긴급체포한 피의자를 석방했을 때: 별지 제52호서식의 피긴급체포자 석방보고서
2. 현행범인으로 체포한 피의자 또는 구속한 피의자를 석방했을 때: 별지 제37호서식의 피의자 석방보고서

④ 특별사법경찰관은 제1항에 따라 석방을 건의하는 경우에는 별지 제53호서식의 피의자 석방 건의서로 한다. 다만, 긴급을 요하는 경우에는 전화, 팩스, 전자우편, 그 밖의 상당한 방법으로 석방을 건의할 수 있다.

제68조(체포·구속장소 감찰 관련 조치) ① 특별사법경찰관은 법 제198조의2에 따른 검사의 체포·구속장소 감찰과 관련하여 별지 제54호서식의 체포·구속인명부를 작성하여 관리해야 한다.

② 특별사법경찰관은 검사가 법 제198조의2에 따라 체포·구속장소를 감찰한 후 체포 또는 구속된 피의자의 석방을 명하거나 사건을 송치할 것을 명한 때에는 즉시 피의자를 석방하거나 사건을 송치하고, 피의자석방명령서 또는 사건송치명령서를 수사기록에 편철해야 한다.

제69조(피의자의 도주 등) 특별사법경찰관은 체포하거나 구속한 피의자가 도주 또는 사망하거나, 그 밖의 이상이 발생한 때에는 즉시 관할 지방검찰청 또는 지청의 검사에게 보고해야 한다.

제70조(압수·수색 또는 검증영장의 신청) ① 특별사법경찰관은 압수·수색 또는 검증영장을 신청하는 경우 압수·수색 또는 검증의 범위를 범죄 혐의의 소명에 필요한 최소한으로 정해야 하고, 수색 또는 검증할 장소·신체·물건 및 압수할 물건 등을 구체적으로 특정해야 한다.
② 특별사법경찰관은 검사에게 압수·수색 또는 검증영장을 신청할 때에는 다음 각 호의 구분에 따른 신청서를 검사에게 제출해야 한다.
1. 압수·수색·검증영장신청(일반용): 별지 제55호서식
2. 압수·수색·검증영장신청(금융계좌 추적용): 별지 제56호서식의 신청서
3. 압수·수색·검증영장신청(사후): 별지 제57호서식의 신청서
③ 특별사법경찰관은 제2항에 따라 압수·수색 또는 검증영장을 신청했을 때에는 별지 제58호서식의 압수·수색·검증영장 신청부를 작성해야 한다.

제71조(압수·수색 또는 검증영장의 제시) ① 특별사법경찰관은 법

제219조에서 준용하는 법 제118조에 따라 영장을 제시할 때에는 피압수자에게 법관이 발부한 영장에 따른 압수·수색 또는 검증이라는 사실과 영장에 기재된 범죄사실 및 수색 또는 검증할 장소·신체·물건, 압수할 물건 등을 명확히 알리고, 피압수자가 해당 영장을 열람할 수 있도록 해야 한다.

② 압수·수색 또는 검증의 처분을 받는 자가 여럿인 경우에는 모두에게 개별적으로 영장을 제시해야 한다.

제72조(전자정보의 압수·수색 또는 검증 방법) ① 특별사법경찰관은 법 제219조에서 준용하는 법 제106조제3항에 따라 컴퓨터용 디스크 및 그 밖에 이와 비슷한 정보저장매체(이하 이 항에서 "정보저장매체등"이라 한다)에 기억된 정보(이하 "전자정보"라 한다)를 압수하는 경우에는 해당 정보저장매체등의 소재지에서 수색 또는 검증한 후 범죄사실과 관련된 전자정보의 범위를 정하여 출력하거나 복제하는 방법으로 한다.

② 제1항에도 불구하고 제1항에 따른 압수 방법의 실행이 불가능하거나 그 방법으로는 압수의 목적을 달성하는 것이 현저히 곤란한 경우에는 압수·수색 또는 검증 현장에서 정보저장매체등에 들어 있는 전자정보 전부를 복제하여 그 복제본을 정보저장매체등의 소재지 외의 장소로 반출할 수 있다.

③ 제1항 및 제2항에도 불구하고 제1항 및 제2항에 따른 압수 방

법의 실행이 불가능하거나 그 방법으로는 압수의 목적을 달성하는 것이 현저히 곤란한 경우에는 피압수자 또는 법 제123조에 따라 압수·수색영장을 집행할 때 참여하게 해야 하는 사람(이하 "피압수자등"이라 한다)이 참여한 상태에서 정보저장매체등의 원본을 봉인(封印)하여 정보저장매체등의 소재지 외의 장소로 반출할 수 있다.

제73조(전자정보의 압수·수색 또는 검증 시 유의사항) ① 특별사법경찰관은 전자정보의 탐색·복제·출력을 완료한 경우에는 지체 없이 피압수자등에게 압수한 전자정보의 목록을 교부해야 한다.
② 특별사법경찰관은 제1항의 목록에 포함되지 않은 전자정보가 있는 경우에는 해당 전자정보를 지체 없이 삭제 또는 폐기하거나 반환해야 한다. 이 경우 별지 제59호서식의 전자정보 삭제·폐기 또는 반환확인서를 작성하여 피압수자등에게 교부해야 한다.
③ 특별사법경찰관은 전자정보의 복제본을 취득하거나 전자정보를 복제할 때에는 해시값(파일의 고유값으로서 일종의 전자지문을 말한다)을 확인하거나 압수·수색 또는 검증의 과정을 촬영하는 등 전자적 증거의 동일성과 무결성(無缺性)을 보장할 수 있는 적절한 방법과 조치를 취해야 한다.
④ 특별사법경찰관은 압수·수색 또는 검증의 전 과정에 걸쳐 피

압수자등이나 변호인의 참여권을 보장해야 하며, 피압수자등과 변호인이 참여를 거부하는 경우에는 신뢰성과 전문성을 담보할 수 있는 상당한 방법으로 압수·수색 또는 검증을 해야 한다.
⑤ 특별사법경찰관은 제4항에 따라 참여한 피압수자등이나 변호인이 압수 대상 전자정보와 사건의 관련성에 관하여 의견을 제시한 때에는 이를 조서에 적어야 한다.
⑥ 제72조제2항 또는 제3항에 따라 전자정보 전부를 복제하여 그 복제본을 반출하거나 정보저장매체등 원본을 반출하는 경우에는 피압수자등에게 전자정보의 탐색·복제·출력 절차에 참여할 수 있음을 고지한 후 다음 각 호의 구분에 따른 확인서를 작성하여 피압수자등의 서명을 받아야 한다. 다만, 서명을 받기 어려운 사정이 있는 경우에는 그 사유를 해당 확인서에 기재하고 기록에 편철한다.
1. 제72조제2항에 따라 복제본을 반출하는 경우: 별지 제60호서식의 정보저장매체 복제 등 참관여부 확인서
2. 제72조제3항에 따라 원본을 반출하는 경우: 별지 제61호서식의 정보저장매체 제출 등 참관여부 확인서

제74조(압수조서의 작성) ① 특별사법경찰관은 증거물이나 몰수할 물건을 압수한 경우에는 별지 제62호서식의 압수조서와 별지 제63호서식의 압수목록을 작성해야 한다.

② 압수조서에는 압수의 일시·장소, 압수의 경위 등을, 압수목록에는 압수물건의 품종·수량 등을 각각 구체적으로 적어야 한다.

③ 제1항에도 불구하고 피의자신문조서·진술조서·검증조서 또는 실황조사서에 압수의 취지를 기재하여 압수조서의 작성을 갈음할 수 있다.

④ 특별사법경찰관이 법 제218조에 따라 유류(遺留)한 물건 또는 임의로 제출하는 물건을 압수하여 압수조서와 압수목록을 작성하는 경우에는 제1항 및 제2항을 준용한다.

제75조(증거물 등의 보전) ① 특별사법경찰관리는 멸실할 우려가 있는 증거물은 특히 보전에 유의해야 하며, 검증조서 또는 다른 조서에 그 성질과 형상을 상세히 기재하거나 촬영해야 한다.

② 특별사법경찰관은 증거물이 훼손되거나 형상이 변경될 우려가 있는 검증이나 감정을 위촉할 때에는 검증조서 또는 다른 조서에 그 성질과 형상을 상세히 기재하거나 촬영하는 등 변경 전의 형상을 알 수 있도록 특히 유의해야 한다.

제76조(수색조서의 작성 등) ① 특별사법경찰관리가 수색을 한 경우에는 수색의 일시·장소, 참여인 등을 포함하여 별지 제64호서식의 수색조서를 작성해야 한다.

② 특별사법경찰관리는 수색을 한 결과 증거물 또는 몰수할 물건

이 없을 때에는 그 처분을 받는 자에게 그 취지를 기재한 별지 제65호서식의 수색결과 증명서를 교부해야 한다.

제77조(검증조서의 작성) 특별사법경찰관리가 검증을 한 경우에는 검증의 일시·장소, 검증 경위 등을 포함하여 별지 제66호서식의 검증조서를 작성해야 한다.

제78조(압수물의 보관·폐기·환부 및 가환부) ① 특별사법경찰관은 법 제218조의2제4항에서 준용하는 같은 조 제1항부터 제3항까지에 따른 압수물의 환부 또는 가환부 처분을 하거나 법 제219조에서 준용하는 법 제130조, 제132조 및 제134조에 따라 압수물의 보관, 폐기, 대가보관 또는 피해자환부의 처분을 하려는 경우에는 그 처분유형과 처분사유를 기재한 다음 각 호의 구분에 따른 지휘건의서를 검사에게 제출하여 압수물의 처분에 대한 검사의 지휘를 받아야 한다.

1. 압수물의 환부 또는 가환부: 별지 제67호서식의 압수물환부(가환부) 지휘건의서
2. 압수물의 대가보관: 별지 제68호서식의 압수물 대가보관 지휘건의서
3. 압수물의 폐기: 별지 제69호서식의 압수물 폐기 지휘건의서

② 특별사법경찰관이 법 제130조제1항에 따라 압수물을 다른 사

람에게 보관하게 하는 경우에는 압수물에 사건명, 피의자의 성명, 압수목록에 기재한 순위·번호를 표시하고, 보관자로부터 별지 제70호서식의 압수물 보관 서약서를 받아 사건기록에 첨부해야 한다.

③ 특별사법경찰관은 압수물이 유가증권인 경우에는 지체 없이 별지 제71호서식의 유가증권 원형보존 등 지휘건의서를 검사에게 제출하여 원형보존 또는 환전보관 여부에 관한 검사의 지휘를 받아야 한다.

④ 특별사법경찰관은 법 제130조제2항 또는 제3항에 따라 압수물을 폐기하는 경우에는 별지 제72호서식의 폐기조서를 작성하고 압수물 사진 및 압수물 폐기에 관한 증빙자료를 수사기록에 첨부해야 한다.

⑤ 특별사법경찰관이 법 제133조에 따라 압수물을 환부·가환부 하거나 법 제134조에 따라 압수장물을 피해자환부하는 경우에는 피해자, 피의자 또는 변호인에게 지체 없이 통지를 한 후 신속히 환부해야 한다.

제79조(범죄수사 목적 통신제한조치 허가신청 등) ① 특별사법경찰관이 「통신비밀보호법」 제6조제2항에 따라 검사에게 통신제한조치에 대한 허가를 신청하는 경우에는 별지 제73호서식의 통신제한조치허가 신청서에 따르고, 같은 조 제7항 단서에 따라 통신제

한조치기간의 연장허가 청구를 신청하는 경우에는 별지 제74호서식의 통신제한조치기간 연장허가 신청서에 따른다.

② 특별사법경찰관은 제1항에 따라 검사가 통신제한조치에 대한 허가를 신청하거나 통신제한조치의 연장 청구를 신청하는 경우에는 별지 제75호서식의 통신제한조치허가 신청부에 해당 사항을 기재한다.

③ 특별사법경찰관은 「통신비밀보호법」 제8조제3항 본문에 따라 긴급통신제한조치에 대하여 검사에게 지휘를 건의하는 경우에는 별지 제76호서식의 긴급통신제한조치 지휘건의서에 따르고, 같은 항 단서에 따라 검사에게 승인을 건의하는 경우에는 별지 제77호서식의 긴급통신제한조치 승인건의서에 따른다.

④ 특별사법경찰관은 「통신비밀보호법」 제8조제1항에 따라 긴급통신제한조치를 하는 경우에는 별지 제78호서식의 긴급검열(감청)서에 따른다. 이 경우 특별사법경찰관은 별지 제79호서식의 긴급통신제한조치대장을 작성하여 소속기관에 비치해야 한다.

⑤ 특별사법경찰관이 「통신비밀보호법」 제8조제2항에 따라 긴급통신제한조치를 한 후에 검사에게 허가청구를 신청하는 경우에는 별지 제80호서식의 통신제한조치허가 신청서(사후)에 따른다.

⑥ 특별사법경찰관이 「통신비밀보호법」 제8조제5항에 따라 긴급

통신제한조치를 한 후에 법원의 허가를 받을 필요가 없어 긴급통신제한조치 사실을 법원에 통보하는 경우에는 별지 제81호서식의 긴급통신제한조치통보서에 따른다. 이 경우 특별사법경찰관은 별지 제82호서식의 긴급통신제한조치 통보서 발송부를 작성하여 소속기관에 비치해야 한다.

제80조(통신제한조치의 집행 등) ① 특별사법경찰관이 「통신비밀보호법」 제9조제1항 후단에 따라 통신제한조치 집행을 위탁하는 경우에는 별지 제83호서식의 통신제한조치 집행위탁 의뢰서에 따른다.
② 특별사법경찰관이 집행위탁한 통신제한조치의 허가기간이 연장된 경우에는 별지 제84호서식의 통신제한조치 기간연장 통지서로 수탁기관에 통지한다.
③ 특별사법경찰관은 제1항 및 제2항에 따라 통신제한조치 집행을 위탁하거나 통신제한조치의 허가기간 연장을 통지한 경우에는 별지 제85호서식의 통신제한조치 집행위탁허가 신청부에 해당 사항을 기재해야 한다.
④ 통신제한조치를 집행한 특별사법경찰관은 별지 제86호서식의 통신제한조치 집행조서를 작성해야 한다.
⑤ 특별사법경찰관은 통신제한조치를 집행한 후 수사 또는 내사한 사건을 종결하는 경우 그 결과를 별지 제87호서식의 통신제한조치 집행결과 보고서에 따라 검사에게 보고해야 한다.

⑥ 다른 관서에서 통신제한조치를 집행한 사건을 이송받아 내사한 후 내사를 종결하는 경우 내사를 종결한 관서는 허가서를 청구한 검찰청에 집행결과를 검사에게 보고한 후 허가서를 신청한 관서에 사건처리결과를 통보해야 한다.
⑦ 특별사법경찰관은 통신제한조치의 집행이 필요 없게 되어 통신제한조치를 중단하려는 경우에는 별지 제88호서식의 통신제한조치 집행중지통지서에 따라 이를 수탁기관에 통지한다.

제81조(통신제한조치로 취득한 자료의 관리) ① 특별사법경찰관은 「통신비밀보호법」에 따른 통신제한조치 집행으로 취득한 자료를 같은 법 제6조 및 제8조에 따른 통신제한조치허가서, 별지 제86호서식의 통신제한조치 집행조서 및 같은 법 제12조의2제4항에 따라 법원이 발부한 승인서와 함께 봉인한 후 통신제한조치 허가번호 및 보존기간을 표기하여 별도로 보관하고, 수사담당자 외의 사람이 열람할 수 없도록 해야 한다.
② 특별사법경찰관은 통신제한조치를 집행하고 제18조에 따른 범죄인지서를 작성하지 않았을 때에는 그 집행으로 취득한 자료 등은 보존기간이 지난 후 검사의 지휘를 받아 즉시 폐기해야 한다.

제82조(통신제한조치 집행에 관한 통지 등) ① 특별사법경찰관이 「통신비밀보호법」 제9조의2제2항에 따라 통신제한조치를 집행한

사실 등을 통지하는 경우에는 별지 제89호서식의 통신제한조치 집행사실 통지서에 따른다. 이 경우 특별사법경찰관은 별지 제90호서식의 통신제한조치 집행사실 통지부에 해당 사항을 기재해야 한다.

② 특별사법경찰관은 「통신비밀보호법」 제9조의2제5항에 따라 통지유예에 대한 관할 지방검찰청 검사장의 승인을 신청하는 경우에는 별지 제91호서식의 통신제한조치 집행사실 통지유예 승인신청서에 따른다. 이 경우 특별사법경찰관은 별지 제92호서식의 통신제한조치 집행사실통지 유예승인신청부에 해당 사항을 기재해야 한다.

③ 특별사법경찰관은 「통신비밀보호법」 제9조의2제6항에 따라 통지유예의 사유가 해소된 날부터 30일 이내에 유예했던 통지를 한 경우에는 그 사실을 별지 제93호서식의 통신제한조치 집행사실 통지보고서에 따라 관할 지방검찰청 검사장에게 보고해야 한다.

제83조(송·수신이 완료된 전기통신에 대한 압수·수색·검증 집행사실 통지) 특별사법경찰관이 「통신비밀보호법」 제9조의3제2항에 따라 수사대상이 된 가입자에게 송·수신이 완료된 전기통신에 대한 압수·수색·검증의 집행사실을 통지하는 경우에는 별지 제94호서식의 송·수신이 완료된 전기통신에 대한 압수·수색·검증

집행사실 통지서에 따른다. 이 경우 특별사법경찰관은 별지 제95호서식의 송·수신이 완료된 전기통신에 대한 압수·수색·검증 집행사실 통지부에 해당 사항을 기재해야 한다.

제84조(범죄수사를 위한 전기통신 보관 등의 승인청구 신청 등) 특별사법경찰관이 「통신비밀보호법」 제12조의2제2항에 따라 전기통신 보관 등의 승인 청구를 신청하는 경우에는 별지 제96호서식의 전기통신 보관 등 승인신청서에 따른다. 이 경우 특별사법경찰관은 별지 제97호서식의 전기통신 보관 등 승인신청부에 해당 사항을 기재해야 한다.

제85조(통신사실 확인자료제공 요청 등) ① 특별사법경찰관이 「통신비밀보호법」 제13조제1항에 따라 통신사실 확인자료제공을 요청하는 경우에는 별지 제98호서식의 통신사실 확인자료제공 요청서에 따르고, 별지 제99호서식의 통신사실 확인자료제공 요청 집행대장에 해당 사항을 기재해야 한다.
② 제1항에 따라 통신사실 확인자료제공을 요청한 특별사법경찰관은 별지 제100호서식의 통신사실 확인자료제공 요청 집행조서를 작성해야 한다.
③ 특별사법경찰관은 제1항에 따라 전기통신사업자로부터 통신사실 확인자료를 제공받은 경우에는 이를 별지 제101호서식의

통신사실 확인자료 회신대장에 기재해야 한다.

④ 특별사법경찰관은 통신사실 확인자료제공 요청이 필요 없게 된 경우에는 별지 제102호서식의 통신사실 확인자료제공 요청 중지통지서로 해당 전기통신사업자에게 이를 통지해야 한다.

⑤ 특별사법경찰관은 통신사실 확인자료제공을 요청한 후 수사 또는 내사한 사건을 종결하는 경우 그 결과를 별지 제103호서식의 통신사실 확인자료제공 요청 집행결과보고서에 따라 검사에게 보고해야 한다.

⑥ 다른 관서에서 통신사실 확인자료제공을 요청한 사건을 이송받아 내사한 후 내사를 종결하는 경우 내사를 종결한 관서는 허가서를 청구한 검찰청에 집행결과를 검사에게 보고한 후 허가서를 신청한 관서에 사건처리결과를 통보해야 한다.

제86조(통신사실 확인자료제공 요청 허가신청 등) ① 특별사법경찰관이 「통신비밀보호법」 제13조제3항 본문에 따른 통신사실 확인자료제공 요청허가를 검사에게 신청하는 경우에는 별지 제104호서식의 통신사실 확인자료제공 요청허가 신청서에 따른다.

② 특별사법경찰관은 제1항 및 제87조제2항에 따라 통신사실 확인자료제공 요청허가를 신청하는 경우에는 별지 제105호서식의 통신사실 확인자료제공 요청허가 신청부에 해당 사항을 기재해야 한다.

제87조(긴급 통신사실 확인자료제공 요청 등) ① 특별사법경찰관이 「통신비밀보호법」 제13조제3항 단서에 따라 긴급 통신사실 확인자료제공을 요청하는 경우에는 별지 제106호서식의 긴급 통신사실 확인자료제공 요청서에 따른다. 이 경우 특별사법경찰관은 별지 제107호서식의 긴급 통신사실 확인자료제공 요청대장에 해당 사항을 기재해야 한다.

② 특별사법경찰관이 「통신비밀보호법」 제13조제3항 단서에 따라 통신사실 확인자료제공 요청허가를 검사에게 신청하는 경우에는 별지 제108호서식의 통신사실 확인자료제공 요청허가 신청서(사후)에 따른다.

제88조(통신사실 확인자료제공에 관한 통지 등) ① 특별사법경찰관이 「통신비밀보호법」 제13조의3제1항에 따라 통신사실 확인자료제공의 대상이 된 당사자에게 통지를 하는 경우에는 별지 제109호서식의 통신사실 확인자료제공 요청 집행사실 통지서에 따른다. 이 경우 특별사법경찰관은 별지 제110호서식의 통신사실 확인자료제공 요청 집행사실 통지부에 해당 사항을 기재해야 한다.

② 특별사법경찰관은 「통신비밀보호법」 제13조의3제3항에 따라 통지유예에 대하여 관할 지방검찰청 검사장의 승인을 신청하는 경우에는 별지 제111호서식의 통신사실 확인자료제공 요청 집행사실 통지유예 승인신청서에 따른다. 이 경우 특별사법경

찰관은 별지 제112호서식의 통신사실 확인자료제공 요청 집행 사실 통지유예 승인신청부에 해당 사항을 기재해야 한다.

③ 특별사법경찰관은 「통신비밀보호법」 제13조의3제4항에 따라 통지유예의 사유가 해소된 날부터 30일 이내에 유예했던 통지를 한 경우에는 그 사실을 별지 제113호서식의 통신제한조치 집행사실 통지 보고서에 따라 관할 지방검찰청 검사장에게 보고해야 한다.

제89조(감정유치장 신청 등) ① 특별사법경찰관리가 검사에게 법 제221조의3제1항에 따른 감정유치의 청구를 신청하는 경우에는 별지 제114호서식의 감정유치장 신청서에 따른다.

② 특별사법경찰관리가 검사에게 법 제221조의4제1항 및 제2항에 따른 감정처분허가의 청구를 신청하는 경우에는 별지 제115호서식의 감정처분허가장 신청서에 따른다.

③ 특별사법경찰관리가 법 제221조제2항에 따라 감정을 위촉하는 경우에는 별지 제116호서식의 감정위촉서에 따른다.

④ 특별사법경찰관리가 법 제221조의4제3항에 따라 발부된 감정처분허가장에 따라 감정을 위촉하는 경우에는 별지 제117호서식의 감정위촉서에 따른다.

제90조(영장 등의 반환) ① 특별사법경찰관은 체포·구속영장의 유

효기간 내에 영장의 집행에 착수하지 못했거나, 그 밖의 사유로 영장의 집행이 불가능하거나 불필요하게 되었을 때에는 즉시 해당 영장을 법원에 반환해야 한다. 이 경우 체포·구속영장이 여러 통 발부된 경우에는 모두 반환해야 한다.

② 특별사법경찰관은 제1항에 따라 체포·구속영장을 반환하는 경우에는 별지 제118호서식의 영장반환 보고서에 발행통수와 집행불능 등 영장반환 사유를 적어 검사에게 제출하고, 그 사본을 사건기록에 편철한다.

제91조(증거보전의 신청) 특별사법경찰관은 미리 증거를 보전하지 않으면 그 증거를 사용하기 곤란한 사정이 있을 때에는 그 사유를 소명하여 별지 제119호서식의 증거보전신청서로 검사에게 증거보전의 청구를 신청해야 한다.

제92조(증인신문의 신청) 특별사법경찰관리가 검사에게 법제 221조의2에 따른 증인신문 청구를 신청하는 경우에는 별지 제120호서식의 증인신문 신청서에 따른다.

제7절 고소·고발 사건

제93조(고소사건 등에 대한 주의사항) 특별사법경찰관은 고소사건

의 경우에는 고소한 사람에게 고소권이 있는지 여부를, 친고죄의 경우에는 법 제230조에 따른 고소기간을 지났는지 여부를, 피해자의 명시한 의사에 반하여 죄를 논할 수 없는 사건의 경우에는 처벌을 희망하는지 여부를 각각 조사해야 한다.

제94조(고소의 대리) 특별사법경찰관은 법 제236조에 따라 대리인이 고소를 하거나 고소를 취소하려는 경우에는 고소권자의 위임장을 제출받아야 한다.

제95조(고소사건의 수사기간) ① 특별사법경찰관이 고소나 고발에 의하여 범죄를 수사하는 경우에는 고소나 고발이 있은 날부터 2개월 이내에 수사를 완료해야 한다.
② 제1항에 따른 기간에 수사를 완료하지 못한 경우에는 관할 지방검찰청 또는 지청의 검사의 지휘를 받아야 한다.

제96조(고소 등의 취소) ① 특별사법경찰관은 다음 각 호의 어느 하나에 해당하는 경우에는 그 사유를 명백히 조사해야 한다.
1. 고소인이 그 고소를 취소한 경우
2. 고발인이 그 고발을 취소한 경우
3. 피해자의 명시한 의사에 반하여 죄를 논할 수 없는 사건의 피해자가 처벌을 희망하는 의사표시를 철회한 경우

제8절 소년·장애인·외국인 등 사건에 관한 특칙

제97조(소년사건수사의 기본원칙) 소년사건을 수사하는 경우에는 보호처분 또는 형사처분에 대한 특별한 심리자료를 제공하기 위한 것이라는 점에 유의해야 하며, 소년의 건전한 성장을 도모하는 자세로 수사해야 한다.

제98조(소년의 특성 고려) 소년사건을 수사하는 경우에는 소년의 특성에 비추어 되도록 다른 사람의 관심을 끌지 않는 조용한 장소에서 온정과 이해를 가지고 부드러운 말투로 조사해야 하며, 그 소년의 심정을 충분히 배려해야 한다.

제99조(범죄의 원인 등과 환경조사) ① 소년사건을 수사할 때에는 범죄의 원인 및 동기와 그 소년의 성격, 경력, 교육 정도, 가정상황, 교우관계, 그 밖의 환경 등을 상세히 조사하여 별지 제121호서식의 소년환경 조사서를 작성해야 한다.
② 소년의 심신에 이상이 있다고 인정되는 때에는 지체 없이 의사의 진단을 받도록 해야 한다.

제100조(구속에 관한 주의) 소년을 구속하는 것은 되도록 피해야 하며, 소년을 구속 또는 동행하는 경우에도 그 시기와 방법에 관하여

특히 주의를 해야 한다.

제101조(보도상의 주의) 소년의 주거·성명·연령·직업·용모 등에 의하여 본인을 알 수 있는 정도의 사실이나 사진이 보도되지 않도록 특히 주의해야 한다.

제102조(장애인에 대한 조사) ① 특별사법경찰관은 청각 및 언어장애인이나 그 밖에 의사소통이 어려운 장애인을 조사하는 경우에는 수화·문자통역을 제공하거나 의사소통을 도울 수 있는 사람을 참여시켜야 한다.
② 특별사법경찰관은 장애인인 피의자에게 대한법률구조공단의 법률구조 신청에 대하여 안내해야 한다.

제103조(외국인에 대한 통역) 특별사법경찰관은 외국인을 조사하는 경우에는 당사자가 이해할 수 있는 언어로 통역해 주어야 한다.

제104조(외국 영사관원과의 접견·통신) ① 특별사법경찰관은 외국인을 체포·구속하는 경우에는 우리나라 주재 본국 영사관원과 자유롭게 접견·통신할 수 있고, 체포·구속된 사실을 영사기관에 통지하여 줄 것을 요청할 수 있다는 사실을 알려야 한다.
② 특별사법경찰관은 체포·구속된 외국인이 제1항에 따른 통지

를 요청할 경우에는 지체 없이 해당 영사기관에 체포·구속된 사실을 통지해야 한다.

제9절 수사서류

제105조(수사서류의 작성) 특별사법경찰관리는 수사서류를 작성할 때에는 내용의 정확성과 진술의 임의성을 확보하기 위해 특히 다음 사항을 유의해야 한다.

1. 일상용어로 된 쉬운 문구를 사용할 것
2. 복잡한 사항은 항목을 나누어 기술할 것
3. 사투리·약어·은어 등은 그 다음에 괄호를 하고 간단한 설명을 붙일 것
4. 외국어 또는 학술용어는 그 다음에 괄호를 하고 간단한 설명을 붙일 것
5. 지명·인명 등을 혼동할 우려가 있거나 그 밖에 특히 필요하다고 인정될 때에는 그 다음에 괄호를 하고 한자·로마자 등을 기입하거나 설명을 붙일 것
6. 각 서류마다 작성 연월일을 기재하고, 조서 또는 진술서에 첨부하는 서류인 경우 진술인으로 하여금 간인하고 기명날인 또는 서명하도록 할 것

제106조(외국어로 된 서면) 특별사법경찰관은 외국어로 작성된 서류에는 번역문을 첨부해야 한다.

제10절 범죄수익의 몰수·부대보전·추징보전 등

제107조(범죄수익 몰수·부대보전·추징보전 신청) ① 특별사법경찰관이 「마약류 불법거래 방지에 관한 특례법」(이하 "마약거래방지법"이라 한다) 제34조제1항 및 제53조제1항(「범죄수익은닉의 규제 및 처벌 등에 관한 법률」 제12조에서 준용하는 경우를 포함한다)에 따라 검사에게 몰수·부대보전 또는 추징보전을 신청할 때에는 별지 제122호서식의 몰수·부대보전 신청서 또는 별지 제123호서식의 추징보전 신청서를 제출해야 한다.
② 특별사법경찰관이 제1항에 따라 몰수·부대보전 또는 추징보전을 신청했을 때에는 별지 제124호서식의 몰수·부대보전 신청부 또는 별지 제125호서식의 추징보전 신청부를 작성하고, 필요한 사항을 적어야 한다.
③ 특별사법경찰관은 마약거래방지법 제53조제3항(「범죄수익은닉의 규제 및 처벌 등에 관한 법률」 제12조에서 준용하는 경우를 포함한다. 이하 이 조에서 같다)에 따라 검사가 추징보전과 관련한 신청, 보완·수정, 취소 등의 요구를 한 경우에는 검사의 요구에 따른 조치를 취한 다음 지체 없이 그 결과를 검사에

게 보고해야 한다.

④ 특별사법경찰관은 마약거래방지법 제53조제3항에 따른 검사의 요구에 따라 추징보전명령 취소신청을 하려는 경우에는 별지 제126호서식에 따라 추징보전명령 취소신청서를 제출해야 한다.

⑤ 특별사법경찰관은 제4항에 따라 취소신청을 하였을 때에는 별지 제127호서식의 추징보전 취소신청부를 작성하고, 필요한 사항을 적어야 한다.

제108조(마약류범죄 수사 관련 입국·상륙 절차 특례 등의 신청) ① 특별사법경찰관은 마약거래방지법 제3조제5항에 따른 입국·상륙 허가의 요청 또는 체류 부적당 통보를 검사에게 신청할 때에는 별지 제128호서식의 입국·상륙허가요청 신청서 또는 별지 제129호서식의 체류부적당통보 신청서를 제출해야 한다.

② 특별사법경찰관은 마약거래방지법 제4조제3항에 따라 세관 절차 특례에 대한 요청을 검사에게 신청하는 경우에는 별지 제130호서식의 세관절차 특례요청 신청서를 제출해야 한다.

③ 특별사법경찰관은 제1항 및 제2항에 따라 신청을 하였을 때에는 별지 제131호서식의 특례조치 등 신청부를 작성해야 한다.

제3장 사건송치 등

제109조(사건송치) ① 특별사법경찰관이 수사를 종결한 때에는 관할 지방검찰청 검사장 또는 지청장에게 사건을 송치해야 한다.
② 특별사법경찰관은 제1항에 따라 사건을 송치하는 경우에는 다음 각 호의 구분에 따른 명의로 해야 한다.
 1. 소속관서의 장이 특별사법경찰관인 경우: 소속관서의 장의 명의
 2. 소속관서의 장이 특별사법경찰관이 아닌 경우: 수사 주무과장인 특별사법경찰관의 명의
 3. 소속관서의 장 및 수사 주무과장이 특별사법경찰관이 아닌 경우: 수사를 담당한 특별사법경찰관의 명의

제110조(송치 전 지휘 등) ① 특별사법경찰관은 다음 각 호의 어느 하나에 해당하는 사건에 대해서는 사건을 송치하기 전에 검사의 구체적 지휘를 받아야 한다.
 1. 제35조에 따라 입건 지휘를 받은 사건
 2. 사건관계인의 이의 제기 등의 사유로 사건관계인의 인권 보호, 수사의 투명성을 위해 사건을 송치하기 전에 지휘가 필요하다고 인정하는 사건
 3. 사건을 송치한 후 검사의 보완수사 지휘에 따라 지휘내용을 이행한 사건 및 검사가 접수하여 특별사법경찰관에게 수사할 것

을 지휘한 사건

4. 그 밖에 사회적 중요성이나 사건을 통일적으로 처리할 필요성 등을 고려하여 관할 지방검찰청 검사장 또는 지청장이 지정하는 사건

② 특별사법경찰관은 「출입국관리법」 위반범죄, 「관세법」 위반범죄 및 「조세범 처벌법」 위반범죄 등 관계 행정기관의 장의 고발을 공소제기 요건으로 하는 범죄를 수사하는 경우에는 송치 등 사건을 종결하는 처분을 하기 전에 해당 사건의 증거 판단, 소추요건, 법령의 해석·적용 등에 관하여 검사의 지휘를 받아야 한다. 다만, 관계 행정기관의 장이 법무부장관이나 검찰총장, 관할 지방검찰청 검사장 또는 지청장과 미리 협의하여 정한 처리기준에 따라 처리할 때에는 검사의 지휘를 받지 않고 사건을 종결하는 처분을 할 수 있다.

③ 검사는 제1항 및 제2항 본문에 따른 지휘 건의가 있을 때에는 7일 이내에 의견을 제시해야 한다. 다만, 사안이 복잡하거나 장시간의 검토를 필요로 하는 등의 특별한 사정이 있을 때에는 14일 이내에 의견을 제시할 수 있다.

④ 제1항 및 제2항 본문에 따른 검사의 지휘를 받은 특별사법경찰관은 사건송치서 등 수사기록 표지의 비고란에 지휘검사의 성명 및 지휘일자를 기재하고, 수사기록에 수사지휘서 또는 수사지휘내용을 기재한 수사보고서를 편철해야 한다.

제111조(송치서류) ① 특별사법경찰관은 사건을 송치할 때에는 수사기록에 제4항 각 호의 서류를 첨부해야 한다. 다만, 「형의 실효 등에 관한 법률」 제5조제1항제2호에 해당하는 경우로서 「지문을 채취할 형사피의자의 범위에 관한 규칙」 제2조제2항제1호·제2호 또는 제4호에 해당하지 않는 피의자에 대하여 다음 각 호의 어느 하나에 해당하는 의견으로 송치할 때에는 범죄경력·수사경력 조회 결과를 첨부하지 않을 수 있다.

1. 혐의 없음
2. 공소권 없음
3. 죄가 안 됨
4. 각하
5. 참고인중지

② 사건을 송치하기 전에 범죄경력·수사경력 조회 결과를 받지 못한 경우에는 사건송치서에 그 사유를 기재하고, 송치 후에 범죄경력 또는 수사경력을 발견한 때에는 즉시 주임검사에게 보고해야 한다.

③ 특별사법경찰관은 사건을 기소중지 의견으로 송치하는 경우에는 소재불명 피의자의 지명수배·통보 내용, 사진, 별지 제132호서식의 인상서 등 관련 자료를 첨부해야 한다.

④ 송치서류는 다음 각 호의 순서에 따라 편철한다.

1. 별지 제133호서식의 사건송치서

2. 별지 제134호서식의 압수물 총목록

3. 별지 제135호서식의 기록 목록

4. 별지 제136호서식의 의견서

5. 그 밖에 범죄경력·수사경력 조회 결과 등 필요한 서류

⑤ 사건을 송치하는 특별사법경찰관은 제4항제2호부터 제4호까지의 규정에 따른 서류에 직접 간인을 해야 한다.

⑥ 제4항제4호의 서류에는 각 장마다 면수를 기입하되, 1장으로 이루어진 경우에는 1로 표시하고, 2장 이상으로 이루어진 경우에는 1-1, 1-2, 1-3 등으로 표시해야 한다.

⑦ 제4항제5호의 서류는 접수하거나 작성한 순서에 따라 편철한다. 이 경우 순서대로 각 장마다 2부터 시작하여 2, 3, 4 등으로 면수를 표시해야 한다. 〈개정 2021. 2. 3.〉

⑧ 특별사법경찰관은 「검찰압수물사무규칙」 제2조에 따른 특수압수물을 송부하는 경우에는 수사기록에 감정서 원본을 편철하여 사본 2부와 함께 제출해야 한다. 다만, 통화·외국환 및 유가증권과 이에 준하는 증서를 송부하는 경우에는 감정서를 첨부하지 않을 수 있다.

⑨ 수사담당 특별사법경찰관은 통신제한조치를 집행한 사건을 송치하는 경우에는 수사기록 표지의 증거품 관련 난에 "통신제한조치"라고 표기하고, 통신제한조치집행으로 취득한 물건을 직접 「검찰압수물사무규칙」에 따른 압수물 송부의 방법으로 송부

해야 한다.

⑩ 제4항·제5항 및 제7항은 사건송치 전에 영장등을 신청하거나 신병지휘건의 등을 하는 경우에 영장등의 신청서류 및 신병지휘건의서류 등의 편철, 간인 및 면수 표시 방법에 관하여도 적용한다.

제112조(영상녹화물의 송부) ① 특별사법경찰관은 영상녹화를 실시한 경우 사건 송치 시 봉인된 영상녹화물을 기록과 함께 송부해야 한다.

② 특별사법경찰관은 영상녹화물을 송부하는 경우에는 송치서 표지의 비고란에 영상녹화물의 종류와 개수를 표시해야 한다.

제113조(의견서 작성) 특별사법경찰관은 의견서를 작성하는 경우에는 별지 제136호서식에 따라 직접 작성해야 한다.

제114조(참고인 등의 소재수사) ① 특별사법경찰관이 참고인중지의견으로 사건을 송치할 때에는 별지 제137호서식의 참고인 등 소재수사 지휘부를 작성하여 별도로 편철하여 관리하고, 그 사본 1부를 수사기록에 편철해야 한다.

② 특별사법경찰관리는 분기마다 1회 이상 참고인 등에 대한 소재수사를 행해야 한다. 다만, 검사가 특별사법경찰관의 송치의견

과 다른 결정을 한 경우에는 참고인 등 소재수사 지휘부에 그 취지를 기재하고 소재수사를 하지 않을 수 있다.

제115조(추가 송부) 특별사법경찰관은 사건송치 후에 서류 또는 물건을 추가로 송부하는 경우에는 별지 제138호서식의 추가 송부서를 첨부해야 한다.

제116조(송치 후의 수사 등) ① 특별사법경찰관리는 사건을 송치한 후에 해당 사건을 계속 수사하려는 경우에는 미리 주임검사의 지휘를 받아야 한다.
② 특별사법경찰관리는 사건을 송치한 후에 해당 사건의 피의자가 저지른 다른 범죄의 혐의를 발견한 경우에는 즉시 주임검사에게 보고하고 지휘를 받아야 한다.

제117조(기소중지·참고인중지 처분된 자에 대한 수사) ① 특별사법경찰관은 다음 각 호의 어느 하나에 해당하는 경우에는 즉시 수사에 착수하고 관할 지방검찰청 또는 지청의 검사에게 그 사실을 보고해야 한다.
1. 검사가 소재불명(所在不明)으로 기소중지된 피의자를 발견한 경우
2. 특정 증거가 불분명하여 기소중지된 후 그 증거를 발견한 경우

3. 소재불명으로 참고인중지된 후 그 참고인을 발견한 경우

② 사법경찰관은 제1항에 따른 보고를 하는 경우에는 다음 각 호의 서식에 따른다.

1. 제1항제1호 및 제2호의 경우: 별지 제139호서식의 기소중지자 소재발견 보고서
2. 제1항제3호의 경우: 별지 제140호서식의 참고인 등 소재발견 보고서

③ 특별사법경찰관은 기소중지된 피의자가 다른 기관에서 검거된 경우에는 즉시 그 피의자에 대한 체포영장의 집행·호송 등 필요한 조치를 취해야 한다.

④ 특별사법경찰관은 참고인중지의 경우 그 참고인이 교도소, 구치소 등에 구금되어 있는 것을 확인했을 때에는 즉시 검사의 지휘를 받아 출장조사, 공조수사 촉탁 등 필요한 조치를 해야 한다.

⑤ 특별사법경찰관은 제1항에 따라 수사에 착수한 경우에는 별지 제141호서식의 피의자 등 소재발견처리부에 이를 적어야 한다.

제118조(수사촉탁) ① 특별사법경찰관이 수사촉탁을 하는 경우에는 촉탁사항을 구체적으로 기재한 별지 제142호서식의 촉탁서에 수사진행 상황을 알 수 있는 수사기록 원본 또는 사본의 전부나 일부를 첨부하여 발송한다.

② 수탁관서는 촉탁사항에 대한 수사를 완료한 후 별지 제143호서

식의 회답서를 작성하여 관계 서류 전부와 함께 신속히 송부해야 한다.

제119조(행정고발사건의 수사기관) 특별사법경찰관리가 소속된 행정기관의 장이 고발한 사건은 해당 기관의 특별사법경찰관이 검사의 지휘를 받아 수사함을 원칙으로 한다. 다만, 검사가 직접 또는 다른 기관에서 수사함이 상당하다고 판단한 경우에는 해당 기관의 특별사법경찰관이 수사하지 않는다.

제120조(범죄사건부 등) ① 특별사법경찰관은 범죄사건을 접수하거나 입건·수사 또는 송치하는 경우에는 별지 제144호서식의 범죄사건부에 접수일시, 접수구분, 수사담당자, 피의자, 죄명, 범죄일시, 장소, 피해정도, 피해자 등을 기재해야 한다.
② 특별사법경찰관은 압수물건이 있는 경우에는 별지 제145호서식의 압수부에 압수연월일, 압수 물건의 품종, 수량 등을 기재해야 한다.

제121조(증언 준비) 특별사법경찰관리는 그 직무와 관련한 형사재판에서 증언하는 경우에는 공판에 관여하는 검사와 면담하는 등 사전에 필요한 준비를 해야 한다.

제4장 장부와 비치서류

제122조(장부와 비치서류) ① 특별사법경찰사무를 처리하는 행정기관은 다음 각 호의 장부와 서류를 비치해야 한다. 다만, 제22호부터 제35호까지의 규정에 따른 장부와 서류를 비치해야 하는 기관은 「통신비밀보호법」 제5조에 따른 범죄의 수사를 직무로 하는 기관으로 한정한다.

1. 수사관계예규철
2. 수사종결사건(송치사건)철
3. 내사종결사건철
4. 변사사건종결철
5. 수사미제사건기록철
6. 통계철
7. 처분결과통지서철
8. 검시조서철
9. 잡서류철
10. 별지 제12호서식의 출석요구통지부
11. 별지 제29호서식의 체포·구속영장 집행원부
12. 별지 제31호서식의 체포영장신청부
13. 별지 제33호서식의 긴급체포원부
14. 별지 제38호서식의 현행범인체포원부

15. 별지 제43호서식의 구속영장신청부
16. 별지 제46호서식의 체포·구속인 접견부
17. 별지 제47호서식의 체포·구속인 교통부
18. 별지 제48호서식의 체포·구속인 진료부
19. 별지 제51호서식의 물품차입부
20. 별지 제54호서식의 체포·구속인명부
21. 별지 제58호서식의 압수·수색·검증영장 신청부
22. 벌시 제75호서식의 통신제한조치허가 신청부
23. 별지 제79호서식의 긴급통신제한조치대장
24. 별지 제82호서식의 긴급통신제한조치 통보서 발송부
25. 별지 제85호서식의 통신제한조치 집행위탁허가 신청부
26. 별지 제90호서식의 통신제한조치 집행사실 통지부
27. 별지 제92호서식의 통신제한조치 집행사실 통지유예 승인신청부
28. 별지 제95호서식의 전기통신에 대한 압수·수색·검증 집행사실 통지부
29. 별지 제97호서식의 전기통신 보관 등 승인신청부
30. 별지 제99호서식의 통신사실 확인자료제공 요청집행대장
31. 별지 제101호서식의 통신사실 확인자료 회신대장
32. 별지 제105호서식의 통신사실 확인자료제공 요청허가 신청부
33. 별지 제107호서식의 긴급 통신사실 확인자료제공 요청대장

34. 별지 제110호서식의 통신사실 확인자료제공 요청 집행사실 통지부

35. 별지 제112호서식의 통신사실 확인자료제공 요청 집행사실 통지유예 승인신청부

36. 별지 제124호서식의 몰수·부대보전 신청부

37. 별지 제125호서식의 추징보전 신청부

38. 별지 제127호서식의 추징보전명령 취소신청부

39. 별지 제131호서식의 특례조치 등 신청부

40. 별지 제141호서식의 피의자 등 소재발견처리부

41. 별지 제144호서식의 범죄사건부

42. 별지 제145호서식의 압수부

② 특별사법경찰관은 미리 제1항제20호의 체포·구속인명부 및 같은 항 제41호의 범죄사건부의 매 장마다 관할 지방검찰청 검사장 또는 지청장의 간인을 받아야 한다.

제123조(장부와 비치서류의 전자화) ① 특별사법경찰사무를 처리하는 행정기관이 형사사법정보시스템 또는 형사사법정보시스템에 준하는 시스템(「형사사법절차 전자화 촉진법」에 따른 형사사법정보시스템에 준하여 같은 법 제2조에 따른 형사사법정보를 작성, 취득, 저장, 저장 및 관리하는 데 이용할 수 있도록 구현된 것으로서 시스템의 각 기능 및 운영 상황 등에 대해 검찰총장이나 관할

지방검찰청 검사장 또는 지청장의 점검을 받은 시스템을 말한다)을 갖춘 경우에는 제122조제1항제41호의 범죄사건부를 전자적으로 관리할 수 있다. 이 경우 전자적으로 관리하는 범죄사건부에 대해서는 같은 조 제2항을 적용하지 않는다.
② 제1항 전단에 따라 전자적으로 관리하는 범죄사건부는 별지 제144호서식의 개별 항목을 포함해야 한다.

제124조(수사관계예규철) 제122조제1항제1호의 수사관계예규철에는 검찰청이나 그 밖의 감독관청이 발령한 훈령·통첩·지령 등 관계 서류를 편철해야 한다.

제125조(수사종결사건철) 제122조제1항제2호의 수사종결사건(송치사건)철에는 검사에게 송치한 사건송치서, 기록목록 및 의견서의 사본을 편철해야 한다.

제126조(내사종결사건철) 제122조제1항제3호의 내사종결사건철에는 범죄를 내사한 결과 입건의 필요가 없다고 인정되어 완결된 기록을 편철해야 한다.

제127조(수사미제사건기록철) 제122조제1항제5호의 수사미제사건기록철에는 장차 검거할 가망이 없는 피해신고 사건 등의 기록을

편철해야 한다.

제128조(통계철) 제122조제1항제6호의 통계철에는 특별사법경찰업무에 관한 각종 통계서류를 편철해야 한다.

제129조(처분결과통지서철) 제122조제1항제7호의 처분결과통지서철에는 검사의 기소·불기소(기소유예, 혐의 없음, 공소권 없음, 죄가 안 됨, 각하)·기소중지·참고인중지·이송 등 결정과 각급 심의 재판결과에 관한 통지서를 편철해야 한다.

제130조(잡서류철) 제122조제1항제9호의 잡서류철에는 같은 항 제1호부터 제8호까지의 규정에 따른 서류철에 편철되지 않는 모든 서류를 편철해야 한다.

제131조(서류철의 색인목록) ① 서류철에는 색인목록을 붙여야 한다.
② 서류를 철한 후 일부를 빼낼 때에는 그 색인목록의 비고란에 그 연월일과 사유를 기재하고 담당 특별사법경찰관이 날인해야 한다.

제132조(임의장부 등) 특별사법경찰관은 필요하다고 인정할 때에는 제122조제1항 각 호의 장부와 서류 외에 필요한 장부나 서류철을

비치할 수 있다.

제133조(장부 등의 갱신) ① 특별사법경찰사무에 관한 장부와 서류철은 해마다 갱신해야 한다.
② 제1항에도 불구하고 계속 사용할 필요가 있는 경우에는 해마다 갱신하지 않고 사용할 수 있다. 이 경우 연도 구분을 명백히 표시해야 한다.

제134조(장부와 서류의 보존기간) 제122조제1항 각 호의 장부와 서류는 다음 각 호의 구분에 따른 기간 동안 보존해야 한다.
1. 제122조제1항제1호: 영구
2. 제122조제1항제2호부터 제5호까지, 제20호 및 제40호부터 제42호까지: 25년
3. 제122조제1항제6호: 5년
4. 제122조제1항제22호부터 제39호까지: 3년
5. 제122조제1항제7호부터 제19호까지 및 제21호: 2년

제135조(보존기간의 기산 등) ① 제134조에 따른 보존기간은 사건처리를 완결하거나 최종절차를 마친 다음 해 1월 1일부터 기산한다.
② 보존기간이 경과한 장부와 서류철은 폐기목록을 작성한 후 폐기해야 한다.

③ 제3항에 따라 장부와 서류철을 폐기하는 경우에는 「공공기록물 관리에 관한 법률 시행령」 제43조에 따라 해당 기관 기록물 관리 전문요원의 심사 및 기록물평가심의회의 심의 절차를 거쳐야 한다.